马克思主义哲学体系研究

历史演变与基本问题（上册）

杨 耕 _ 编著

杨耕文集

第6卷

Research on System of Marxist Philosophy

The Evolution of History and
Basic Issues (2 volumes)

华东师范大学出版社
·上海·

图书在版编目（CIP）数据

马克思主义哲学体系研究：历史演变与基本问题 / 杨耕编著. -- 上海：华东师范大学出版社，2024
（杨耕文集）
ISBN 978-7-5760-4743-1

Ⅰ.①马… Ⅱ.①杨… Ⅲ.①马克思主义哲学—研究 Ⅳ.① B0-0

中国国家版本馆 CIP 数据核字 (2024) 第 107488 号

杨耕文集　第 6 卷
马克思主义哲学体系研究：　历史演变与基本问题

编　　著	杨　耕
策划编辑	王　焰
责任编辑	朱华华
责任校对	陈　易
装帧设计	卢晓红
出版发行	华东师范大学出版社
社　　址	上海市中山北路 3663 号　邮　编 200062
网　　址	www.ecnupress.com.cn
电　　话	021-60821666　行政传真 021-62572105
客服电话	021-62865537　门市（邮购）电话 021-62869887
地　　址	上海市中山北路 3663 号华东师范大学校内先锋路口
网　　店	http://hdsdcbs.tmall.com
印 刷 者	上海中华商务联合印刷有限公司
开　　本	787 毫米 ×1092 毫米 1/16
印　　张	37.5
字　　数	627 千字
版　　次	2024 年 6 月第 1 版
印　　次	2024 年 6 月第 1 次
书　　号	ISBN 978-7-5760-4743-1
定　　价	158.00 元（上下册）
出 版 人	王　焰

（如发现本版图书有印订质量问题，请寄回本社客服中心调换或电话 021-62865537 联系）

导　言

马克思并不是一个职业哲学家,也没有写过传统意义上的"纯粹"的哲学著作,但马克思的确具有丰富而深邃的哲学思想,这些哲学思想就蕴含并体现在他的"尘世的批判""法的批判"和"政治的批判"之中,蕴含并体现在他的形而上学批判、意识形态批判和政治经济学批判之中;马克思并没有刻意构造一种哲学体系,但马克思的哲学思想的确具有内在的逻辑联系和理论体系,这种逻辑联系和理论体系就蕴含并镶嵌在他的哲学思想之中,正如列宁所说,"马克思主义是马克思的观点和学说的体系"①。马克思哲学思想和哲学体系的这一特点,决定了不同时期、不同国家、不同派别的哲学家对马克思的哲学思想有不同的理解,对马克思哲学的体系有不同的把握和建构,也决定了我们需要以马克思生活其中的时代为背景,从当代实践出发,重新解读马克思的"文本",理解马克思的哲学思想,把握马克思哲学的体系,并从理论上把马克思主义哲学体系建构起来、再现出来。

从马克思主义哲学的历史看,首先把马克思的哲学思想"体系化"的,是苏联马克思主义者。1929年出版的芬格尔特、萨尔文特的《辩证唯物主义和历史唯物主义》,标志着辩证唯物主义与历史唯物主义"二分结构"体系,即苏联马克思主义哲学体系开始形成;1932年、1934年分别出版的米丁(又译米汀)、拉祖莫夫斯基的《辩证唯物论与历史唯物论》上册、下册,标志着辩证唯物主义与

---

① 《列宁全集》第26卷,人民出版社1990年版,第52页。

历史唯物主义"二分结构"体系,即苏联马克思主义哲学体系基本形成;1938年出版的斯大林的《论辩证唯物主义和历史唯物主义》则标志着辩证唯物主义与历史唯物主义"二分结构"体系的确立,从此,苏联马克思主义哲学体系成为马克思主义哲学体系的唯一"正统""经典"形式。

从总体上看,苏联马克思主义哲学体系以一种脱离人的实践活动、"排除历史过程"的"抽象的物质"为起点范畴和建构原则,演绎出整个马克思主义哲学体系;以辩证唯物主义与历史唯物主义的"二分结构"为总体框架,把辩证唯物主义作为自然观和理论基础,把历史唯物主义看作辩证唯物主义在社会历史领域中的"应用"。正如斯大林所说,辩证唯物主义"所以叫作辩证唯物主义,是因为它对自然界现象的看法、它研究自然界现象的方法、它认识这些现象的方法是辩证的,而它对自然界现象的解释、它对自然界现象的了解、它的理论是唯物主义的"。"历史唯物主义就是把辩证唯物主义的原理推广去研究社会生活,把辩证唯物主义的原理应用于社会生活现象,应用于研究社会,应用于研究社会历史。"[①]这样一来,马克思的哲学从实践出发去理解"对象、现实、感性"的视角被遮蔽了,具有社会关系内涵的"可感觉而又超感觉"的"社会的物"被抹去了,唯物辩证法的批判性和革命性被抽象化了,历史唯物主义的世界观意义及其划时代贡献在相当大的程度上被抛弃了。从根本上说,苏联马克思主义这种哲学体系就是马克思所批判的"抽象的唯物主义"[②]、"抽象的自然科学的唯物主义"[③]。在这种"抽象的唯物主义"基础上,要建构体现马克思哲学的本质特征和本真精神的马克思主义哲学体系,只能是在神话中才有可能抵达的境界。

无疑,芬格尔特、萨尔文特的《辩证唯物主义和历史唯物主义》,米丁、拉祖莫夫斯基的《辩证唯物论与历史唯物论》,斯大林的《论辩证唯物主义和历史唯物主义》,都阐述了马克思哲学的一些基本观点。但是,从总体上看,无论是芬格尔特、萨尔文特,还是米丁、拉祖莫夫斯基以至斯大林,都没有真正理解和把握马克思的新唯物主义与旧唯物主义的本质区别,都没有真正理解和把握马克思哲学体系的本质特征,实际上,都是在用近代唯物主义来理解马克思的现代唯物主义,并以此为理论基础去建构马克思主义哲学体系。然而,由于种种

---

① 《斯大林选集》下卷,人民出版社1979年版,第424页。
② 《马克思恩格斯全集》第1卷,人民出版社1956年版,第355页。
③ 《马克思恩格斯全集》第23卷,人民出版社1972年版,第410页。

的历史原因,由芬格尔特和米丁等人所建构、斯大林所确立的辩证唯物主义与历史唯物主义"二分结构"体系不仅"流传下来了"①,而且成为马克思主义哲学体系的唯一"正统""权威"的解释,产生了极其广泛而持久的影响。无论是芬格尔特、米丁、斯大林之后出版的一批又一批的苏联马克思主义哲学教科书,包括后来在苏联占主导地位的康斯坦丁诺夫的《马克思主义哲学原理》,还是斯大林去世后的批判斯大林运动,无论是20世纪50—80年代苏联哲学界的认识论派与本体论派的论争,还是两次关于唯物辩证法的讨论,都没有从根本上动摇辩证唯物主义与历史唯物主义这一"二分结构"体系,可谓"固若金汤"。

直到1982年,《哲学问题》发表编辑部文章,才在苏联历史上明确提出,要从根本上反思辩证唯物主义与历史唯物主义"二分结构"的体系,研究"二者的本质同一"。1985年,格列察内、卡拉瓦耶夫、谢尔热托夫在《列宁格勒大学学报》上发表《论辩证唯物主义和历史唯物主义的本质同一》一文,在苏联历史上首次明确提出,辩证唯物主义与历史唯物主义不是马克思主义哲学结构上的两个组成部分,而是马克思主义哲学的两个理论特征;社会是人与自然的本质同一,脱离了社会存在,就没有存在与思维的关系,辩证唯物主义的辩证性只有在历史唯物主义的形式中才有可能,"实践"则是把辩证唯物主义与历史唯物主义"一体化"的哲学范畴;辩证唯物主义与历史唯物主义"二分结构"体系的根本缺陷就在于,在一个完整的马克思主义哲学中造成了两个对象、两种"存在"、两种唯物主义以至两个学科,从而造成了"本体论断裂"。所以,必须"摒弃'辩唯-历唯'的图式"②。由此,苏联哲学界开始反思并力图重建马克思主义哲学体系。正是在这个过程中,苏联出版了弗罗洛夫主编的《哲学导论》,力图以人类解放为主题,以"实践"为"初始的和第一性"的范畴,建构一种苏联式的人道主义的马克思主义哲学体系。

从马克思主义哲学的历史看,首先对苏联马克思主义哲学体系进行批判,并力图重建马克思主义哲学体系的,是西方马克思主义者。卢卡奇明确提出"回到马克思""重建马克思主义"。1971年,卢卡奇在《关于社会存在的本体

---

① 米丁后来不无得意地自我评价道:"我把马克思主义哲学分为辩证唯物主义和历史唯物主义,这种分法被人接受,流传下来了。"(引自安启念:《新编马克思主义哲学发展史》,中国人民大学出版社2010年版,第173页)
② 参见[苏]格列察内等:《论辩证唯物主义和历史唯物主义的本质同一》,沈未译,载《哲学译丛》1986年第5期。

论》中指出:"如果今天马克思主义要再次成为一种哲学发展的活力,那么必须在所有问题上返回到马克思自身。当然,恩格斯和列宁生平事业中的许多东西也可以有效地支持这些努力,而在象这里所进行的这样一些考察中,我们尽可不提的第二国际时期和斯大林时期,虽然对它们的最尖锐的批评——从重建马克思学说的威望的立场来看——是一个重要的任务。"①那么,如何"重建马克思学说"? 卢卡奇认为,应当"在马克思主义的总体性中重建马克思主义"②。哈贝马斯则明确提出"重建历史唯物主义"。1975 年,哈贝马斯出版了一部著作,书名就是《重建历史唯物主义》。正是在这部著作中,哈贝马斯指出:"1938 年,斯大林把历史唯物主义法典化,后果严重。自那时以来的历史唯物主义研究,始终受这种理论框架的禁锢。现在,斯大林确认的历史唯物主义解释,需要重建。重建历史唯物主义,应该有利于批判地研究各种相互竞争的理论观。"③

在重建马克思主义哲学体系的过程中,如果说卢卡奇重在"总体性",力图以"历史过程中的主体与客体关系"为基本线索重建唯物主义辩证法,④那么,哈贝马斯则重在"社会交往",力图用社会进化理论重建历史唯物主义。正如哈贝马斯所说,"我将不把历史唯物主义看作某种启发物,而看作是一种社会进化理论"。"马克思已经将历史唯物主义当作某种可领会的社会进化理论来理解,并把关于资本主义的理论看作其中的一部分。"⑤在我看来,卢卡奇的重建唯物主义辩证法和哈贝马斯的重建历史唯物主义,实际上代表了西方马克思主义者重建马克思主义哲学体系的两个主要理论指向。从总体上看,西方马克思主义否定的是自然辩证法,肯定的是历史辩证法或人学辩证法;否定的

---

① [匈]卢卡奇:《关于社会存在的本体论·上卷——社会存在本体论引论》,白锡堃等译,重庆出版社 1993 年版,第 659、658 页。
② [匈]卢卡奇:《关于社会存在的本体论·上卷——社会存在本体论引论》,白锡堃等译,重庆出版社 1993 年版,第 658 页。
③ [德]哈贝马斯:《重建历史唯物主义》(修订版),郭官义译,社会科学文献出版社 2013 年版,第 104—105 页。
④ 卢卡奇的《历史与阶级意识》的副标题就是"关于马克思主义辩证法的研究"。按照卢卡奇的观点,"不是经济动机在历史解释中的首要地位(Vorherrschaft),而是总体的观点,使马克思主义同资产阶级科学有决定性的区别。总体范畴,整体对各个部分的全面的、决定性的统治地位(Herrschaft),是马克思取自黑格尔并独创性地改造成为一门全新科学的基础的方法的本质"([匈]卢卡奇:《历史与阶级意识》,杜章智等译,商务印书馆 1999 年版,第 79 页)。
⑤ [德]哈贝马斯:《交往与社会进化》,张博树译,重庆出版社 1989 年版,第 133、129 页。

是辩证唯物主义,肯定的是历史唯物主义。"自然辩证法,它在任何情况下都只能是一种由形而上学假设的客体","根本就没有——或者至少现在还没有——辩证唯物主义","唯物辩证法只有在人类历史内部确立起物质条件的优先地位,由特定的人们在实践中发现它们并承受了它们时,它才有意义。简言之,如果存在某种像辩证唯物主义那样的东西,那它一定是一种历史唯物主义"。① 正是在肯定人学辩证法,判定历史唯物主义的理论基础是"历史的和结构的人类学"的前提下,萨特认为,历史唯物主义是我们这个时代唯一不可超越的哲学。

按照西方马克思主义的观点,重建马克思主义哲学体系,就是要把这一理论"拆开",用新的形式"重新加以组合",以达到马克思的哲学所确立的目标。在这种"拆开""重新组合"的过程中,西方马克思主义者有一个共同的特征,那就是,用现代西方哲学的某一流派来"补充"马克思的哲学,并以此为基础重建马克思主义哲学体系。正是在这样一个重建马克思主义哲学体系的过程中,形成了存在主义的马克思主义、弗洛伊德主义的马克思主义、结构主义的马克思主义、实证主义的马克思主义、现象学的马克思主义、人类学的马克思主义乃至后马克思主义,等等。由此,一个完整的马克思主义哲学从内部"爆裂"了,"碎片"化了。在这个意义上,在重建马克思主义哲学体系的过程中,西方马克思主义者向我们展示的是一个被"肢解"的马克思主义哲学。

更重要的是,西方马克思主义者重建的马克思主义哲学体系,并没有达到马克思的哲学所确立的目标,即"改变世界"。相反,它使马克思主义哲学变成了一种仅仅"解释世界"的"学院哲学",马克思的哲学所确立的"使现存世界革命化"的目标被束之高阁了。"葛兰西在意大利的与世隔绝和逝世、科尔什和卢卡奇在美国和苏联的隔离和流亡生活,标志着西方马克思主义在西方群众中活动自如的阶段已告结束。从此以后,西方马克思主义就以自己的密码式语言来说话了,它与工人阶级的距离愈来愈远。"② 一言以蔽之,"西方马克思主义首要的最根本特点就是,它在结构上与政治实践相脱离"③。安德森的这一评价中肯、准确且深刻。正因为如此,西方马克思主义及其所重建的马克

---

① [法]萨特:《辩证理性批判》(上),林骧华等译,安徽文艺出版社1998年版,第166、168、166页。
② [英]安德森:《西方马克思主义探讨》,高铦等译,人民出版社1981年版,第44页。
③ [英]安德森:《西方马克思主义探讨》,高铦等译,人民出版社1981年版,第41页。

思主义哲学体系,只能作为思想博物馆的标本陈列于世,而不是兴盛于世了。

继西方马克思主义之后,对苏联马克思主义哲学体系进行批判,力图重建马克思主义哲学体系的,是属于东欧新马克思主义范畴的南斯拉夫"实践派"。

"实践派"否定辩证唯物主义,认为"马克思所理解的'哲学'并不是'辩证唯物主义和历史唯物主义'。最初由列宁加以描绘后来由斯大林赋予最终形态的辩证唯物主义的基本原理,同马克思是毫无关系的。辩证唯物主义的基本'本体论'原理即关于自然界先于精神,物质先于意识的原理,同辩证唯物主义的基本'认识论'原理即关于人的意识是对现实的反映的原理一样,是和马克思的基本思想即实践的思想相对立的"①。按照"实践派"的观点,实践是马克思主义哲学的核心范畴,人道主义是马克思主义哲学的本质特征,重构马克思主义哲学体系,就是要使辩证法成为人道主义的辩证法,使人道主义成为辩证法的人道主义。

"实践派"肯定历史唯物主义,但它把历史唯物主义归结为一种批判理论,即对异化进行批判,批判那些导致经济异化、政治异化和人本身异化的社会制度。"历史唯物论不是马克思关于人和历史的一般理论,而是他对阶级社会自我异化的人(作为'经济动物'的人)的批判,也就是他关于自我异化的人类历史(更确切地说是'史前史')的批判理论。"②历史唯物主义只有作为一种人的异化的批判理论才能获得存在的合法性和价值。

因此,必须破除辩证唯物主义与历史唯物主义"二分结构体系",重建一种具有人道主义和社会批判精神的马克思主义哲学体系,即实践哲学体系。然而,由于种种历史原因,"实践派"并没有建立起这样一种实践哲学体系。换言之,"实践派"提出问题,但没有解决问题;重在解构苏联马克思主义哲学体系,但没有建构南斯拉夫马克思主义哲学体系。

与"实践派"不同,属于苏联马克思主义范畴的南斯拉夫"辩证唯物主义派"肯定辩证唯物主义,并建构南斯拉夫"型式"的马克思主义哲学体系。这种南斯拉夫"型式"的马克思主义哲学体系一是强调马克思主义哲学是同逻辑学、认识论和方法论密切联系的、关于世界普遍规律的科学;二是强调马克思主义哲学是具有人道主义性质的"批判的辩证唯物主义"。一句话,马克思主

---

① 引自贾泽林:《南斯拉夫当代哲学》,中国社会科学出版社1982年版,第206页。
② 衣俊卿等:《当代学者视野中的马克思主义哲学:东欧和苏联学者卷》下,北京师范大学出版社2008年版,第279页。

义哲学是"科学性和人道主义的统一"。

几乎与南斯拉夫"实践派"和"辩证唯物主义派"争论的同时,原民主德国发生了"体系争论"。"体系争论"的主题是对马克思主义哲学的研究对象、理论内容、叙述方法、总体结构进行新的探讨。正是在这场"体系争论"过程中,1967年,柯辛出版了《马克思主义哲学》。《马克思主义哲学》所建构的马克思主义哲学体系的根本特征就在于,把社会生活及其历史置于客观实在的领域,即世界的物质统一性中加以考察,并认为马克思主义的新世界观的"优越性"就在于,以人的实践活动为出发点和中心内容,"对人类社会及社会实践的唯物主义解释","抛开历史唯物主义就不存在辩证唯物主义。两者在马克思主义的世界观中是融为一体的"。① 在探索辩证唯物主义和历史唯物主义"一体化"的道路上,《马克思主义哲学》的确迈出了重要一步。

从马克思主义哲学的历史看,中国马克思主义者建构马克思主义哲学体系始于20世纪20年代。1924年,瞿秋白出版了《社会哲学概论》,在中国开了建构马克思主义哲学体系的先河。

《社会哲学概论》在第一部分阐述了辩证唯物主义的观点,在第二部分阐述了历史唯物主义的观点。换言之,辩证唯物主义与历史唯物主义的"二分结构"在《社会哲学概论》中已初见端倪。

1937年,李达出版了《社会学大纲》。《社会学大纲》在体系安排上仍然实行辩证唯物主义与历史唯物主义"二分结构"。换言之,在整体结构和理论体系上,《社会学大纲》没有超出苏联马克思主义哲学体系。但是,与同一时期的苏联马克思主义哲学体系相比,《社会学大纲》所建构的马克思主义哲学体系又具有自身的特点:一是具有更多的马克思的"元素",尤其难能可贵的是,它阐述了《1844年经济学哲学手稿》《德意志意识形态》的一些重要观点,并明确提出"当作实践的唯物论看的唯物辩证法"这一重要命题;二是具有"中国元素",即关注中国革命实践,体现了中国学者的独创性,凝聚着中国学者对马克思主义哲学的独特理解。无论是对西方哲学史的分析,还是对马克思主义哲学史的考察,无论是对马克思主义哲学经典著作研究的广度,还是对马克思主义哲学基本观点阐述的深度,无论是对马克思主义哲学基本范畴界定的准确性,还是对马克思主义哲学体系建构的完整性,《社会学大纲》所建构的马克思

---

① 引自李成鼎等:《当代哲学思潮述评》,求实出版社1984年版,第43页。

主义哲学体系都比同一时期的苏联马克思主义哲学体系高出一筹。《社会学大纲》的出版标志着具有"中国哲学元素"的辩证唯物主义与历史唯物主义体系基本形成。1961年出版、艾思奇主编的《辩证唯物主义　历史唯物主义》则标志着具有"中国内涵"的辩证唯物主义和历史唯物主义体系的确立。

从马克思主义哲学的历史看,中国马克思主义者对马克思主义哲学体系的反思与重建始于20世纪50年代。1958年,刘丹岩、高清海出版了《论辩证唯物主义与历史唯物主义的关系》。正是在这部著作中,刘丹岩、高清海明确提出辩证唯物主义与历史唯物主义的统一不是指形式上或结构上的彼此连接,而是指二者"有着一个同一的思想作为共同的基础"[1],这就是科学的存在决定意识的观点。按照《论辩证唯物主义与历史唯物主义的关系》的观点,"作为辩证唯物主义中心内容的关于存在决定意识的基本观点,这是历史唯物主义全部理论体系的哲学出发点,是它全部科学内容借以建立的基石;而作为历史唯物主义中心内容的社会存在决定社会意识的原理,又成了辩证唯物主义存在决定意识原理能够形成的科学基础和基本内容"[2]。因此,辩证唯物主义与历史唯物主义的统一是指"内容上的不可分割的联系",表现为二者"相互渗透着对方的影响";明确提出辩证唯物主义与历史唯物主义是在"相互适应的统一"中形成的,同时,又是在各自的发展过程中分化的,即辩证唯物主义成为马克思主义哲学,历史唯物主义则成为马克思主义社会学,二者各自确定了不同的研究对象和科学内容,走上了不同的科学发展道路。

然而,由于种种历史原因,这一探索中断了。中国马克思主义者真正重启反思和重建马克思主义哲学体系是在20世纪80年代。1985年出版的高清海的《马克思主义哲学基础》,标志着中国马克思主义者开始反思和重建马克思主义哲学体系。《马克思主义哲学基础》提出,马克思主义哲学就是辩证唯物主义,但这里所说的辩证唯物主义不同于苏联马克思主义哲学体系中的辩证唯物主义,而是力图"把实践的观点提到首要和基本观点的地位",并"把这一原则彻底贯彻到哲学全部内容之中"[3]的辩证唯物主义。换言之,《马克思主

---

[1] 刘丹岩等:《论辩证唯物主义与历史唯物主义的关系》,上海人民出版社1958年版,第97页。
[2] 刘丹岩等:《论辩证唯物主义与历史唯物主义的关系》,上海人民出版社1958年版,第97—98页。
[3] 高清海:《马克思主义哲学基础》上册,人民出版社1985年版,第107页。

义哲学基础》力图以"实践"为建构原则重建马克思主义哲学体系,并在总体框架上突破了辩证唯物主义与历史唯物主义"二分结构"体系。

然而,《马克思主义哲学基础》在建构马克思主义哲学体系时,仍然把辩证唯物主义作为马克思主义哲学的"基础理论",把历史唯物主义定性为辩证唯物主义"应用"于历史领域的"中介性理论",是体现在历史观上的辩证唯物主义。实际上,在马克思哲学的体系中,并不存在一个独立的、作为"基础理论"的辩证唯物主义,也不存在一个独立的、仅仅具有"应用""中介"性质的历史唯物主义。按照马克思的观点,历史唯物主义本身就是"唯物主义世界观",是内含着辩证法的"真正批判的世界观"[①]。

1988年,国内召开了两个对重建马克思主义哲学体系具有重要意义的会议:一是"全国哲学体系改革研讨会",会议形成共识,即实践唯物主义应是重建马克思主义哲学体系的方向;二是"全国实践唯物主义讨论会",会议就实践唯物主义的内容进行了深入而全面的研讨。此后,以实践唯物主义精神重建马克思主义哲学体系逐渐成为国内哲学界的主流。其中,1991年出版、辛敬良主编的《马克思主义哲学导论》和1994年出版、肖前主编的《马克思主义哲学原理》具有代表性。

《马克思主义哲学导论》所建构的马克思主义哲学体系有两个显著特点:一是把世界作为人类实践活动的对象和对象化存在来思考和把握;二是把"物质"、辩证法纳入到实践活动中去考察,纳入到主体与客体相互作用的关系中去考察,这对我们从"实践"出发重新理解唯物主义和辩证法、唯物主义自然观和唯物主义历史观的关系,建构彻底贯彻实践唯物主义精神的马克思主义哲学体系具有理论作用。

《马克思主义哲学原理》提出了两个极其重要的观点:一是马克思主义哲学是实践唯物主义,"实践范畴是马克思主义哲学最为核心、最为基础的范畴,只是在实践范畴的基础上,马克思主义哲学才超越了以往的全部哲学,构成了一个唯物论与辩证法相统一、自然观与历史观相统一、本体论与认识论相统一的完整严密的理论体系"[②];二是"马克思主义哲学对于社会历史的唯物主义理解,并不是脱离开对于自然的唯物主义理解的",同时,"马克思主义哲学对

[①] 《马克思恩格斯全集》第3卷,人民出版社1960年版,第261页。
[②] 肖前:《马克思主义哲学原理》上册,中国人民大学出版社1994年版,第56页。

于自然的唯物主义理解也不是脱离开对社会历史的唯物主义理解的"，相反，它"把历史的观念带进了自然领域"。① 这表明，《马克思主义哲学原理》已经走进了马克思哲学的深处。沿着这条道路走下去，一个体现马克思哲学的本质特征和本真精神的马克思主义哲学体系大厦，必将矗立在我们面前。

然而，令人遗憾的是，《马克思主义哲学原理》并没有在这条道路上走下去。具体地说，《马克思主义哲学原理》所建构的马克思主义哲学体系并没有把实践唯物主义精神贯穿始终，尤其是没有把实践的观点贯彻到本体论之中，贯彻到辩证法之中，因而也就没有实现自己的目标，即以实践的观点为基础和核心建构唯物论与辩证法、自然观与历史观、认识论与本体论、世界观与方法论、主体性原则与客观性原则相统一的马克思主义哲学体系。《马克思主义哲学原理》已经为重建马克思主义哲学体系指出了新方向和新道路，但从总体上看，辩证唯物主义与历史唯物主义"二分结构"的思维方式仍然以潜在的形式主导着《马克思主义哲学原理》，辩证唯物主义与历史唯物主义"二分结构"的理论体系仍然以显在的形式呈现在《马克思主义哲学原理》所建构的马克思主义哲学体系之中。这就像太阳的单独运行轨道已经被指明，但关于整个天体运行的解释依旧通行着托勒密的理论一样。

当然，我注意到，中国马克思主义者重建马克思主义哲学体系，是以当代世界的新变化和当代中国改革开放和现代化建设的新实践，尤其是社会主义市场经济的实践为现实基础的，是以马克思的实践观为现实基础的，并力图以实践范畴为起点范畴和建构原则，以实现实践唯物主义、辩证唯物主义、历史唯物主义的高度统一、融为一体为方向的。这样，中国的马克思主义者就为重建符合马克思哲学的本质特征和本真精神的马克思主义哲学体系开辟了新的天地。

《马克思主义哲学体系研究：历史演变与基本问题》就是对马克思主义哲学体系历史演变及其基本问题的考察和思考。全书分"上册　马克思主义哲学体系的历史演变"和"下册　重建马克思主义哲学体系的基本问题"两个部分。

"上册"重新审视了苏联马克思主义哲学体系的形成与特征，并明确指出这一体系的根本缺陷就在于，以一种脱离了人的活动和社会历史的"抽象的物

---

① 肖前：《马克思主义哲学原理》上册，中国人民大学出版社1994年版，第54、55页。

质"为起点范畴,从而演绎出辩证唯物主义与历史唯物主义"二分结构"的体系;重新审视了中国马克思主义哲学体系的形成与特征,着重分析了中国马克思主义者对马克思主义哲学体系的反思与重建,并提出这一重建的根本特征就在于,力图以"实践"为起点范畴和建构原则,以实现实践唯物主义、辩证唯物主义、历史唯物主义的"一体化";重新审视了东欧、苏联马克思主义者对马克思主义哲学体系的反思与重建,并明确指出《哲学导论》的出版,标志着苏联式的人道主义的马克思主义哲学体系形成,同时,标志着辩证唯物主义与历史唯物主义"二分结构"体系的终结。

"下册"从理论主题、本体论、历史观、辩证法、认识论、价值论等多维视角阐述了重建马克思主义哲学体系的基础,阐述了本体论的"实践转向"、辩证法的"实践转向"、本体论批判的辩证法、辩证法的"实践原型"、认识论中的实践反思法等观点,并提出马克思哲学实现了哲学理论主题的根本转换,即从"世界何以可能"转向"人类解放何以可能",马克思哲学的理论特征就是形而上学批判、意识形态批判和资本批判的高度统一,是实践唯物主义、辩证唯物主义和历史唯物主义的高度统一;马克思的哲学所造成的哲学变革,就是从本体论的层面发动和展开的,从根本上说,马克思哲学的本体论就是实践本体论;马克思哲学中的"物"是"可感觉而又超感觉的社会的物","存在"是在实践活动中生成、具有社会关系内涵的社会存在;提出马克思的哲学不是追求"终极存在""原初物质"的"形而上学",相反,"拒斥形而上学"是马克思哲学的基本原则,马克思的哲学是关于"人类解放何以可能"的新唯物主义哲学,应以"实践"为基础重建马克思主义哲学的理论空间,实现实践唯物主义、辩证唯物主义、历史唯物主义的"一体化"。

需要向读者说明的是,《马克思主义哲学体系研究:历史演变与基本问题》的"第二章 《辩证唯物论与历史唯物论》与马克思主义哲学体系""第三章 《马克思主义哲学原理》与马克思主义哲学体系""第四章 《辩证唯物主义概论》《历史唯物主义概论》与马克思主义哲学体系",以及"第五章 东欧学者对马克思主义哲学体系的反思与重建""第六章 苏联学者对马克思主义哲学体系的反思与重构"的部分内容,是直接从相关文本中选编的,力图以"事实"支撑"第一章 苏联马克思主义哲学体系的形成与特征""第六章 苏联学者对马克思主义哲学体系的反思与重构"所提出的论点;"第八章 《社会学大纲》与马克思主义哲学体系""第九章 《辩证唯物主义 历史唯物主义》与马克思主义哲学体系""第十章 《辩证唯物主义原理》《历史唯物主义原理》与马克思主义哲学体系"是直接从相关文本中选编的,力图以"事实"支撑"第七章 辩证唯物主义与历史唯物主义体系在中国的形成与确立"所提出的论点;"第十二章 《马克思主义哲学基础》与马克思主义哲学体系""第十三章 《马克思主义哲学导论》与马克思主义哲学体系""第十四章 《马克思主义哲学原理》与马克思主义哲学体系",也是直接从相关文本中选编的,力图以"事实"支撑"第十一章 中国学者对马克思主义哲学体系的反思与重构"所提出的论点。

之所以采用这种体例或叙述方式,是为了"面向事实本身",以逻辑引导,用事实说话,从而让"材料的生命"观念地反映出来。"在形式上,叙述方法必须与研究方法不同。研究必须充分地占有材料,分析它的各种发展形式,探寻这些形式的内在联系。只有这项工作完成以后,现实的运动才能适当地叙述出来。这点一旦做到,材料的生命一旦观念地反映出来,呈现在我们面前的就好象是一个先验的结构了。"[①]

[①]《马克思恩格斯全集》第23卷,人民出版社1972年版,第23页。

目 录

上册 马克思主义哲学体系的历史演变

第一章 苏联马克思主义哲学体系的形成与特征 / 3
    一、苏联马克思主义哲学体系的初步形成及其标志 / 4
    二、苏联马克思主义哲学体系的基本形成和确立 / 10
    三、苏联马克思主义哲学体系的根本缺陷 / 15

第二章 《辩证唯物论与历史唯物论》与马克思主义哲学体系 / 21
    一、马克思主义的三个来源和三个组成部分 / 21
    二、当作理论与实践之一致看的马克思主义 / 23
    三、历史唯物论是科学的理论和方法 / 28
    四、《辩证唯物论与历史唯物论》建构的马克思主义哲学体系 / 34

第三章 《马克思主义哲学原理》与马克思主义哲学体系 / 39
    一、哲学与科学的关系及其演变 / 40
    二、辩证唯物主义是关于运动和发展的一般规律的科学 / 43
    三、历史唯物主义是关于社会发展一般规律的科学 / 47
    四、辩证唯物主义和历史唯物主义的关系 / 51
    五、《马克思主义哲学原理》建构的马克思主义哲学体系 / 55

第四章 《辩证唯物主义概论》《历史唯物主义概论》与马克思主义哲学体系 / 60
    一、辩证唯物主义的"研究客体"与"研究对象" / 60

二、辩证唯物主义世界观：科学认识活动和价值哲学活动的统一　/ 63

三、历史唯物主义和辩证唯物主义的关系　/ 65

四、历史唯物主义的对象：社会发展和发挥功能的规律　/ 69

五、历史唯物主义的党性：现实人道主义和民主主义的科学的表现　/ 72

六、《辩证唯物主义概论》《历史唯物主义概论》建构的马克思主义哲学体系　/ 76

第五章　东欧学者对马克思主义哲学体系的反思与重建　/ 81

一、南斯拉夫"实践派"与"辩证唯物主义派"的"体系论争"　/ 81

二、民主德国柯辛与赛迪尔的"体系论争"　/ 85

三、辩证唯物主义和历史唯物主义的"一体性"　/ 90

四、《马克思主义哲学》建构的马克思主义哲学体系　/ 94

第六章　苏联学者对马克思主义哲学体系的反思与重构　/ 103

一、《哲学导论》：苏联人道主义的马克思主义哲学体系形成的标志　/ 104

二、马克思主义的最高目的：实现人类解放　/ 107

三、马克思主要和基本的哲学思想：实践是初始的和第一性的　/ 112

四、马克思、恩格斯的辩证法思想　/ 118

五、恢复和发展马克思主义的人道主义理想　/ 123

六、《哲学导论》建构的马克思主义哲学体系　/ 128

第七章　辩证唯物主义与历史唯物主义体系在中国的形成与确立　/ 132

一、辩证唯物主义和历史唯物主义体系在中国的初步形成　/ 132

二、辩证唯物主义和历史唯物主义体系在中国的基本形成　/ 134

三、辩证唯物主义和历史唯物主义体系在中国主导地位的确立　/ 137

第八章　《社会学大纲》与马克思主义哲学体系　/ 141

一、唯物辩证法的生成　/ 141

二、辩证唯物论和历史唯物论的关系　/ 146

三、《社会学大纲》建构的马克思主义哲学体系　/ 149

第九章　《辩证唯物主义　历史唯物主义》与马克思主义哲学体系　/ 161

一、马克思主义哲学是辩证唯物主义和历史唯物主义　/ 161

二、历史唯物主义：辩证唯物主义在社会领域中的推广　/ 166

三、《辩证唯物主义　历史唯物主义》建构的马克思主义哲学体系 / 175

第十章　《辩证唯物主义原理》《历史唯物主义原理》与马克思主义哲学体系 / 178

　　一、马克思主义哲学：唯物主义和辩证法、唯物辩证自然观和历史观高度统一的理论体系 / 178

　　二、关于自然、社会和思维发展的普遍规律的科学 / 182

　　三、实践基础上的科学性和革命性的统一 / 187

　　四、辩证唯物主义和历史唯物主义的关系 / 190

　　五、历史唯物主义是关于社会发展一般规律的科学 / 193

　　六、《辩证唯物主义原理》《历史唯物主义原理》建构的马克思主义哲学体系 / 202

第十一章　中国学者对马克思主义哲学体系的反思与重构 / 213

　　一、《论辩证唯物主义与历史唯物主义的关系》对马克思主义哲学体系的反思 / 213

　　二、毛泽东对中国化的马克思主义哲学体系的期盼 / 219

　　三、中国学者对马克思主义哲学体系的重构 / 220

　　四、重构马克思主义哲学体系的三个问题 / 231

第十二章　《马克思主义哲学基础》与马克思主义哲学体系 / 235

　　一、马克思主义哲学：辩证唯物主义 / 235

　　二、辩证唯物主义和历史唯物主义的关系 / 239

　　三、马克思主义哲学是科学性和革命性高度统一的理论 / 241

　　四、马克思主义哲学是理论和实践内在统一的理论 / 244

　　五、《马克思主义哲学基础》建构的马克思主义哲学体系 / 248

第十三章　《马克思主义哲学导论》与马克思主义哲学体系 / 261

　　一、马克思主义哲学：实践唯物主义 / 261

　　二、马克思主义哲学的核心：唯物主义历史观 / 266

　　三、实践唯物主义的本性和功能 / 269

　　四、《马克思主义哲学导论》建构的马克思主义哲学体系 / 273

第十四章　《马克思主义哲学原理》与马克思主义哲学体系 / 277

　　一、实践的观点是马克思主义哲学的首要的基本的观点 / 277

　　二、马克思主义哲学是革命的批判的哲学 / 283

　　三、马克思主义哲学是完整严密的科学的理论体系 / 285

　　四、《马克思主义哲学原理》建构的马克思主义哲学体系 / 286

下册　重建马克思主义哲学体系的基本问题

第十五章　马克思主义哲学的理论主题和理论特征　/ 299
　　一、时代课题的哲学解答　/ 300
　　二、理论主题的根本转换：从"世界何以可能"转向"人类解放何以可能"　/ 302
　　三、"拒斥形而上学"：马克思主义哲学的基本原则　/ 309
　　四、形而上学批判、意识形态批判和资本批判的高度统一　/ 314
　　五、实践唯物主义、辩证唯物主义和历史唯物主义的高度统一　/ 320
　　六、重构马克思主义哲学的理论空间　/ 325

第十六章　实践本体论的建构与主体性原则的确立　/ 333
　　一、本体论的存在及其意义　/ 333
　　二、本体论的"实践转向"　/ 336
　　三、实践：人的生存的本体　/ 343
　　四、限定中的超越：实践主体与客体相互作用的实质　/ 345
　　五、实践：世界二重化的基础　/ 350
　　六、实践：现存世界的本体　/ 355
　　七、对马克思主义本体论理解的两种模式　/ 360
　　八、主体性原则：马克思主义哲学的基本原则　/ 365

第十七章　重建唯物主义历史观　/ 371
　　一、实践：唯物主义历史观的出发点范畴　/ 371
　　二、历史认识论：唯物主义历史观的理论生长点　/ 377
　　三、现实的个人：人类历史的前提与产物　/ 383
　　四、交往在物质生产、社会发展中的作用　/ 389
　　五、社会经济形态、社会形态和社会有机体　/ 401
　　六、重新理解社会形态的发展是自然历史进程　/ 409
　　七、重新理解历史规律　/ 417
　　八、生产力与生产关系的矛盾运动规律　/ 423

第十八章　重释唯物主义辩证法　/ 429
　　一、辩证法的"实践转向"　/ 429
　　二、人与世界的否定性的统一关系　/ 435
　　三、人类存在的矛盾与实践的内在矛盾　/ 439
　　四、本体论批判的辩证法及其历史　/ 444

五、本体论批判与"合理形态"的辩证法　/ 451
　　六、重新理解恩格斯关于辩证法的三个定义及其关系　/ 455
　　七、深入研究恩格斯关于主体和客体的辩证法的思想　/ 461
　　八、重新理解恩格斯的《自然辩证法》及其当代价值　/ 465

第十九章　重构唯物主义反映论　/ 474
　　一、意识及其与语言的关系　/ 474
　　二、对象意识与自我意识　/ 481
　　三、认识活动中的实践反思方法　/ 487
　　四、"从后思索"：认识历史的根本方法　/ 494
　　五、反映和创造的统一：认识活动的本质特征　/ 500
　　六、感性具体、思维具体和实践理念：认识的过程　/ 505
　　七、思维的建构和反映论的重构　/ 509
　　八、思维对存在的反映：方式、尺度和取向　/ 515

第二十章　价值论的探求与建构　/ 523
　　一、价值关系：本质上的利益关系　/ 524
　　二、价值评价：认识的特殊形式　/ 529
　　三、价值原则：人类活动的基本原则　/ 532
　　四、价值观：价值关系应然状态的展示与期盼　/ 534

附　录

再论马克思主义的理论主题和理论结构　/ 545

主要参考文献　/ 568

后　记　/ 573

上册 马克思主义哲学体系的历史演变

第一章

苏联马克思主义哲学体系的形成与特征

马克思、恩格斯并没有写过系统的、正面阐述马克思主义哲学基本观点的"纯粹"的、"经典"哲学著作,也没有刻意去建构哲学体系。在一定意义上说,马克思、恩格斯并不赞成刻意"构造体系"。正如恩格斯所说,"我们的历史观首先是进行研究工作的指南,并不是按照黑格尔学派的方式构造体系的诀窍"①。但是,马克思主义哲学基本观点之间又的确存在着逻辑联系,因而存在着理论体系,这就需要在研读马克思、恩格斯各种论战性论著以及意识形态批判、资本批判、政治批判、历史批判著作的基础上发现马克思主义哲学基本观点之间的逻辑联系,从而建构马克思主义哲学体系。从马克思主义的历史看,首先以正面阐述的形式,而不是以论战的形式;以系统阐述的形式,而不是以简单罗列的形式来解释、宣传马克思主义哲学基本观点,并使之"体系化"的是苏联②学者和政治家。

---

① 《马克思恩格斯选集》第4卷,人民出版社1995年版,第692页。
② 1922年,以俄国为主体的苏维埃社会主义共和国联盟正式成立。为行文方便,本文把1917年俄国十月革命后到1922年苏联成立时的这一段历史也称为苏联时期。

一、苏联马克思主义哲学体系的初步形成及其标志

1916年,德波林出版了《辩证唯物主义纲要》。1921年,德波林开始在斯维尔德洛夫大学讲授的马克思主义哲学就是以这部著作为内容的。按照德波林的观点,"辩证唯物主义,是一个完整的世界观",这一完整的世界观由三个主要部分构成:"1. 作为关于合乎规律的联系的科学的唯物辩证法……是关于运动的普遍规律的抽象的科学。2. 自然辩证法(数学、力学、物理学、化学、生物学,研究的是不同等级的自然界)。3. 唯物主义辩证法在社会中的运用——历史唯物主义。"① 依照这一原则,《辩证唯物主义纲要》建构了以"物质"为理论起点,物质运动的辩证法为理论线索,包括唯物辩证法——自然辩证法——历史唯物主义三个层次在内的马克思主义哲学体系。从理论内容看,《辩证唯物主义纲要》包括历史唯物主义,但突出的是辩证唯物主义。

与德波林以辩证唯物主义为主要内容阐释马克思主义哲学不同,布哈林以历史唯物主义为主要内容阐释马克思主义哲学。1921年,布哈林出版了《历史唯物主义理论——马克思主义社会学通俗教材》。在这部著作中,布哈林提出了两个事关历史唯物主义全局的重要观点:一是历史唯物主义是"关于社会及其发展规律的一般学说",是"马克思主义的社会学",而"社会学是社会科学中最一般的(抽象的)科学";② 二是历史唯物主义是马克思主义理论"基础的基础","包括为数不少的所谓'一般世界观'的问题"。③ 在这两个重要观点的引导下,《历史唯物主义理论——马克思主义社会学通俗教材》建构了以必然与自由的关系为理论起点,以社会与自然之间以及社会要素之间的平衡为理论线索,包括社会与自然、社会与个人、人与物、人与观念、生产力与经济结构、上层建筑及其结构、阶级和阶级斗争等观点在内的马克思主义哲学体系。从理论内容上看,《历史唯物主义理论——马克思主义社会学通俗教材》包括辩证唯物主义④,但突出的是历史唯物主义。

---

① 引自安启念:《新编马克思主义哲学发展史》,中国人民大学出版社2010年版,第168页。
② [苏]布哈林:《历史唯物主义理论——马克思主义社会学通俗教材》,李光谟等译,人民出版社1983年版,第6、7页。
③ [苏]布哈林:《历史唯物主义理论——马克思主义社会学通俗教材》,李光谟等译,人民出版社1983年版,序言,第1页。
④ 布哈林的《历史唯物主义理论——马克思主义社会学通俗教材》的第三章就是"辩证唯物主义"。

由于是苏联第一本以教科书的形式"系统阐述"历史唯物主义的著作,同时,由于布哈林被列宁称为"党的最宝贵的和最大的理论家"①,因此,《历史唯物主义理论——马克思主义社会学通俗教材》的出版起到了重大的思想启蒙作用,一度被誉为历史唯物主义的权威著作。卢卡奇当时评论道,"布哈林的新著(指《历史唯物主义理论——马克思主义社会学通俗教材》——引者注)是符合长期以来对一部关于历史唯物主义的系统的马克思主义解说需要的","布哈林在把马克思主义的一切有意义的问题归纳到一种完整的、系统的解说中去,这方面是成功的,这部解说多少是马克思主义的;其次,阐述一般清晰易懂,所以,作为一部教材,这本书可喜地达到了它的目的"。②

但是,《历史唯物主义理论——马克思主义社会学通俗教材》又有其致命缺陷,那就是:过多地强调了历史唯物主义的"社会学"特征,而淡化了历史唯物主义的哲学性质;过多地强调了平衡论,而淡化了辩证法,甚至提出用"现代力学的语言"代替"辩证法的语言"。正是在这个意义上,列宁指出,布哈林"从来没有完全理解辩证法"③。卢卡奇则认为,"布哈林的理论宗旨不同于从马克思和恩格斯经过梅林和普列汉诺夫到列宁和罗莎·卢森堡的历史唯物主义伟大传统"④。

德波林的《辩证唯物主义纲要》和布哈林的《历史唯物主义理论——马克思主义社会学通俗教材》开启了马克思主义哲学体系化的先河,标志着苏联马克思主义哲学体系开始形成。在此之后,苏联出版了一大批正面、系统阐述马克思主义哲学,并使之体系化的著作。其中,1929 年出版的芬格尔特、萨尔文特的《辩证唯物主义和历史唯物主义》与 1931 年出版的西洛可夫、爱森堡的《辩证法唯物主义教程》值得注意。

芬格尔特、萨尔文特的《辩证唯物主义和历史唯物主义》并没有明确提出马克思主义哲学就是辩证唯物主义和历史唯物主义,但它却明确地把辩证唯物主义和历史唯物主义相提并论,把马克思主义哲学分为辩证唯物主义和历史唯物主义两个部分,并开始建构辩证唯物主义与历史唯物主义的"二分结

---

① 《列宁全集》第 43 卷,人民出版社 1987 年版,第 339 页。
② 中国社会科学院马列主义毛泽东思想研究所编:《论布哈林和布哈林思想》,贵州人民出版社 1982 年版,第 216 页。
③ 《列宁全集》第 43 卷,人民出版社 1987 年版,第 339 页。
④ 中国社会科学院马列主义毛泽东思想研究所编:《论布哈林和布哈林思想》,贵州人民出版社 1982 年版,第 227 页。

构":唯物论与唯心论,辩证法唯物论,自然及社会中的规律性,生产力与生产关系,阶级及阶级斗争的学说,国家及政权的学说,意识形态,社会发展的学说。

问题在于,无论是"辩证唯物主义""历史唯物主义",还是"辩证唯物主义和历史唯物主义",都不是马克思本人提出来的,马克思一生都未使用过"辩证唯物主义""历史唯物主义"以及"辩证唯物主义和历史唯物主义"这三个概念。从历史上看,"辩证唯物主义"是狄慈根首先提出的,"历史唯物主义"是恩格斯首先提出的,"辩证唯物主义和历史唯物主义"则是列宁首先提出的。

1886年,狄慈根在《一个社会主义者在认识论领域中的漫游》中首次提出"辩证唯物主义"这一概念,①用于描述其本人的哲学思想,而狄慈根本人的哲学思想实际上是在恩格斯哲学思想框架内的一种发挥。

1890年,恩格斯在致康·施米特的信中首次提出"历史唯物主义"这一概念,②后在《社会主义从空想到科学的发展》英文版导言中对"历史唯物主义"作出解释:"用'历史唯物主义'这个名词来表达一种关于历史过程的观点……这种观点认为一切重要历史事件的终极原因和伟大动力是社会的经济发展,是生产方式和交换方式的改变,是由此产生的社会之划分为不同的阶级,是这些阶级彼此之间的斗争。"③显然,在恩格斯那里,"历史唯物主义"和"唯物主义历史观"④是同一个概念,二者是马克思主义历史观的不同表述。

真正用"辩证唯物主义"来规定马克思主义哲学本质特征的是普列汉诺夫。普列汉诺夫明确指出:"马克思和恩格斯的哲学不仅是唯物主义的哲学,而且是辩证的唯物主义哲学。"⑤"'辩证唯物主义'这一术语,它是唯一能够正确说明马克思的哲学的术语。"⑥同时,由于辩证唯物主义涉及历史领域,因此,

---

① 《狄慈根哲学著作选集》,杨东莼译,生活·读书·新知三联书店1978年版,第252页。
② 《马克思恩格斯选集》第4卷,人民出版社1995年版,第692页。
③ 《马克思恩格斯选集》第3卷,人民出版社1995年版,第704—705页。
④ "唯物主义历史观"这个概念也是恩格斯首先提出来的。在1859年的《卡尔·马克思〈政治经济学批判〉》中,恩格斯首次提出"唯物主义历史观"这一概念,并认为马克思主义经济学"本质上是建立在唯物主义历史观的基础上的",而后者的要点在马克思的《〈政治经济学批判〉序言》中作了扼要的阐述。(《马克思恩格斯选集》第2卷,人民出版社1995年版,第38页)
⑤ 《普列汉诺夫哲学著作选集》第3卷,晏成书等译,生活·读书·新知三联书店1962年版,第79页。
⑥ 《普列汉诺夫哲学著作选集》第1卷,博古等译,生活·读书·新知三联书店1959年版,第768页。

在这个意义上,可以把辩证唯物主义称为"历史唯物主义"。"马克思和恩格斯的唯物主义世界观……既包括自然界,也包括历史。无论是在自然界或是在历史方面,这种世界观'都是本质上辩证性的'。但因为辩证唯物主义涉及到历史,所以恩格斯有时将它叫作历史的。这个形容语不是说明唯物主义的特征,而只表明应用它去解释的那些领域之一。"①这就是说,把马克思主义哲学称为"辩证唯物主义",是为了凸显马克思主义哲学的本质特征;把马克思主义哲学称为"历史唯物主义",是为了说明马克思主义哲学的研究领域。

同普列汉诺夫一样,列宁也认为马克思主义哲学就是辩证唯物主义。"马克思一再把自己的世界观叫作辩证唯物主义。""马克思主义哲学即辩证唯物主义。"②但是,在解释辩证唯物主义与历史唯物主义的关系时,列宁提出了与普列汉诺夫不同且影响深远的观点,即历史唯物主义是一般唯物主义在社会历史中的"推广运用":"发现唯物主义历史观,或者更确切地说,把唯物主义贯彻和推广运用于社会现象领域,消除了以往的历史理论的两个主要缺点。"③

这里,从一般唯物主义"推广运用"出历史唯物主义的逻辑是:"物质是第一性的。感觉、思想、意识是按特殊方式组成的物质的高级产物。这就是一般唯物主义的观点,特别是马克思和恩格斯的观点。""既然唯物主义总是用存在解释意识而不是相反,那么应用于人类社会生活时,唯物主义就要求用社会存在解释社会意识。""一般唯物主义认为客观真实的存在(物质)不依赖于人类的意识、感觉、经验等等。历史唯物主义认为社会存在不依赖于人类的社会意识……在这个由一整块钢铸成的马克思主义哲学中,决不可去掉任何一个基本前提、任何一个重要部分。"④这就是说,马克思主义哲学有两个基本前提,即存在决定意识和社会存在决定社会意识;有两个重要部分,即一般唯物主义与历史唯物主义。把这两个基本前提、两个重要部分熔铸在一起,就构成了"一整块钢"的马克思主义哲学。

同时,列宁又认为,马克思加深和发展了哲学唯物主义,"特别强调的是**辩证**唯物主义,而不是辩证**唯物主义**;特别坚持的是**历史**唯物主义,而不是历史

---

① 《普列汉诺夫哲学著作选集》第2卷,刘亦宇等译,生活·读书·新知三联书店1961年版,第311页。
② 《列宁全集》第18卷,人民出版社1988年版,第258、11页。
③ 《列宁选集》第2卷,人民出版社1995年版,第425页。
④ 《列宁选集》第2卷,人民出版社1995年版,第51、423、221页。

唯物主义",从而使马克思主义哲学成为"完备的哲学唯物主义"①。在这个意义上,作为"一整块钢"的马克思主义哲学包含着辩证唯物主义和历史唯物主义这样两个重要部分。这就是说,在列宁的著作中,已经蕴含着马克思主义哲学是辩证唯物主义和历史唯物主义的思想。

在马克思主义哲学史上,列宁首先把"辩证唯物主义"和"唯物主义历史观"并提,即"哲学。辩证唯物主义。唯物主义历史观"②。而在列宁的著作中,"唯物主义历史观"和"历史唯物主义"是同义语,因此,在这个意义上,列宁首先把辩证唯物主义和历史唯物主义并提,以此来称谓马克思主义哲学。但是,明确提出"辩证唯物主义和历史唯物主义"这一概念的是卢卡奇。1923年,卢卡奇在为布哈林的《历史唯物主义理论——马克思主义社会学通俗教材》写的书评中提出一个新的概念,即"历史唯物主义和辩证唯物主义"③,但他并未对这一新的概念作出解释。

可见,无论是提出"辩证唯物主义""历史唯物主义",还是提出"辩证唯物主义和历史唯物主义",芬格尔特和萨尔文特都不是创始者。但是,芬格尔特和萨尔文特又的确开启了以辩证唯物主义和历史唯物主义为题阐述马克思主义哲学的先河,其《辩证唯物主义和历史唯物主义》是把马克思主义哲学"一分为二",即把马克思主义哲学划分为辩证唯物主义和历史唯物主义这样一种"二分结构"体系的开篇之作。

同时,《辩证唯物主义和历史唯物主义》关于辩证唯物主义、历史唯物主义的定义和定位,关于辩证唯物主义和历史唯物主义关系的说明,都不是"空穴来风",而是以恩格斯、列宁的思想为理论依据的;把辩证唯物主义和历史唯物主义相提并论,作为马克思主义哲学的基本内容,也不是"无中生有",而是对恩格斯、列宁思想的发挥。在我看来,与"辩证唯物主义"并列,加上"历史唯物主义"来称谓马克思主义哲学,实际上是为了突出唯物主义历史观,强调"马克思的哲学是完备的哲学唯物主义"④。

西洛可夫和爱森堡的《辩证法唯物主义教程》,是20世纪20年代末30年

---

① 《列宁选集》第2卷,人民出版社1995年版,第225、311页。
② 《列宁全集》第26卷,人民出版社1990年版,第372页。
③ 中国社会科学院马列主义毛泽东思想研究所编:《论布哈林和布哈林思想》,贵州人民出版社1982年版,第218页。
④ 《列宁选集》第2卷,人民出版社1995年版,第311页。

代初苏联哲学论战"总清算"之后出版的第一部马克思主义哲学教科书,它不仅阐述了辩证唯物主义的一些基本观点,而且批判了德波林和布哈林的哲学观点;它不仅重申"哲学是党派的哲学",而且强调并论证了斯大林提出的开展"两条战线的斗争",即同时批判米丁的哲学虚无主义和德波林的"孟什维克式的唯心主义"。《辩证法唯物主义教程》直接反映了联共(布)党内的斗争,直接为苏联当时的政治服务和为当时的政策作论证,是把马克思主义哲学纯粹"政治化"的开篇之作。

马克思主义哲学不是"学院派",不是脱离现实的纯粹的范畴演绎系统,相反,马克思主义哲学始终关注现实,关注"对政治的批判"①,强调哲学与政治的"联盟",并认为"这一联盟是现代哲学能够借以成为真理的唯一联盟"②。的确如此。政治需要哲学,没有哲学论证其合理性的政治,缺乏理性、说服力和凝聚力,缺乏理念、精神支柱和引导力量,很难获得人民大众,尤其是知识分子的拥护;同时,哲学不可能脱离政治,哲学与时代的统一性首先是通过它的政治效应实现的。从根本上说,哲学是以抽象的范畴体系,透过一定的认识内容而表现出来的特定的社会关系,它总是体现着特定的阶级或社会集团的意志、愿望和要求。所以,哲学总是具有自己特定的政治背景,总是或多或少地蕴含着政治,总是具有这种或那种政治效应。但是,我们必须明白,哲学不能仅仅成为某种政治的传声筒或辩护词,因为哲学有自己的相对独立性,即科学性、反思性、批判性。马克思主义哲学必须以哲学的方式与政治"联盟",并实现"对政治的批判",但不能放弃自己的科学性、反思性、批判性,直接为现实政治服务和为现行政策作论证,甚至沦为政治的"婢女"。

辩证唯物主义与历史唯物主义的"二分结构"、直接为现实政治服务和为现行政策作论证,这是苏联马克思主义哲学的基本特征。前者在芬格尔特和萨尔文特的《辩证唯物主义和历史唯物主义》中得到初步体现,后者在西洛可夫和爱森堡的《辩证法唯物主义教程》中得到初步体现。因此,芬格尔特、萨尔文特的《辩证唯物主义和历史唯物主义》与西洛可夫、爱森堡的《辩证法唯物主义教程》的出版,标志着苏联马克思主义哲学体系初步形成。

---

① 《马克思恩格斯全集》第 1 卷,第 453 页。
② 《马克思恩格斯全集》第 27 卷,人民出版社 1972 年版,第 443 页。

二、苏联马克思主义哲学体系的基本形成和确立

1932、1934 年,米丁和拉祖莫夫斯基主编的《辩证唯物论与历史唯物论》上册和下册分别出版。《辩证唯物论与历史唯物论》上册是辩证唯物论,即当作宇宙观看的马克思主义、唯物论和唯心论、辩证法唯物论、唯物辩证法之诸法则;下册是历史唯物论,即辩证法唯物论与唯物史观、社会经济形态生产力与生产关系、资本主义的和社会主义的经济关系、关于社会群和国家的学说、意识形态论、战斗的无神论、社会变革论等。

可见,《辩证唯物论与历史唯物论》所建构的马克思主义哲学体系同当今占主导地位的马克思主义哲学体系在内容和结构上是一致的。在这种内容和结构的背后是这样一种思想:马克思主义哲学是彻底的唯物论,"这种彻底的唯物论……就是辩证法的唯物论",而"辩证法唯物论——这是一种完整的、彻底革命的、包括自然界、有机体、思维和人类社会的宇宙观",[1]历史唯物论则是辩证唯物论在社会生活领域的运用;马克思、恩格斯"借政治的批判,把自己的哲学思想,施之于对人类社会的研究……揭露了政治理想之物质的内容,开创了历史唯物论",历史唯物论的创立"加深和发展哲学的唯物论","达到唯物论之彻底的发展";[2]辩证唯物论与历史唯物论具有一致性,二者之间存在着"直接的和不可分裂的联系",这就是,一般唯物论根据存在说明意识,历史唯物论根据社会存在说明社会意识。

《辩证唯物论与历史唯物论》的影响是空前而深远的,它的出版标志着苏联马克思主义哲学体系基本形成。

首先,《辩证唯物论与历史唯物论》体现了联共(布)中央的意志和对马克思主义哲学的定位。

1931 年,在批判德波林的高潮中,联共(布)中央向苏联哲学界提出一个政治任务,即编写新的马克思主义哲学教科书,从而为统一全党的思想奠定世界观的基础。在当时苏哲学界主要领导米丁的主持下,组织了全苏联哲学界的力量,以苏联科学院哲学研究所的名义集体编写了《辩证唯物论与历史唯物

---

[1] 米丁等:《辩证唯物论与历史唯物论》上册,沈志远译,商务印书馆 1936 年版,第 25 页。
[2] 米丁等:《辩证唯物论与历史唯物论》下册,沈志远译,商务印书馆 1936 年版,第 1 页。

论》,并作为苏联党校和高校的哲学教科书。《辩证唯物论与历史唯物论》不仅阐述了马克思主义哲学的一些基本观点,而且直接为当时苏联的政治服务,为当时苏联的政策作论证,体现了联共(布)中央对马克思主义哲学的最终定位,即直接为现实政治服务和为现行政策论证。这是马克思主义哲学在苏联的特殊的社会位置和历史使命。

哲学为政治服务本身并不为错。如前所述,哲学不等于政治,但政治需要哲学,同时,哲学也不可能脱离政治。马克思主义哲学不是"学院哲学",也不是持"价值中立"立场的"纯粹科学",而是关于无产阶级和人类解放的学说,因此是科学体系与意识形态的高度统一,哲学批判与政治批判的高度统一。在这个意义上,马克思主义哲学就是政治哲学,它当然要为政治服务。但是,马克思主义哲学应当也必须以哲学的方式为政治服务。哲学必须从"天上"降到"地上",关注现实的社会运动,否则,就会成为"无根的浮萍";哲学又必须从"地上"升到"天上",以进入抽象的概念领域,以概念的运动反映现实的社会运动,否则,就不是哲学。作为人类解放的"头脑",马克思主义哲学理应以哲学的方式为政治服务,以哲学的理念引导现实的社会运动。一种仅仅适应现实的哲学是不可能高瞻远瞩的。

其次,《辩证唯物论与历史唯物论》形成了以列宁、恩格斯的著作为主,以马克思的著作为辅这一文献格局。

马克思是马克思主义哲学的主要创始人。阐述马克思主义哲学基本观点的文献依据当然应以马克思的著作为主。可是,在当时特殊的历史条件下,《辩证唯物论与历史唯物论》的文献依据却是列宁的著作多于恩格斯的著作,恩格斯的著作多于马克思的著作,而集中体现马克思哲学思想的著作,如《1844年经济学哲学手稿》《关于费尔巴哈的提纲》《德意志意识形态》《资本论》却很少甚至几乎没有被引证。这就造成一个奇怪的现象,即名曰阐述马克思主义哲学基本观点的著作却很少甚至几乎没有引证马克思的重要哲学著作。正是这种奇怪的现象造成了上述苏联马克思主义哲学体系特有的文献格局。后来的苏联马克思主义哲学主流教材、权威版本都维持了这一文献格局。

阐述马克思主义哲学基本观点,建构马克思主义哲学体系,引用其他马克思主义者的著作本身并不为错。我们不能奉行"原教旨主义",以教条主义的态度对待马克思主义哲学,认为只有马克思的哲学思想才是马克思主义哲学。实际上,马克思主义哲学是由马克思所创立、为他的后继者所发展的理论体系。可是,我们又不能以虚无主义的态度对待作为马克思主义哲学主要创始人——马克思本人的哲学思想。阐述马克思主义哲学基本观点,建构马克思主义哲学体系的文献依据当然应以马克思的著作为主。从创始人的视角看,"马克思主义是马克思的观点和学说的体系"①,脱离了"马克思的观点和学说"的马克思主义哲学,只能是打引号的马克思主义哲学。

再次,《辩证唯物论与历史唯物论》制定并巩固了辩证唯物主义与历史唯物主义"二分结构"体系。

如前所述,芬格尔特和萨尔文特的《辩证唯物主义和历史唯物主义》并未明确马克思主义哲学体系是辩证唯物主义与历史唯物主义,米丁和拉祖莫夫斯基的《辩证唯物论与历史唯物论》则在马克思主义哲学史上第一次明确地把马克思主义哲学称为辩证唯物主义与历史唯物主义,明确地把它分为辩证唯物主义与历史唯物主义两个部分,明确地把"物质"作为马克思主义哲学的起点范畴,分别论述了辩证唯物主义,即唯物论、辩证法、认识论,然后,再阐述作为辩证唯物主义在社会历史领域"应用"的历史唯物主义,从而建构了辩证唯物主义与历史唯物主义"二分结构"体系。米丁后来不无得意地自我评价道:"我把马克思主义哲学分为辩证唯物主义和历史唯物主义,这种分法被人接受,流传下来了。"②

实际上,米丁制定的辩证唯物主义与历史唯物主义"二分结构"不仅"流传下来了",而且支配了苏联马克思主义哲学体系半个世纪之久。无论是斯大林去世后的批判斯大林运动,还是赫鲁晓夫下台后的批判赫鲁晓夫运动,无论是1954—1955年对亚历山大诺夫的《辩证唯物主义》和康斯坦丁诺夫的《历史唯物主义》的讨论,还是后来出版的一批又一批马克思主义哲学教科书,包括最具权威性的康斯坦丁诺夫的《马克思主义哲学原理》,无论是20世纪50—80年代认识论派与本体论派的论争,还是1965年、1977年两次唯物辩证法讨论,都没有从根本上动摇辩证唯物主义与历史唯物主义"二分结构"体系。

特殊的总体框架,即以"物质"为起点范畴的辩证唯物主义与历史唯物主义的"二分结构";特殊的文献格局,即引证的列宁、恩格斯的著作多于马克思的著作;特殊的社会地位,即直接为现实政治服务和为现行政策作论证,构成

---

① 《列宁选集》第2卷,人民出版社1995年版,第418页。
② 引自安启念:《新编马克思主义哲学发展史》,中国人民大学出版社2010年版,第173页。

了特色鲜明的苏联马克思主义哲学体系。这三个基本特征在《辩证唯物论与历史唯物论》中得到集中体现。因此,米丁和拉祖莫夫斯基主编的《辩证唯物论与历史唯物论》的出版,标志着苏联马克思主义哲学体系基本形成。

1938年,斯大林出版了《论辩证唯物主义和历史唯物主义》。该书开宗明义指出:"辩证唯物主义是马克思列宁主义党的世界观。它所以叫作辩证唯物主义,是因为它对自然界现象的看法、它研究自然界现象的方法、它认识这些现象的方法是辩证的,而它对自然界现象的解释、它对自然界现象的了解,它的理论是唯物主义的。""历史唯物主义就是把辩证唯物主义的原理推广去研究社会生活,把辩证唯物主义的原理应用于社会生活现象,应用于研究社会,应用于研究社会历史。"①这里,辩证唯物主义实际上是一种自然观,历史唯物主义则是一种历史观。以此为依据,《论辩证唯物主义和历史唯物主义》先后阐述了"马克思主义的辩证方法的基本特征""马克思主义哲学唯物主义的基本特征"和"历史唯物主义"。

《论辩证唯物主义和历史唯物主义》首先描述了"马克思主义的辩证方法的基本特征",即把自然界看作是"有联系的统一的整体""不断运动和变化、不断更新和发展的状态";从量变到质变的发展;出发点是自然界的内在矛盾,这种矛盾的斗争"就是发展过程的内容"。其次,描述了"马克思主义哲学唯物主义的基本特征",即认为"世界按其本质说来是物质的",世界上各种现象都是"运动着的物质的不同形态";物质第一性、意识第二性,意识是物质的反映,"思维是高度完善的物质的产物,即人脑的产物";完全可以认识世界及其规律,"关于自然界规律的知识,经过经验和实践检验过的知识,是具有客观真理意义的、可靠的知识"。再次,描述了"历史唯物主义"生产理论的三个特点,即第一个特点是生产"始终处在变化和发展的状态中";第二个特点是生产的变化和发展"始终是从生产力的变化和发展,首先是从生产工具的变化和发展开始的",生产力决定生产关系,生产关系又反过来影响生产力,加速或延缓生产力的发展;第三个特点就是新的生产方式的产生过程"不是人的有意的、自觉地活动的结果,而是自发地、不自觉地、不以人的意志为转移发生的"。②

显然,《论辩证唯物主义和历史唯物主义》把列宁的观点发挥到了极致,同

---

① 《斯大林选集》下卷,人民出版社1979年版,第424页。
② 《斯大林选集》下卷,人民出版社1979年版,第425—427、431—434、439、441—444、450页。

时,其总体框架又是以米丁和拉祖莫夫斯基的《辩证唯物论与历史唯物论》为蓝本的,以有所变化的形式肯定了辩证唯物主义与历史唯物主义"二分结构"体系,其思维运行的逻辑是从唯物主义自然观"推广""应用"出唯物主义历史观。

问题在于,自然界与人类社会既有联系又有本质区别:在自然界中,一切都处在盲目的相互作用中,任何事情的发生都没有利益纷争和预期目的;在人类社会中,进行活动的人都具有自觉的意图,任何事情的发生都有利益纷争和预期目的。一次地震可以毁坏一座城市,可以毁灭众多的人口,一场战争也可以毁坏一座城市,可以毁灭众多的人口。可地震就是地震,在它的背后没有利益纷争,也不存在预期的目的,而战争的背后却是阶级、民族、国家的利益,存在着预期的目的。"历史不过是追求着自己目的的人的活动。"①因此,从唯物主义自然观并不能"推广""应用"出唯物主义历史观。爱尔维修早就"把唯物主义运用到社会生活方面"②,得到的却是唯心主义历史观。费尔巴哈也是这样。"当费尔巴哈是一个唯物主义者的时候,历史在他的视野之外;当他去探讨历史的时候,他不是一个唯物主义者。在他那里,唯物主义和历史是彼此完全脱离的。"③

更重要的是,《论辩证唯物主义和历史唯物主义》混淆了新唯物主义与旧唯物主义的本质区别。在论述"马克思主义哲学唯物主义的基本特征"时,《论辩证唯物主义和历史唯物主义》把"物质是一切变化的主体"这句话当作马克思本人的话加以引用,并把它作为马克思唯物主义的基本特征之一。实际上,这是一段明显的误引,即把马克思对于霍布斯思想的复述看成马克思本人的思想,把马克思所批评的观点看成马克思本人所赞赏的观点。

按照马克思的观点,唯物主义发展到霍布斯那里"变得敌视人了"④。这是因为,霍布斯认为"物质是一切变化的主体","人的一切情欲都是正在结束或正在开始的机械运动","人和自然都服从于同样的规律。强力和自由是同一的"。因此,在霍布斯那里,"感性"与人无关,"失去了它的鲜明的色彩而变

---

① 《马克思恩格斯全集》第2卷,人民出版社1957年版,第118—119页。
② 《马克思恩格斯全集》第2卷,人民出版社1957年版,第165页。
③ 《马克思恩格斯选集》第1卷,人民出版社1995年版,第78页。
④ 《马克思恩格斯全集》第2卷,人民出版社1957年版,第164页。

成了几何学家的抽象的感性"①。换言之,在机械唯物主义体系中,"抽象的感性"或"抽象的物质"成了一切变化的主体或基础,而人不过是物质的一种表现形态。

然而,斯大林并没有理解这些,所以,他把霍布斯的观点当作马克思本人的观点。在我看来,这一误引不是偶然的疏忽,它表明,斯大林并没有真正理解新唯物主义与旧唯物主义的本质区别,没有真正把握新唯物主义的本质特征,实际上是在用近代唯物主义的逻辑解读马克思的新唯物主义。在我看来,《论辩证唯物主义和历史唯物主义》所阐述的辩证唯物主义,实际上是一种唯物主义与辩证法简单相加,并带有浓厚的机械唯物主义色彩的自然观,然后,又以这样一种所谓的辩证唯物主义作为理论基础"推广""应用"出"历史唯物主义"。

无论从历史上看,还是从逻辑上说,历史唯物主义都不是辩证唯物主义在社会历史领域中的"推广""应用"。马克思在成为历史唯物主义者之前,还不是一个唯物主义者;而当他成为历史唯物主义者的时候,他同时就成为了辩证唯物主义者。换言之,历史唯物主义创立之日也就是辩证唯物主义形成之时。在马克思主义哲学体系中,不存在一个独立的、仅仅作为理论基础的辩证唯物主义,也不存在一个独立的、仅仅具有应用性质的历史唯物主义。辩证唯物主义和历史唯物主义不是两个主义,而是同一个主义,即马克思新唯物主义的两个理论特征。

可是,由于斯大林在当时苏联和国际共产主义运动的特殊地位,《论辩证唯物主义和历史唯物主义》使得辩证唯物主义与历史唯物主义的"二分结构"体系成为马克思主义哲学的"经典"形态,甚至成为唯一形态,产生了极其广泛、深入而持久的影响。斯大林的《论辩证唯物主义和历史唯物主义》的出版,不仅巩固并确立了辩证唯物主义与历史唯物主义"二分结构"体系,而且标志着苏联马克思主义哲学体系最终确立,标志着辩证唯物主义与历史唯物主义"二分结构"体系在苏联以至整个国际共产主义运动中得以确立。

三、苏联马克思主义哲学体系的根本缺陷

以辩证唯物主义与历史唯物主义"二分结构"为总体框架的苏联马克思主

---

① 《马克思恩格斯全集》第2卷,人民出版社1957年版,第164页。

义哲学体系,的确深化并普及了马克思主义哲学的一些观点,但从总体上看,它并没有真正理解和把握马克思的哲学,忽视了实践的世界观或本体论意义,否定了人的主体地位,颠倒了马克思哲学的总体逻辑。

从逻辑方向看,马克思创立新唯物主义是从社会到自然的思维运行过程。马克思指出:人们"周围的感性世界绝不是某种开天辟地以来就直接存在的、始终如一的东西,而是工业和社会状况的产物,是历史的产物,是世世代代活动的结果……甚至连最简单的'感性确定性'的对象也只是由于社会发展、由于工业和商业交往才提供给他的",摆在人们面前的是"历史的自然和自然的历史"。① 因此,新唯物主义是从社会存在出发去理解自然存在及其意义的,其立足点是人类社会或社会的人类。

苏联马克思主义哲学体系的立足点则是自然,其总体框架是从自然到社会的思维运行过程。"既然自然界是这样,那么社会也是这样",这样一种无中介的直线式推演成了苏联马克思主义哲学体系的建构原则:"既然自然现象的联系和相互制约是自然界发展的规律,那么由此可见,社会生活现象的联系和相互制约也同样不是偶然的事情,而是社会发展的规律";"既然自然界、存在、物质世界是第一性的,而意识、思维是第二性的……是这一客观实在的反映,那么由此应该得出结论:社会的物质生活、社会的存在,也是第一性的,而社会的精神生活是第二性的,是派生的……是这一客观实在的反映";②如此等等。这就是说,在苏联马克思主义哲学体系中,从辩证唯物主义到历史唯物主义实际上是自然到社会的逻辑运行过程。这样一来,马克思的哲学从社会到自然的逻辑方向便被颠倒了。

从逻辑坐标看,马克思哲学的逻辑坐标就是主体及其发展,其核心就是按照人的发展来"安排周围的世界"。与旧唯物主义不同,马克思的新唯物主义把"对象、现实、感性""当作感性的人的活动,当作实践去理解","从主体方面去理解"③。马克思把"实践"和"主体"联系起来讲是有深意的。实践本来就是客体不能满足主体时,主体改变客体使之适应主体需要的活动,实践本身就体现了主体的主导作用。马克思的新唯物主义区别于旧唯物主义的原则界限,就在于马克思的哲学强调实践,强调主体的方面,强调按照主体的发展改

---

① 《马克思恩格斯选集》第 1 卷,人民出版社 1995 年版,第 76 页。
② 《斯大林选集》下卷,人民出版社 1979 年版,第 435、436 页。
③ 《马克思恩格斯选集》第 1 卷,人民出版社 1995 年版,第 54 页。

变世界，合理"安排周围的世界"，从而把"人的世界和人的关系还给人自己"①。主体及其发展因此成为马克思哲学的逻辑坐标。

苏联马克思主义哲学体系恰恰颠倒了这一逻辑坐标，它仅仅从客体的角度来考察"对象、现实、感性"，不理解人与物的关系是一种"为我而存在"的关系②，其要害是"见物不见人"。在苏联马克思主义哲学体系中，物质成了"一切变化的主体"，"人和自然都服从于同样的规律"。换言之，苏联马克思主义体系具有凝重的机械唯物主义色彩。

从逻辑出发点看，马克思哲学的出发点是人的实践。按照马克思的观点，实践内在地包含着人与自然、人与社会的关系，即人与世界的关系，现存世界是在人的实践活动中生成和发展的；实践是人的存在方式和本质活动，人是在自己的实践中自我生成、自我发展的，人的思维本质上是实践结构的内化和升华。因此，马克思的哲学是从实践出发反观、反思人与世界的关系。实际上，马克思的哲学本身就是为改变现存世界的实践而创立的，本身就是对人类实践活动中各种矛盾关系的一种理论反思。正因为如此，马克思认为，新唯物主义"是描述人们实践活动和实际发展过程的真正的实证科学"③。

苏联马克思主义哲学体系却颠倒了这一逻辑出发点，它不是从人的实践出发，而是从所谓的"物质"出发去理解和把握人与自然、人与社会的关系，即人与世界的关系，认为社会、人及其思维是物质运动的展开，是物质的不同表现形态，并从"自然发展规律"推导出"社会发展规律"。在苏联马克思主义哲学体系中，社会生活的实践本质被淡化了，人的主体性、选择性、创造性被忽视了，社会发展规律在人的活动中的生成性不见了，历史规律成了一种处在人的活动之前、之外，并超乎人的活动之上的预成的、神秘的"计划"，社会发展因此成为一种"无主体的过程"。

马克思一再声明自己的新唯物主义与旧唯物主义的本质区别，这就是旧唯物主义只是从客体的或直观的形式去理解"对象、现实、感性"，而新唯物主义则是从主体及其实践活动出发去理解"对象、现实、感性"，并认为人的实践

---

① 《马克思恩格斯全集》第1卷，人民出版社1956年版，第443页。
② 《马克思恩格斯选集》第1卷，人民出版社1995年版，第81页。
③ 《马克思恩格斯选集》第1卷，人民出版社1995年版，第73、74页。

活动构成了感性世界,实践"是整个现存的感性世界的基础"①。这里,旧唯物主义采用的是一种还原论的方法,即把人类思维、人类社会、现存世界简单还原为自然界;新唯物主义确认自然界的"优先地位",但它同时又确认人类思维、人类社会、现存世界对自然界具有不可还原性,人类思维、人类社会、现存世界都是在人的实践活动生成的,实践才是人的生存的本体和现存世界的本体。这样,新唯物主义就扬弃了旧唯物主义的自然本体论或物质本体论,同时,也扬弃了唯心主义的精神本体论。从根本上说,马克思批判并终结旧唯物主义以至整个传统哲学的革命,就是从本体论的层面上发动并展开的。

但是,苏联马克思主义哲学并没有真正理解这一革命性变革,没有真正理解人们所面对的自然界已经不是"纯粹"的自然,不是"几万年间几乎不变的自然",而是被人类实践改造过的"人化自然",是被社会中介过的"人的现实的自然界",是"历史的自然"。人的实践改变的不仅仅是自然物的形态,更重要的,是在自然物中贯注了人的本质力量和社会力量,使人的本质力量和社会力量进入到自然存在之中,并赋予自然存在以新的属性——社会性或历史性。在现存世界中,自然界意味着什么,自然对人的关系如何,人对自然作用的内容和范围以及采用什么样的形式等,都受到社会关系的制约。在现存世界中,自然界不仅保持着天然的物质本性,而且被打上了人化的烙印;不仅具有客观实在性,而且具有社会历史性。"自然界的人的本质只有对社会的人说来才是存在的;因为只有在社会中,自然界对人说来才是人与人联系的纽带……才是人的现实的生活要素;只有在社会中,自然界才是人自己的人的存在的基础。"②把新唯物主义哲学的自然概念同旧唯物主义哲学的自然概念区别开来的,正是马克思自然概念的社会历史性。

苏联马克思主义哲学犯了与费尔巴哈哲学同样的错误,即不理解"周围的感性世界决不是某种开天辟地以来就已存在的、始终如一的东西,而是工业和社会状况的产物",它把自然与社会隔离开来,把自然从历史中抽象出来,孤立地考察"地理环境"和社会生产方式,而不是把二者理解为一个统一的运动过程,不是在二者的相互作用中把握问题,根本不理解自然史和人类史"这两方

---

① 《马克思恩格斯选集》第1卷,人民出版社1995年版,第77页。
② 《马克思恩格斯全集》第42卷,人民出版社1979年版,第122页。

面是不可分割的;只要人存在,自然史和人类史就彼此相互制约"①。于是,在苏联马克思主义哲学体系中,"地理环境"成了独立于人的活动过程的发展系列,人们所面对的自然仅仅是一种机械的、物理的、化学的、生物的运动,是"开天辟地以来就已存在的、始终如一的东西"。

经过这一分离、抽象之后,一种"抽象的物质"或"抽象的自然"便构成了苏联马克思主义哲学体系的基石,形成了以自然为基石的本体论。以此为基础,苏联马克思主义哲学进行了一系列的从自然到社会的逻辑推演,构建了一种辩证唯物主义与历史唯物主义"二分结构"体系。实际上,苏联马克思主义哲学并没有真正把握"马克思主义哲学唯物主义的基本特征",没有真正理解历史唯物主义的本质特征和哲学意义,它在形式上表现为辩证唯物主义和历史唯物主义,在内涵上则是向一般唯物主义或自然唯物主义的倒退。这是一次惊人的理论倒退。这一倒退的实质,就是向以自然为本体的一般唯物主义的回归。这是苏联马克思主义哲学体系的根本缺陷。就其实质而言,苏联马克思主义哲学体系就是马克思所批判的"抽象的唯物主义"。当它脱离人的实践活动和社会历史侈谈自然、物质和世界的物质性时,就已经悄悄地踏上了马克思批判的"抽象物质的或者不如说是唯心主义的方向"②。

正是这种"抽象的唯物主义",使苏联马克思主义哲学体系中的辩证法成了相互联系、变化发展、量变质变、对立面斗争这样几条简单结论相加的直观型的辩证法,唯物辩证法由此成为黑格尔辩证法的某些内容和自然唯物主义的机械结合,辩证法的概念运动也不见了。在苏联马克思主义哲学体系中,不仅实践辩证法被遮蔽了,而且辩证法的批判性、革命性也被淡化了,辩证法从一种高超的思维艺术变成了实际上的形而上学的思维方式。苏联马克思主义体系并没有真正把握"马克思主义的辩证方法的基本特征"。

之所以如此,是因为苏联马克思主义哲学不理解黑格尔的辩证法的实质是人类历史运动的"抽象的、逻辑的、思辨的表达"③,是一种"作为推动原则和创造原则的否定性的辩证法";不理解马克思的辩证法之所以是"合理形态"的辩证法,就在于马克思把实践理解为人的存在方式,理解为人与自然、人与社

---

① 《马克思恩格斯选集》第 1 卷,人民出版社 1995 年版,第 66 页。
② 《马克思恩格斯全集》第 42 卷,人民出版社 1979 年版,第 128 页。
③ 《马克思恩格斯全集》第 42 卷,人民出版社 1979 年版,第 159 页。

会关系的基础,并把辩证法的否定性同实践唯物主义的革命性有机结合起来,从而使否定性的辩证法获得了现实的基础。"辩证法在对现存事物的肯定理解中同时包含对现存事物的否定的理解,即对现存事物必然灭亡的理解……辩证法不崇拜任何东西,按其本质来说,它是批判的和革命的。"[①]批判,就是从肯定与否定、生成与灭亡的统一去理解现存事物;革命,就是"实际地反对并改变现存事物"。而"对于实践的唯物主义即共产主义者来说,全部问题都在于使现存世界革命化,实际地反对并改变现存事物"[②]。离开了实践的唯物主义,我们无法真正理解和把握辩证法的批判性、革命性,无法真正理解和把握"马克思主义的辩证方法的基本特征"。

[①]《马克思恩格斯选集》第2卷,人民出版社1995年版,第112页。
[②]《马克思恩格斯选集》第1卷,人民出版社1995年版,第75页。

第二章

《辩证唯物论与历史唯物论》与马克思主义哲学体系*

马克思主义是一种有组织、有系统的观念体系,是劳工集团的意识形态,它曾被马克思(K. Marx)和恩格斯(F. Engels)所创建,后来又被列宁(V. I. Uliyanov-Lenin)等人所发展,使它适应于新的历史时代——帝国主义和劳工革命的时代。这种学说的特异点,就在于它的独特的深刻性和完整性,它是各方面都讲到的:它包括全部的知识总汇,从哲学的宇宙观问题起到革命斗争的战术和策略问题为止。马克思主义指示劳工集团一条从资本主义奴役制的镣铐中解放自己的道路,革命地毁灭资本制度的道路和建设无阶级的社会主义社会的道路。

一、马克思主义的三个来源和三个组成部分

马克思主义是十九世纪初三个重大的思潮的继续和完

---

* 本章第一至第三节内容选自[苏]米丁等:《辩证唯物论与历史唯物论》上册第一章第一、第三节和下册第一章第一、第三节,并略作删改。文中标题由我所加。《辩证唯物论与历史唯物论》中译本1937年由商务印书馆出版。为方便读者阅读,我对文中的个别译名作了调整,如将V. I. Uliyanov-Lenin的原译名"邬梁诺夫"改为"列宁"、Ludwig Feuerbach的原译名"费尔巴赫"改为"费尔巴哈"、bourgeois的原译名"布尔乔亚"改为"资产阶级"等。

成,这三大思潮是在欧洲三个大国中发展起来的。对于过去先进的人类思想界已经提了出来的一切问题,马克思主义都一一给予十分科学的、革命的解答。马克思主义的学说是"十九世纪人类所创造的——优良的学说——德国的哲学,英国的政治经济学和法国的社会主义——之合理的继承者"。

当作社会政治思潮看的马克思主义,是在劳工集团业已充分成熟,能够十分激烈地提出自己解放任务来的那个时期产生和形成起来的。马克思主义是在这样一个时期产生的:那时劳工集团已经开始出现于全世界历史的战场;那时生产的社会性和占取的私有性之间的矛盾已经暴露得很明显,这种矛盾是资本主义生产方式(capitalist mode of production)所特有的,而且是资产集团或资产阶级(bourgeois)社会一切矛盾的渊源。

在当时欧洲三大国家中,英国、法国和德国,它们的资本主义发展的水平是各不相同的,因此那些资本主义的互相冲突的矛盾,在这三个国家中,也以不同的力量和从不同的方面表露出来了。前进的人类思想的三大主流——德国的古典派哲学(classical philosophy),英国的古典派政治经济学(classical political economy)和法国的空想社会主义及一般的革命学说——都反映着那些矛盾的变动。马克思主义的历史的根源,正应当从这些资产集团社会或资产阶级社会的矛盾和反映这些矛盾的社会学说中去寻找。

马克思和恩格斯的世界观,首先有系统地阐明于《德国的意识形态》(The German Ideology),《哲学的贫困》(Poverty of Philosophy)和《共产主义宣言》(Manifesto of The Communist Party)三部著作中。这种世界观,曾被1848年的革命实践和1871年巴黎公社(Paris Commune)的革命的测验所证实。到后来,它以日益增长的速度,在一切国家中吸收着愈来愈广大的信徒群众,结果他们就形成了一个共产主义者的国际政党。正当70年代的时候,马克思主义在工人运动中战胜了一切其他的意识形态,但以后这些意识形态所表现的倾向,就开始找寻它们的新的道路而以修正主义(revisionism)的形态"复活"起来了。

马克思主义对一切旧的理论原则作无情的批判。在马克思主义开始发展时,这种批判多半集中于马克思主义的三个来源:德国的古典派哲学、英国的古典派政治经济学和法国的空想社会主义及一般的革命学说。同时,马克思主义又把它的理论批判向着资本主义世界的一切基本矛盾开火,并且动员了革命的工人运动去改变这个世界。这一个两方面的过程,把研究和批判的工作不可分离地结合起来,就成为马克思主义三个主要组成部分的内容的特点。

马克思主义之发生,是十九世纪三大主要的理论思潮的继续和发展,但是它同时是这些理论思潮的批判的改造。那么马克思主义的组成部分是哪些呢?

第一是哲学的学说——最新最彻底的唯物论。这个唯物论并不停留在十八世纪的水平线上,也不停留在费尔巴哈(Ludwig Feuerbach)的直觉的唯物论上,它是解脱了唯心论的神秘性和批判地改造了黑格尔的辩证法(dialectic of Hegel)而后充实起来并应用于对人类社会之认识的一种唯物论。这种彻底的唯物论,是认识和改变自然与社会的科学方法,它就是辩证法的唯物论(dialetical materialism)。

第二是经济的学说——揭露资本主义社会形态之产生、发展和崩溃诸法则的学说,马克思主义发现了劳动的两重性,揭露了商品拜物主义(commodity fetishism)是存在于商品中的社会关系的事物化,给了一个正确理解资本主义生产的社会关系的锁匙。马克思的经济学说,揭露了建筑在资产阶级对无产阶级之剥削上的资本主义生存的秘密,这种资产阶级以剩余价值的形态将工人的未偿劳动占为己有。历史的唯物论(historical materialism)——马克思的天才的创见——克服了古典派经济学者的反历史观的和唯心论的理论,它使政治经济学改变成为纯科学的学说了。剩余价值论就是马克思经济学说的基石。

第三是科学的社会主义——社会斗争的学说,关于这种斗争的战术和策略的学说。只有辩证的和历史的唯物论能够给资本主义社会的一切阶级的相互关系之总体,作一个客观的估量,因此亦就能给这社会的客观发展阶段和这社会与其他社会之间的相互关系,作一个精确的估量,只有说明阶级剥削,特别是资本主义剥削的本质的经济学说,才创立了科学社会主义。

这三大马克思主义世界观的组成部分,融合成为一个有机的一致体。把唯物辩证法应用于全部政治经济学的改造,并以后者为基础,又把唯物辩证法应用于历史、自然科学、哲学、政治和劳工集团的策略——这些就是马克思和恩格斯所最注意的事情,他们所创造的最重要而最新颖的学说就是这些。

二、当作理论与实践之一致体看的马克思主义

"不是人类的意识决定他们的存在,而是相反,他们的社会的存在决定他们的意识。"这一条含义深刻,表现天才眼光的基本原则,读起来又是这样地简

洁而响亮,这是马克思和恩格斯所首创而以后为列宁所发展,用以与唯心论及形而上的机械唯物论作无情的斗争的。

唯心论抛弃了实体的存在,而把它跟意识统一起来。照马克思的说法,唯心论把"实体的、客观的事物,看成纯观念的、纯主观的、纯粹存在于我的事物,因此一切外界的感觉器官的各种活动,也都被它看成纯观念的活动了"。

费尔巴哈式的形而上的唯物论,并不会跳跃出那单纯化了的"自然科学的唯物论"的框子以外。他把被现代资本主义关系的锁链紧紧羁缚着的人们的生活,看作"一般的人"的生活了。因此他在人的生活自身中就找不着能够摧毁这种锁链的力量,这样他反而把人们的命运更进一步地断送到这种严酷的、令人失望的锁链中去。

照唯心论的观点看来,存在的发展是决定于意识的发展。因此唯心论认为对于人的意识的影响,对于观念的宣传的影响,是改造生活之必需的和尽够的条件。可是照形而上的唯物论的观点,意识是由存在的发展来决定的,然而它的理解存在本身,是完全抽象的。费尔巴哈认为自然和人类的存在,"只是客体的形式或直觉的形式,而不是人类感官的活动,不是实践,不是主观的"。这样,形而上的唯物论者,在实践上是个唯心论者。正是科学社会主义的唯物论者、马克思主义者所视为必然的和同时视为改造世界之必要条件的一点,形而上的唯物论者却把它否定了。

意识是由社会的存在所决定的,但它自身反过来又去促进存在的向前发展。然而人的意识所以起这样的作用,只有依靠人类的实践才有可能。"观念从来不会突破旧制度的界限;它往往只能突破旧制度的观念的界限。观念是一般地不能实现什么的。根据马克思主义的见地,要实现观念(即理想),就需要人,只有人能够运用实践的力量去实现观念。"马克思和恩格斯是始终反对唯心论的忽视人的实践的活动,同时也反对形而上的对立存在和意识,因为忽视实践和对立存在与意识这两种立场,都一样地是忽视了人类本身改变自然与社会之意义。

马、恩二氏断送了费尔巴哈式的、形而上的、抽象的自然论,但是同时他们也凭借着自然科学及其各种新的发现:关于力的转变的发现告诉我们,自然界中一切运动形式的一致,现在已经不是单纯的哲学上的定理,而是自然科学的事实了;其次是细微的发现,把过去罩盖着有机体的发生和发展过程及其结构的神秘之膜,一下子揭开了;此外还有达尔文(Charles R. Darwin)关于有机体世界的进化律的发现。在另一方面,马、恩二氏借政治的批判,把自己的哲学思想,施之于对人类社会史的研究。他二人揭露了政治理想之物质的内容,开创了历史唯物论来替自己的政治思想奠定科学的基础。这样一来,马克思和恩格斯就造成了一种彻头彻尾的、包罗万象的、完整的、科学的、唯物主义的宇宙观。这种宇宙观,凭借着铁一般的事实,同时又揭示着它们间的辩证唯物的联系,把向来被人视为超于别种科学以上的哲学、与具体知识相隔离的哲学和被人当作"科学之科学"看的哲学,变成为多余的东西了。

这样看来,马克思、恩格斯和继续他们工作的列宁之最伟大的功绩,就在于创造和继续发展辩证法唯物论——这是一种完整的、彻底革命的,包括自然界、有机体、思维和人类社会的宇宙观。马克思主义在它自身的发展过程中,造成了这样一种完整的宇宙观,它里面包容着:"彻底的唯物论,把社会生活的领域也包括在内的唯物论;最周密、最深刻的发展学说、辩证法;社会斗争的学说和新的科学社会主义社会的创造者,劳工集团之世界的、历史的革命作用。"马克思和恩格斯集中注意于政治,所以他们才有可能克服以前的唯物论的纯直觉性,并将哲学的唯物主义跟科学的社会主义联合成为整个的统一的宇宙观。

马克思主义把唯心论从它最后的一个躲避所中、即从人类社会的认识领域中,驱除出去了;同时它用辩证法唯物论去对抗过去片面的、不彻底的、呆板的唯物论。马克思主义认定自己的任务是在破坏人类的锁链,其目的不在使被阶级收役制所压迫的人类戴上一副"严酷的、令人失望的锁链",而在指示人类在革命的斗争中丢弃这种锁链。

但是物质的锁链,只有靠物质的力量才能完全毁除。马克思主义揭露了人类社会的发展法则和它的阶级结构,发现了资本主义生产方法的特殊法则,剩余价值(surplus value)的生产法则——它同时发现了这样的力量就是劳工集团。这个力量,跟一切历史上在它以前的社会集团完全不同:它在"毫无修饰的、坚强不屈的、绝对有威权的贫苦"的影响之下,在"这一必然性之实际表现"的影响之下,力图从自己的非人的生活条件中解放出来;但是"它如果不除去那集中地表现在它自己境遇上的一切现代社会的非人生活条件,而要单靠消除自己的生活条件来达到解放自己,那是不可能的"。马克思主义揭露了现代社会的一切矛盾,研究了这些矛盾的进展,同时又证实了它们的暂时性。空想社会主义者,只把劳工集团看成痛苦最甚的社会群,马克思主义则提出实现劳工集团的集团目的和领导劳工集团的斗争,作为它自己的任务,因为在它看来,只有劳工集团是现代社会中唯一的彻底革命的社会群。马克思主义是研究全部人类历史,特别是研究劳工集团本身斗争之历史的实践之辩证法唯物论的总结。

马克思主义这种理论,就其本身的实质来讲,是批判的和革命的,它在自身内部结合着最严密、最高度的科学性和革命性。这是因为它首先是劳工集团之统一的和唯一的宇宙观,只有它,能够在革命地改变世界的过程中,消除理论脱离实践和实践脱离理论的现象。马克思主义从最初的时候起,就不仅是对现实世界的批判和说明,而且是改变这一世界的理论和实践,批判和说明只是包含在它里面的次要元素而已。"历史的动力,和宗教、哲学及其他一切理论的动力,不是批判而是革命。"

马克思在 1845 年时就写道:"向来哲学家只是用各种不同的方式去说明世界,但是事情却是在改变世界。"(见《论费尔巴哈的提纲》)这句话的意思,绝对不是说没有理论的批判和说明,革命的改变是可能的。它的意思只是说应当从理论上除去神秘迷网,一方面要使它避免主观幻想,以为它是万能的,一切与它不相干的,另一方面,要使它避免庸俗的经验论式的"客观主义",因为这种经验论式的"客观主义"是要使理论变成拖在客观事件尾巴后面的东西,并且使它变成拥护现存的旧世界的工具。

马克思主义在其发展之初,就已主张辩证法之理解理论和实践的一致,它跟这一见解之主观主义的和"客观主义"的曲解,都作了热情的斗争。它曾跟青年黑格尔派唯心论者的主观主义的"批判的批判",作了斗争,这些青年黑格尔派,如鲍威尔(Bauer)弟兄之流,他们把历史看作想象的主体之想象的活动,并把个人的活动置诸超于大众利益和大众运动之上的地位。马克思主义又跟所谓"真正的社会主义者"及历史学家的经验主义和"客观主义"等,作了激烈的斗争,因为这些"社会主义者"和历史学家离开了行动去单独地观察历史的关系,他们把历史看成许多死的事实的集合,他们又根本忽视政治的行动。

马克思主义和列宁主义为反抗这一切与劳工集团不相容的学说起见,提出了自己的理论——以"革命的、实践的、批判的行动"为依据的理论。马克思曾写道:"我们知道,解决理论上的对立,只有靠实践的方法,靠人的实践能力才有可能;因此,解决理论上的对立,并非只是认识的任务,而且也是真正生活上的任务;向来哲学家所以不能解决这一任务,正是因为他们认定哲学只有一种理论任务的缘故。"

真正的实践——它首先就是感官之实际的活动——就是真实的理论之基础;它是真实理论的推动力,是真实性的标准。马克思主义是在它跟一切"朋友们"和公开的敌人们作长期的思想斗争,跟一切"社会主义化"的小资产阶级理论作激烈的斗争的过程中发展起来的;它在理论上主张,在实践上实行理论与实践之辩证的一致,它是以实际行动做基础来实现这个一致的。马克思主义发现了现时代的现实的根源,就是阶级社会的经济条件,所以它汇集了真实的理论和真实的革命实践去作推翻资产集团的实践的斗争。它在大众中,在大众的实践中,找寻消灭这一分裂,即理论与实践的分裂的道路。

为要使理论成为一种力量,它必须抓住大众。反过来说,群众为要能够正确地实行革命的行动他们就应该把握真实的理论。

然而并不是一切理论都是能够抓住大众的理论,只有在这样的时候才能抓住大众,就是当"它在现实之肯定的了解中同时包含着它的否定的了解,即它的必然死灭的了解;把每一种现实的形态(即现象或事物),从运动中去观察它,因而也就是从它的过程中去观察它"的时候,换句话说,就是当理论把客观的认识引达到辩证法唯物论的地步,客观地去认识事物,而且实质上又从事物之革命的改变和发展中去认识事物的时候,它才能抓住大众。

从这一种理论与实践的相互关系中所得出来的结论是:压迫者群的理论,特别是资产阶级理论,实质上是不能够跟被压迫大众的实践相一致的。其所以不能的原因是在资产集团的生活条件和它的剥削的本质中。剥削者群加深着理论和实践的矛盾,他们同时企图把本阶级的理论灌输到被压迫大众的意识中去。资产阶级用来麻醉被压迫大众的理论之一,就是它的超阶级性和超党派性的理论。然而马克思主义和列宁主义指出,在一切社会的体系中,在经济中、政治中和理论中,都渗透着社会群的斗争;它们揭破了资产阶级理论的虚伪性;它们公开而直爽地宣布自己为统一的和唯一的劳工集团的党派性的理论。

列宁写道:"马克思主义跟其他一切社会主义理论的区别,就在于它把客观的事物现状和客观的进化过程的分析中之完满的科学的严格性,跟坚决地肯定大众的革命能力,革命的创造性和革命自动性的意义,十分适当地联结了起来……"

马克思、恩格斯和列宁把他们的全部希望都寄托于劳工集团,因为他们认为"劳工集团这一现社会的最低阶层,如若不把构成正式社会的那些阶层的全部上层建筑爆炸到空中去的话,它要抬头,要直立起来是不可能的"。劳工集团如不同时去实行解放全体人类,它自身的解放是不可能的。当全体人类达到解放的时候,有阶级和阶级对抗的旧世界,就被一种社团(association)所代替了,在这种社团内,"每一个人的自由发展就是一切人的自由发展的条件"。为要达到这个目的,马克思主义就用一种完整的宇宙观和改变世界的方法来武装劳工集团。靠着真正的劳工政党的力量,劳工集团把自己组织成为一个独立的力量,它不但能够解除锁链,而且还能够改变世界。

三、历史唯物论是科学的理论和方法

马克思派哲学的特点,在于它彻底而完整地实行革命理论和革命实践的一致,这样的一致是资产阶级哲学从来不曾做到,而且也永远不能做到的。照马克思、恩格斯和列宁的意见,哲学的抽象理论,就其本身讲,是没有什么价值的。照马氏的说法,只有在我们革命地改变世界的过程中,我们的哲学思维的现实性、它的力量,才能被我们认识。旧的唯物哲学在这方面的不彻底性,它的不完满性和片面性,是要马克思和恩格斯继续加深和发展哲学的唯物论,借哲学的唯物论之应用于人类社会及其历史的认识,以达到唯物论之彻底的发展。

马、恩二氏所创导和列宁所继续发展的历史唯物论,是科学思想之伟大的收获,它给了劳工集团一个强有力的认识和斗争的工具。恩格斯写道:"由于两种发现,即唯物史观和剩余价值这一资本主义生产的秘密的发现,社会主义就变成科学的了。"

史的唯物论便是辩证法唯物论之应用于社会的认识者,它是哲学的唯物论之运用于社会生活的认识而以改变此种生活为目的。只要注意一下马克思所说的摆在唯物史观面前的基本任务,我们就马上会发现辩证唯物论和历史唯物论的一致性,发现它们中间的直接的和不可分裂的联系。这个基本任务,照马氏的话说,是"根据社会存在说明社会意识",关于这一点,列宁曾经写道:"唯物论一般地总是承认客观地实在的存在(物质)是离人类的意识、感觉、经验等等而独立的。史的唯物论认定社会生活(即社会存在)离人类的社会意识而独立存在。在这里和在那里,即哲学的唯物论和历史的唯物论中,意识总只

是存在的反映;说得好些,是它的近乎正确的(理想地精确的)反映,从这一马克思主义的哲学,用一块纯钢铸成的哲学中,不可以割去任何一个基本的元素、任何一个重要的部分,假使我们不脱离客观真理、不落到资产阶级反动谬说的圈套中去的话。"

假使我们在运用唯物论于历史时,从唯物的反映论的贯彻上退后一步的话,我们就容易落入资产阶级历史科学的泥潭中去。但是假使我们在研究客观的、离意识而独立的社会发展进程时,忘记了革命的辩证法的话,我们也就陷在同样的泥潭中而不能自拔。在客体与主体之间,在社会存在和社会意识之间,在它们历史的发展中,存在着辩证的相互关系。社会意识反映着社会存在,并从社会存在中说明它自己。

所谓史的唯物论,究竟应当怎样去了解它呢? 一讲到历史中的唯物论时,我们所意会的,显然已经是马、列派的辩证法唯物论哲学的一般基本原理的具体化了,这种基本原理是我们在本书(指《辩证唯物论与历史唯物论》——引者注)上册中已探讨过了的。当然,我们一分钟也不应当忘记,哲学的唯物论必须要"建筑到顶"要发挥到底的,在这点意思上说,史的唯物论便是马列主义哲学本身之必要的组成部分。但同时史的唯物论是辩证法唯物论对于历史之特殊的运用,同样的,我们也把它运用到自然的研究上去。在另一方面,很明显的,我们不可以把史的唯物论解释为马克思和恩格斯在《共产主义宣言》中所发挥的科学社会主义的理想的一种和由此产生的革命战术与策略的基本原理的一种。然而只要拿马克思论现代资产阶级社会的唯物的基本纲要来彻底地考察一下,我们就会理解科学社会主义的理论和革命斗争的策略——这是"唯物论的必要的方面",一切经院主义式的、极端的划分马克思、列宁主义的哲学、历史理论和政治斗争的纲领之间的区别,只会阻碍我们了解彻底的辩证法唯物论宇宙观的各方面和各组成部分之有机的一致性。但为获得一个关于马列主义哲学的一般基础——唯物史观和科学社会主义——间所存在的联系和一致性的正确观念计,阐明史的唯物论这一种科学理论和科学方法的特点,是极端重要的。

然则要问究竟史的唯物论——历史,社会的认识的科学理论或科学方法,社会科学的方法论——是什么东西呢?关于这个问题,在今日苏联的作品中,表现着两种针锋相对的观点。有一派作家认为历史唯物论首先是一种理论——他们的意思是说,它是阐明关于社会和社会发展法则的一般学说的理论。这一观点表现得最显明的是布哈林。照布哈林的意见，历史唯物论"是论社会及其发展法则之一般的学说，也就是社会学……说它（历史唯物论）是解释历史的方法这一点，无论如何没有消去它的社会学理论的意义"。"社会学是社会科学中之最一般的（抽象的）……"

我们后面还要回过来讲"社会学"问题。不过我们现在已经不难看出，在上述布哈林关于历史唯物论的对象所持的那些见解中，充分地表现着布氏的机械论观点所特具的"一般的社会学说"和社会发展的具体法则之间的分裂。布哈林很明白地划分从理论本身上讲的理论（即一般的理论）和当作"历史方法"看的理论之间的区别，划分"抽象的"历史唯物论和"具体的"历史（就是社会学的理论检讨所需用的"材料"）之间的区别。这样理解下的历史唯物论，就变成各种抽象的理论前提的综合体，而这些理论前提是"自外地"隶属于具体的历史现象的。

另一派在外观上极端相反而实际上却很接近于前一种观点的，就是孟塞维化唯心论的观点。这一派对于历史唯物论的见解，是只把它解作社会科学的方法论，只把它解作特种抽象的逻辑或社会认识的"辩证法"。例如照孟塞维化唯心论的健将之一卡列夫的意见（他的意见与机械论的观点相反），在历史唯物论中，我们应当"提出它的方法论的和历史的内容跟唯物辩证法——这种一般的方法论和自然的辩证法——并存的我们还有历史唯物论，历史的辩证法，它是社会科学的方法论……""历史唯物论的任务在于检定我们所应借其帮助以研究历史的那些前提"，也就是历史唯物论的"方法论的内容"。再依照这种观点说，历史唯物论之"历史的内容"则在于"历史唯物论研究各种社会形式之各种不同的法则，但是联系这些法则的一般法则，还是它们的转变、它们的轮替和这种轮替的研究方法"。

卡列夫所根据的是考茨基的旧著作，考茨基在过去的著作中实际上也发挥过这样的见解。但是这不是说，考茨基和孟塞维化唯心论者的这种观点跟真正马克思的历史唯物论观有什么共同之点。我们在这种观点中看出了最抽象的"方法论化"和对于历史过程的各种形式和现象之显明的经验论见解的特种结合。这样的见解使以后考茨基达到了悲哀的结局：依据庸俗的实证主义和鄙陋的经验主义的精神，把对每一时代的历史特殊性的理解的唯物宇宙观跟"方法"相脱离了。孟塞维化的唯心论也具有这样的倾向，这是很可注意的。

恰恰在卡列夫对于历史唯物论的对象的解释中，极显著地表现着折中论的观点:他一方面把历史唯物论这种科学的形式和内容脱离开来,对于"在形式上这一科学是什么"的问题之抽象的"方法论化",不经过"历史唯物论的内容"的分析而进行其"方法论化",把历史唯物论解释成诸种空洞的抽象观念和理论前提的体系;另一方面,他完全用经验论的和庸俗实证论的态度去研究和理解各个社会形态的历史的规律性。

上述两种观点,都是讲到历史唯物论的本身对象——各种社会经济形态之历史的发展过程——的。在前一种场合,布哈林用抽象的、由他预先制定的"一般的社会"的公式,去代替真实的历史过程的研究——各种特殊的,互有质的区别的社会形态的研究。在后一种场合,即在孟塞维化唯心论者的观念中,根本没有注意到历史唯物论是论社会历史发展之统一的、完整的、一般的理论;他们观念中只有一些预先定下的抽象的前提,一些互相区别的、形式各异的社会现象。在这样的情形之下,所谓社会科学的"方法",就完全失去了它的物质的、具体历史的基础。在历史唯物论的对象问题上,机械论的和孟塞维化唯心论的见解的全部区别,只有以下一点:在布哈林的观念中,他的一般的社会学说是不变的、预先制定好的一种标度,被他机械地应用到历史上去;孟塞维化的唯心论者则把马克思主义的历史理论尽行溶解于"方法"中,他们把布哈林所倡的"一般法则"变为同样抽象的诸逻辑范畴之综合体,他们以为我们只是用这些逻辑范畴去研究各种社会形式的特殊法则的。机械论者也好,孟塞维化的唯心论者也好,他们的观念中都没有社会发展的历史过程这回事。

机械论者布哈林把他的论"一般社会"的学说,即如著名的社会均衡论,应用于帝国主义时期和由资本主义到社会主义的过渡时期,他把劳工阶级的"组织"倾向看作"有组织资本主义"之继续发展,他老是在同一的市场法则的作用上费思索而不了解这两个时期的质的区别。孟塞维化唯心论者则用空洞的、"方法论"上的抽象探讨去代替帝国主义的发展和过渡时期中诸种经济成分的相互关系之具体的研究。因此,一讲到帝国主义和过渡时期的特殊性时,他们是经验论地、主观主义地了解着这些特殊性的;他们认为帝国主义的经济是"进步"的,而视社会主义建设为集体主义"理想"的实现等等。

但是,马克思、恩格斯和列宁关于他们所发扬的唯物史观的对象问题,早已给了一切重要的指示。在他们的历史唯物论的根基上,置放着他们彻底倡导的唯物的反映论和辩证的联系观,在社会发展过程中的一般与特殊间所存在的联系的辩证观念。恩格斯讲到历史唯物论的时候,他不仅称它为研究的方法,并且称它为"历史的宇宙观""唯物的历史论"。他着重地指出宇宙观与方法之不可分裂的一致,指出历史唯物论中方法与理论之不可分裂的一致。马克思、恩格斯和列宁都跟机械论者和孟塞维化唯心论者所进行的历史唯物论与历史的对立作过斗争,跟他们的某些抽象的逻辑定则与具体的历史"唯物论"的对立作过斗争。在马、恩、列等人看来,逻辑的研究常常总是同一历史的反映,不过只是它的概括化的反映而已,因此它是依照那些表现真实的历史发展过程的法则而被修正过了的。

恩格斯曾经说过,马克思发现了人类历史的运动法则,人类历史的发展法则。马氏在其《〈政治经济学批判〉序言》中所阐明的一般的"唯物的方法基础",只是历史运动的一般的物质法则之反映而已。这些方法基础,并不是"社会科学中之最抽象的",不是布哈林派的"社会学",也不是"历史唯物论之法则和范畴的体系"。在《〈政治经济学批判〉序言》中,马克思从最一般和最基本的表征上,阐述了各种社会形态之自然历史的过程,即有规律的过程,这样也就说明了它们的发展和轮替的基本法则。这样,马克思已经给了一个科学的社会历史发展论。说明各种社会形式之史的发展过程,阐明它们的内部法则——必然地决定由一种社会形式到另一种更高形式的转变的那些法则;揭示这种各方面的和矛盾的过程之客观的规律性;从基本要点上把握住离社会意识而独立的社会发展之客观的辩证法,这些便是历史唯物论的对象、内容,正是根据这点意思,列宁便称历史唯物论为"十分完整的和有组织的科学理论,它说明了社会生活的一种形态,如何由生产力发展的结果而发展到另一种更高的形态"。

历史的唯物论——首先是唯物的历史论,它在一般的和基本的要点上反映着诸种社会形态之历史的发展过程,揭露着在阶级社会内这种发展的矛盾性。然而历史唯物论并不因此而变为抽象的、"超历史的"、历史哲学的发展公式,对于这种抽象公式,一切民族不管它们的具体的历史条件如何,都得宿命式地遵循着,而在解决一切历史问题时,这种公式又可以当作唯一锁钥似的到处"应用"的。马克思很坚决地反对一切空洞的历史的公式主义,反对像布哈林的"社会学"中所提倡的那种"一般的社会学说"。社会的发展总是具体的,它把一般的现象跟各个历史阶段的特殊点结合起来。马克思所发现的人类历史的一般的运动法则,照恩格斯的解说,是说一切历史事件的终极原因,应当从由生产力高度之变化而引起的生产和交换方式的改变中,从表现阶级社会的内部社会矛盾的阶级斗争中去探求的,这一条历史运动的一般法则,在各个不同的社会形态中得到各种不同的具体表现,只有根据某一社会形态(封建形态、资本主义形态等)的一定的历史发展条件之具体的研究,而不是根据一种论"一般社会"的一般理论,我们才能了解这一社会组织之质的特殊性,这种特殊性便是一般的历史运动法则在那些不同的社会形态上之特殊的表现。史的唯物论所研究的对象,总是"在一定的社会发展的历史阶段上的社会"。

只有根据辩证唯物的认识论,我们才能了解历史唯物论如何变成社会现象的研究方法,变成社会科学的方法论。历史唯物论这一种科学的理论,反映着诸种社会形态之自然历史的发展过程,同时又反映着这种人类历史运动之最一般的法则——这一实际过程之精确的定则。这样一来,历史唯物论也就变成了方法论的理论,变成了"讨论社会科学中的方法的理论"——给人以"解释历史之唯一科学的方法"的理论。这一种方法论的原则,在于指出某一社会形态之物质的生产关系是全部历史发展之真实的物质基础。因此,根据这种方法论的原则,每一社会的历史事件都可以用历史唯物论去解释它和阐明它,假若我们把这种事件当作跟一定的历史的生产关系形态和这些生产关系的发展相联系的现象来解释的话;这样,每一个历史的现象就成为一定的社会经济形态之有机的组成部分,而我们就得在这一社会经济形态的运动过程中去研究它。

由此就很明白,"一般"适用的、抽象的社会方法论是没有的;历史唯物论的方法是具体的,它被吾人所研究的各种社会规律性之特殊性所决定。在这点意思上说,历史唯物论和具体的历史并不是被万里长城隔绝开来的;同样地,它跟马克思主义的政治经济学和其他社会科学,也没有不可逾越的鸿沟隔离着。历史唯物论并不是从具体历史中抽出来的空虚的"抽象理论",而是反映具体的历史发展过程的历史科学本身之哲学的、理论的和方法论的重要的内容。这一点就表现在历史唯物论这一理论中,存在着被马克思主义所确定的逻辑和历史、哲学和历史之间的不可分裂的联系。历史唯物论的任务既在于研究资本主义社会和其他社会形态中的诸生产关系之内部的联系,那么它就成为政治经济学的方法论基础了。

阶级社会之具体的历史的研究,是要揭露出置在一定的社会生活之历史形态的根基上的那些内部矛盾和阶级冲突来。然而历史的唯物论不应,我们已经说过,限于单纯地、"客观地"指出这些矛盾的存在。史的唯物论应当在某一社会形态的发展法则本身中,揭露和阐明它的必然毁灭的法则,并从理论上证明它被另一新的社会形态所代替的必然性。它应当指明越出某种生产关系界限以外的必然性,阐明先进阶级为拥护新的社会形态而奋斗的任务。简单地说,史的唯物论应当成为革命行动的指导。史的唯物论是上述一切要点的一致体,这些要点就是历史发展的理论,社会研究的方法,革命行动的指导社会斗争的理论,始终是阶级社会范围内社会研究和革命实践之经常的指针。

四、《辩证唯物论与历史唯物论》建构的马克思主义哲学体系

辩证唯物论

第一章　当作宇宙观看的马克思主义
　　第一节　马克思主义的三个来源和三个组成部分
　　第二节　马克思主义的历史根源
　　第三节　当作理论与实践之一致体看的马克思主义
　　第四节　列宁主义——马克思主义发展中的更高的新阶段
第二章　唯物论和唯心论
　　第一节　哲学中的两条路线
　　第二节　机械唯物论
　　第三节　主观唯心论　马赫主义　直观主义
　　第四节　康德的二元论与现代的康德主义
　　第五节　黑格尔的绝对客观唯心论与现代新黑格尔主义
　　第六节　费尔巴哈的唯物哲学
　　第七节　辩证法唯物论哲学的形成
第三章　辩证法唯物论
　　第一节　唯物辩证法是一种哲理的科学
　　第二节　世界的物质性和物质存在的形式
　　第三节　物质和意识辩证唯物观的反映论
　　第四节　客观的绝对的和相对的真理
　　第五节　社会的实践为认识的标度
　　第六节　当作逻辑和认识论看的辩证法
第四章　唯物辩证法之诸法则
　　第一节　对立体一致的法则

第二节　量变质和质变量的法则

第三节　否定之否定的法则

第四节　本质与现象　内容与形式

第五节　法则原因与目的

第六节　必然与偶然

第七节　可能与现实

第八节　范畴的一般性

第九节　形式逻辑和辩证法

第五章　哲学中两条阵线上的斗争

第一节　哲学和政治

第二节　两条阵线的斗争和现阶段的理论任务

第三节　辩证法唯物论之机械论的修正

（甲）机械论者的实证主义及其否定马列主义的哲学

（乙）辩证法和唯物的反映论之修正

（丙）认识论与辩证法之对立

（丁）以机械学原理代替辩证法均衡论

第四节　孟塞维化的唯心论

（甲）不了解理论的党派性否认哲学的新阶段

（乙）唯物辩证法之黑格尔式的修正

（丙）辩证法与认识论之对立及其革命本质之曲解

（丁）孟塞维托洛茨基式的社会争斗观与机械论的结合

（戊）托洛茨基主义与"左翼"机会主义之方法论批判

第六章　辩证法唯物论发展中的新阶段

第一节　列宁在哲学领域内跟国际机会主义和修正主义的论争

第二节　列宁和普列汉诺夫

第三节　列宁跟哲学的机会主义的论争

第四节　列宁和唯物辩证法之继续发展

历 史 唯 物 论

第一章　辩证法唯物论与唯物史观

第一节　历史唯物论与哲学政治的一致

第二节　唯物史观的基本要点

第三节　历史唯物论是科学理论是方法是行动的指导

第四节　历史唯物论、旧的机械唯物论及资产阶级社会学之本质

第五节　历史唯物论与历史唯心论之斗争

（甲）普列汉诺夫和历史唯物论

（乙）列宁和历史唯物论

（丙）历史唯物论在两条阵线斗争中的现任务

第二章　论社会经济形态生产力与生产关系

第一节　社会经济形态之概念

第二节　自然和社会及劳动过程

第三节　生产力

第四节　技术在生产力发展中的作用——科学和技术

第五节　劳动力的作用及生产诸关系

第六节　生产力和生产关系的辩证法

第三章　资本主义的和社会主义的经济关系

第一节　两个经济体系及前资本主义形态

第二节　资本主义的经济体系与帝国主义

第三节　过渡时期之经济与社会主义经济组织之发展

第四节　社会主义经济之基本特征及社会主义的初级形态和高级形态

第四章　关于社会群和国家的学说

第一节　社会群和社会斗争论

第二节　社会群和国家

第三节　社会群与国家之发生及前资本主义社会中的社会群

第四节　资本主义社会内的基本社会群及其历史的发展

第五节　资本主义下的过渡社会群

（甲）大土地所有者

（乙）小资产集团与农民的分化（农村资产集团和雇农集团）

（丙）知识分子和其他社会集团

第六节　劳工集团的社会斗争及其形式

第七节　资产阶级国家

第八节　评各派国家观

第九节　帝国主义时代的社会斗争

第十节　反马派的社会群论

第五章　过渡时期之政权与社会斗争

第一节　劳工专政为社会革命之基本问题

第二节　劳工专政和苏维埃国家

第三节　劳工专政和劳工国家民主制的发展

第四节　社会斗争的新形式及镇压资产集团的反抗

第五节　劳工集团与农民的关系

第六节　劳工专政与社会主义建设

第七节　社会群消灭的问题

第六章　意识形态论

第一节　社会存在和社会意识

第二节　社会意识心理与意识形态

第三节　意识形态之相对的独立性

第四节　意识形态的阶级性及前资本主义的意识形态

第五节　资产阶级宇宙观的基本特质

　（甲）资产阶级民主主义和法西主义

　（乙）资产阶级道德

　（丙）资产阶级科学

　（丁）资产阶级艺术和文学

第六节　劳工集团的意识形态及其在社会主义体系中的作用

第七节　大众文化的建设和文化革命的任务

第七章　战斗的无神论

第一节　战斗唯物论者的宗教观

第二节　为无神论之哲学根据的辩证法唯物论

第三节　宗教信仰之发生与发展

第四节　资产阶级的和无产阶级的无神论

第五节　社会主义建设和反宗教斗争

第八章　社会变革论

第一节　为历史唯物论之重要部分的社会变革论

第二节　社会变革的法则

第三节　马恩二氏对于变革的见解之发展

　　第四节　列宁的劳工变革论

第九章　马克思主义和修正主义等

　　第一节　机会主义之社会经济的根源及其历史的进化

　　第二节　考茨基的中央主义和卢森堡主义

　　第三节　战后社会民主党之进化

　　第四节　社会法西主义哲学之总评价

　　第五节　马克思主义唯物论基础之修正

　　第六节　唯物辩证法之修正主义的曲解

　　第七节　修正主义和历史唯物论

第三章

《马克思主义哲学原理》与马克思主义哲学体系[*]

许多现代资产阶级哲学家不把哲学同其他科学放在一起。有些人甚至把哲学看作是宗教和科学之间的一个联系环节,硬说哲学的使命是"把具体科学的成果同道德和宗教原则结合起来",或者说,哲学是科学和神学之间的某种中介物。例如,罗素在《西方哲学史》中写道:"在我看来,哲学是神学和科学之间的某种中介物。哲学一方面和神学一样,所探索的是这样一些问题,关于这些问题迄今尚未获得确实的知识,另一方面又和科学一样,较多地求助于人的理性,而较少地求助于那导源于传统或启示的权威。我所确信的一切确实的知识,都属于科学。凡是越出确实的知识范围以外的一切信条,都属于神学。但在神学和科学之间,有一块双方互相争夺的无主地段。这块无主地段就是哲学。"这一段描述,对于现代资产阶级唯心主义哲学,的确很合适。因为这种哲学在内容上同宗教的差别很少,只不过是披上了科学论述的外衣。在这一点上,罗素是对的。但是如果这一段描写是针对一切哲

---

[*] 本章第一至第四节内容选自[苏]康斯坦丁诺夫:《马克思主义哲学原理》第一章第二节和第十一章第一节,并略作删改。文中标题由我所加,并依据通用版本,对文中引用的马列著作进行了核对。以下各章中此类情况均作相同处理,不再一一说明。《马克思主义哲学原理》中译本 1959 年由人民出版社出版。

学而说的,那他就大错特错了。因为有一种真正科学的哲学,它的结论和认识方法与物理学、化学及生物学等科学的材料一样是科学的,一样是与宗教不相容的。这种哲学就是辩证唯物主义。

一、哲学与科学的关系及其演变

由于科学的辩证方法的创立,唯物主义进入了更高的阶段。马克思主义的奠基人继续发展了许多世纪以来哲学中的唯物主义路线,同时创立了崭新的世界观——辩证唯物主义。辩证唯物主义把辩证的认识方法同对自然现象以至社会现象的唯物主义解释有机地融合在一起。辩证唯物主义是建立在全部现代科学的巩固基础上的唯一科学的哲学。

辩证唯物主义是哲学和科学历史发展的产物。在这一发展过程中,对哲学的对象和任务本身的理解,对哲学在其他各门科学中的地位的理解也经历了变化。

在古代世界,哲学是作为各种知识的无所不包的总汇而产生的。当时人们已经掌握了某些数学、天文学、物理学和其他方面的知识,但这些知识还没有形成为独立的专门的科学,它们是哲学的组成部分。古代哲学家的论著往往以"论自然""论宇宙"等为名称。在这类著作中除了哲学问题本身以外,还探讨了许多目前已成为各个专门科学研究对象的问题,例如关于植物、动物和人的起源问题,语言的产生问题,政治生活形式问题等等。在这些著作中提出了不少有关科学未来发展的天才的推测。例如,早在自然科学以实验方法证实物体结构的原子学说之前两千多年,古代哲学就已经表述了关于物体是由原子构成的思想。又如,古代唯物主义哲学就已经宣布,物质是永恒的,它既不产生也不消灭。这个原理后来也为自然科学所证实。

在哲学发展的初期,除了最初的素朴的唯物主义世界观以外,还自发地形成了辩证地认识世界的方法。关于一切都在运动("一切都在流动,一切都在变化")、一切都处在相互联系中的思想,是由于观察自然现象和社会现象而产生的。但这只是关于一般事物的知识,或者更确切些说,是关于一般事物的推测,这种推测还没有建立在详细研究"个别的",即单个的事物和现象的基础上。这是它的历史局限性。

因此,从古代先进哲学学说所提出的初步的一般的世界观,进一步转向对自然界的各种事物和过程的科学研究是必要的。当生产的发展要求在操作过程中运用科学资料的时候,这种必要性就显得格外迫切。因而就产生了为社会实践所需求的各门科学。科学开始从哲学中分离出来:天文学、数学、力学形成为独立科学的过程,早在古代就已经开始。从文艺复兴时代,特别是从17世纪开始,这个过程加速了。这时候生产的发展已经离不开科学了。同时生产的需要也推动了物理学、化学以及后来的生物学等这样一些建立在对自然界的实验研究上的独立科学的产生。

这个时期科学所进行的工作,主要是收集资料,并对资料进行系统整理和分类,换句话说,就是研究个别事物。而哲学则试图建立各门知识领域之间的联系。恩格斯在谈到这个时期科学知识的状况时指出:"百科全书思想是18世纪的特征;这种思想的根据是认为以上所有这些科学部门都是互相联系着的,可是它还不能够使各门科学彼此沟通,而只能够把它们简单地并列起来。"[1]哲学就试图把各门科学结合起来,把它们组成一个统一的体系。当时各门科学时常被看作是哲学的组成部分,而哲学则以人类知识的一种百科全书的姿态出现,并力求充当"科学的科学"。17世纪法国哲学家笛卡儿在他的著作《哲学原理》的序言中写道:全部哲学好比一棵树,树根是形而上学。笛卡儿把关于存在和认识的本原的学说叫作形而上学。树干是物理学,由这个树干分出的树枝就是其他各门科学,后者可以归纳为三大类:医学、力学和伦理学。

当建立在实验的基础上的关于自然的知识还不丰富的时候,哲学想要充当"科学的科学"还有一定的道理。因为当时人类的知识中还有许多空白,而哲学会力图填补这些空白。由于实验资料不足而无法解决的若干科学上的共同问题,只有靠思辨的方法即逻辑论断的方法来解决。可是这样一来,除了出现不少天才的推测之外,也产生了许多阻碍自然科学发展的臆想。

当各门科学逐步地在实验知识的牢固基础上建立起来之后,它们就从哲学分离出来而具有了独立性。这不仅对于各门具体科学,而且对于哲学本身,都是一个进步,因为它使哲学摆脱了它无法胜任的工作——用哲学来代替一切其他科学。

到了19世纪,由于自然科学上的各种发现,在认识自然界中所发生的各

---

[1]《马克思恩格斯全集》第1卷,人民出版社1956年版,第657页。

种过程的相互联系方面,大大前进了一步,并且不仅认识到自然界各个领域内各种自然过程之间的联系,而且认识到不同科学所研究的不同领域之间的联系。根据自然科学的材料来描绘自然界这个有联系的整体的全貌已经成为可能。既然这时每一门科学已经能够说明它自己在整个知识体系中的地位,那么所谓的自然哲学(关于自然界的哲学,它试图以思辨的方法描绘自然界的全貌)就成了多余的东西。同样,由于社会科学的发展,特别是由于马克思和恩格斯创立了科学的社会发展理论——历史唯物主义,旧的历史哲学,即试图同样以思辨方法来系统叙述人类历史并以臆想的联系来代替历史现象的真实联系的哲学,也成了多余的东西。

19世纪40年代马克思主义哲学的产生,标志着企图充当"科学的科学"的旧哲学的终结。马克思主义哲学公开认为,企图凌驾于各门科学之上的这种哲学是不需要的。正如恩格斯所强调的,任务不在于从头脑中臆想出现象之间的联系,而在于发现现实本身的联系、规律。马克思主义的哲学,用恩格斯的话来说,是一种"世界观,它不应当在某种特殊的科学中,而应当在各种现实的科学中得到证实和表现出来"①。

现代的科学是具有极其细致的分类的知识体系。我们周围世界的任何一个现象领域,都有某一门专门科学在对它进行研究。这样一来,给哲学留下的是什么呢？哲学在科学中的地位岂不有些像莎士比亚戏剧中的李尔王的悲惨境遇吗？他把自己的国土分给了两个女儿,到头来却弄得自己无容身之地。

不,这种结论是错误的。作为"科学的科学"的旧哲学取消之后,哲学并没有失掉自己本身的研究对象。哲学所研究的和各门科学所研究的是同一个世界,但哲学所研究的联系和关系,要比只研究某些个别现象领域的专门科学所研究的更为一般。各门科学的发展并不排斥解决世界观的根本问题的必要性,而世界观问题始终是哲学的研究对象。列宁在《唯物主义和经验批判主义》一书中一再强调,哲学的根本问题是关于物质第一性还是意识第一性的问题,关于什么是我们认识的泉源的问题。不能把一切世界观的这个根本问题同物理学、化学和其他科学所解决的具体问题混淆起来。列宁坚决反对马赫主义者企图"把关于物质的某种构造的理论和认识论的范畴混淆起来,把关于物质的新类型(例如电子)的新特性问题和认识论的老问题,把关于我们知识

---

① 《马克思恩格斯选集》第3卷,人民出版社1995年版,第481页。

的泉源、客观真理的存在等等问题混淆起来"①。

列宁认为,关于是否承认存在着作为我们感觉的客观泉源的物质的问题,正是认识论上的问题,而不是化学上的问题。哲学与物理学、化学、历史等各门科学不同,它解决最一般的世界观问题。这些问题首先是:意识对物质的关系问题,即二者谁是第一性,谁是第二性的问题;我们的感觉、表象、概念是否反映客观世界;在什么样的条件下这些反映才是客观真理;真理的标准是什么;什么是物质,物质存在的形式如何,物质发展的一般规律如何等问题。

马克思的哲学唯物主义对于世界观的这一切根本问题都作出了正确的回答。

二、辩证唯物主义是关于运动和发展的一般规律的科学

自然科学和社会科学的发展,使哲学摆脱了研究局部的规律性的任务,这些规律性成了专门科学的研究对象。例如,每一部门科学都研究某种运动形式的规律:力学研究机械运动、物体位移的规律;化学研究原子的运动和化合等;生物学研究生物机体的发展规律;社会科学研究社会发展规律或社会生活中某种过程和现象的发展规律。

与所有这些科学不同,马克思主义哲学(或作为哲学科学的唯物主义辩证法)的对象,是研究一切运动和发展的最一般的规律。各门科学研究的是世界现象的某一领域或某一方面,而辩证唯物主义是要揭示作为一切现象和过程的基础的共同性的东西,提供关于支配任何运动和发展的那些一般规律的知识,不管运动和发展是发生于现象的哪个领域中:发生于自然界中、社会中还是人的思维中。

如果设想,一般规律可以脱离局部规律而孤立地发生作用,那当然是不正确的。一般物质、一般运动并不存在于具体的物体和过程之外。但也不能由此得出结论说,只有局部的、特殊的规律才是唯一真实的规律。这种观点抹杀了世界的统一性,把世界看成一个四分五裂、毫无内部联系的东西。实际上世界是统一的,我们周围世界的一切现象都是运动着的物质的不同形式。因此,统一的普遍的规律也是存在的,它们与局部规律具有同样的真实性。

---

① 《列宁全集》第18卷,人民出版社1988年版,第129页。

马克思主义哲学不仅研究在整个世界中发生作用的最一般的规律,而且研究这些规律在认识过程中的运用。认识发展的一般规律性,并不是某一专门科学的研究对象,而是哲学的研究对象。

那么,客观世界发展的一般规律同认识发展的规律的相互关系是怎样的呢?

上面已经谈过,人的认识反映着客观世界。因此,人的认识不可能按照与世界本身发展的规律完全不同的另一套规律发展。一个人如果从正确的前提出发,按照逻辑规律进行思考,那么他所得出的结论必定是与现实相符的。这说明思维和现实在实质上都服从于同样的一般规律。马克思主义辩证法就是"研究外部世界和人类思维的一般运动规律的科学"①。

辩证唯物主义按照世界的实际存在状况来考察世界,也就是从经常的变化和发展中来对它进行考察。既然一切事物都是发展着的,那么反映这些事物的范畴(概念)也是发展着的。任何一门科学都使用一定的一般概念、范畴,这些概念、范畴彼此间有着逻辑上的联系。而科学范畴之间的逻辑联系和连贯性,乃是现实本身历史发展和认识发展的概括反映。

例如,马克思在《资本论》中从研究商品范畴来着手分析资本主义,揭示了商品的内部矛盾和这种矛盾的发展,说明了这种矛盾的辩证发展如何导致货币的形成,而货币又如何转化为资本。范畴之间的这种逻辑联系(商品——货币——资本),并不单纯是思维的结构,而是资本主义发展的历史过程的概括反映。大家知道,商品不仅在逻辑上,而且在历史上也是先于资本而出现的:资本主义生产是从商品生产中产生的。可见,马克思的逻辑分析扼要地反映了历史过程。同样,马克思的政治经济学的任何一个范畴都反映了认识的历史发展的总结。例如,马克思的商品范畴,在内容上要比前人(如威廉·配第、亚当·斯密、大卫·李嘉图)的商品范畴丰富得无比。马克思吸收了前人学说中一切有价值的东西,而更进一步深刻地揭示了商品的本质,指出了体现在商品中的劳动的二重性。

哲学的范畴与各门科学的范畴(如政治经济学的范畴:商品、货币、资本等)不同,哲学的范畴是适用于一切科学的最一般的概念。任何一个学者,不论他是自然科学家、历史学家、经济学家、文艺理论家,或是其他专家,都不能

---

① 《马克思恩格斯选集》第4卷,人民出版社1995年版,第243页。

不使用下面这样一些最一般的概念,如规律、规律性、矛盾、本质和现象、原因和结果、必然性和偶然性、内容和形式、可能性和现实等等。这些逻辑范畴反映出现实生活中各种现象之间的最一般的联系,同时它们也是认识世界的阶梯、思维的工具,它们概括了人类研究世界的历史经验。

当然,对逻辑范畴的研究并不能代替对具体过程的研究。马克思列宁主义的哲学是认识现实生活各个不同领域的指南,但它并不去代替各门科学。它并不给各门科学所研究的问题提供现成的答案,而是以正确的思维理论和寻求这些答案的方法来武装一切科学。

正确的方法对于认识现实具有重大的意义。17世纪英国著名的唯物主义者弗·培根曾把方法比作是给旅客照亮道路的灯笼。他把没有掌握正确方法的学者比作是在黑暗中曳足摸索道路的旅客。

可是,哪一种认识方法才算是正确的呢?学者能不能根据自己的爱好任意选择一种方法,有如准备出门的旅客可以自行选择任何一种灯笼呢?

不,正确的认识方法不可能是主观选择的结果。认识方法并不是技术方法和研究技巧的简单总和,它应当是现实的相应物,即客观世界本身的规律的反映。

实际上,思维方法是理性活动的各种方法的总和:我们的思想借助于这些方法,从此时此地关于某一对象的知识,进入彼时彼地关于同一客体的知识;或从关于这一客体的知识,进入与此有某种因果联系的另一客体的知识;等等。方法如果要成为真正科学的方法,即成为取得正确知识的工具,它就应当引导人的思想循着同它所研究的现实本身的发展道路平行地前进。方法应当反映现象之间实际存在的联系,应当反映客体实际经历着的变化。只有这样,我们的思想才能在研究某一现象时达到这一现象本身所达到的终点。

由此可见,思想如果要循着正确的道路发展,就应当按照它所研究的现实本身所遵循的规律,从一个阶段进入另一个阶段。因此,科学的认识方法的基础,就是把自然界、社会和思维的一般发展规律运用于认识。而唯物主义辩证法正是提供了关于这些规律的知识。恩格斯写道:"对于现今的自然科学来说,辩证法恰好是最重要的思维形式,因为只有辩证法才为自然界中出现的发展过程,为各种普遍的联系,为从一个研究领域向另一个研究领域过渡,提供了模式,从而提供了说明方法。"[1]

---

[1]《马克思恩格斯选集》第4卷,人民出版社1995年版,第284页。

马克思主义的哲学用完整的、彻底科学的、辩证唯物主义的思维理论,用普遍的研究方法,武装了一切知识领域的学者。把科学和哲学割裂开,这就等于让学者们撇开世界观的和方法论的思想指导,盲目摸索着来进行认识现实这一繁重工作。这就等于强使学者们重新去解决早已解决了的问题,而且是根据有限的、不完全的材料去解决,而不考虑全部人类思维的历史经验。这样做,就是阻碍科学发展,就是把科学推向绝境。

19世纪中叶以来在资产阶级哲学中广泛流行的各种实证论派别,正是要把科学推向这种绝境。实证论者硬说,科学不需要任何哲学。他们的口号是"科学本身就是哲学"。

其实,实证论者只不过在口头上抛弃哲学,呼吁学者信奉实证的、经验的知识。他们事实上也在宣扬一种哲学,不过这是一种非科学的哲学;这种哲学把经验归结为感性知觉的总和,但不去解决关于这些感性知觉是由什么引起的问题。结果,实证论者必然导致否认认识客观世界的可能性,导致不可知论和唯心主义。

其实很明显,任何一门科学如果不深信人类能够认识现实的规律性,不深信人类能够在实际活动中利用知识,那么它就不可能富有成果地发展。否认这一点就会使科学得不到成就。

在实证论的影响下,许多自然科学家宣称他们拒绝一切哲学。然而实际上要拒绝是不可能的。在科学中,不可能"单纯埋头于事实"而把理论拒之于实验室大门之外,强迫理论默不作声,而只让"纯粹的"事实即所谓事实"本身"来说话。没有理论思维,科学就不能存在,因为科学的使命并不是单纯地叙述现象,而是要说明现象。只要科学家给自己规定了说明某种现象、确定它们之间的联系的任务,他就必须进行思考,同时不管他是否愿意,他必然要使用逻辑范畴、哲学概念。当然,人们并不见得总能正确地使用这些概念,而往往把旧学校中流行的资产阶级唯心主义哲学所生造的意思强加给它们。然而科学概念、科学范畴是理论思维、哲学长期发展的结果。一旦科学从收集、记载事实和过程的阶段进到确立规律和作出理论结论的阶段,任何一个思路广阔的物理学家、化学家、生物学家、社会学家如果不依靠哲学、世界观、认识论,就会处于寸步难行的境地。全部问题只在于他使用的是哪一种哲学:是科学的唯物主义哲学,还是非科学的唯心主义哲学,或者是折中主义哲学,即唯心主义和唯物主义的混合物,而后一种情况也是屡见不鲜的。问题还在于他所使用的是资本主义世界中占统治地位的、肤浅的折中主义哲学思想的时髦产物,还是哲学和自然科学许多世纪以来发展的最高成果——辩证唯物主义的科学的哲学。

恩格斯在《精神世界中的自然科学》一文中写道,哲学会对抛弃它的那些自然科学家实行报复。恩格斯通过生物学家阿·华莱士、物理学家威·克鲁克斯等由于相信灵魂的存在从而成为荒诞迷信(唯灵论)的牺牲品这个例子,指出蔑视理论而凭靠肤浅的经验,会把自然科学导向神秘主义。

科学的哲学提供了对于世界的统一的观点,创立了完整的世界观,从而使研究者能用更广阔的眼界来考察他所研究的每一个问题。这样在处理研究对象时就可以克服片面性,而这种片面性在科学专门化的情况下是必然要发生的。

不论各门科学达到多么高度的发展,不论科学之树的分支多么细,哲学永远也不会失掉生存的权利。科学的发展一方面限制了,而且看来是缩小了需要进行哲学概括的问题的范围,但同时在一定意义上却也扩大了这个范围。科学的进步向各门科学提出了一系列的问题,专门科学家们如果不掌握科学的哲学世界观,是无法解决这些问题的。

在尖锐的思想斗争的环境中,某一知识领域的专门科学家如果不用正确的唯物主义哲学武装起来,往往就经受不住反动思想的侵袭,变成阻碍科学发展的、非科学的唯心主义哲学的俘虏。列宁曾经着重指出:"为了坚持这个斗争,为了把它进行到底并取得完全胜利,自然科学家就应该做一个现代唯物主义者,做一个以马克思为代表的唯物主义的自觉拥护者,也就是说,应当做一个辩证唯物主义者。"[1]

三、历史唯物主义是关于社会发展一般规律的科学

马克思主义哲学也是社会科学的指导方法。它以人类历史发展规律性的知识武装了社会科学。辩证唯物主义所研究的一切运动和发展的一般规律,也应用于对社会生活的认识。马克思和恩格斯把唯物主义和辩证法推广到对社会生活现象的认识,创立了科学的社会生活观——历史唯物主义。

历史唯物主义是马克思和恩格斯所创立的哲学世界观的不可分割的组成

---

[1]《列宁全集》第43卷,人民出版社1987年版,第29页。

部分。没有对于社会发展的最一般规律的正确理解,就不可能有完整的、科学的世界观。作为哲学世界观的唯物主义,在没有被推广来认识人类社会之前,它还是不完整的,还不能对整个世界作出统一的解释。马克思和恩格斯解决了这个任务,从而创立了完整的唯物主义学说。由此可见,随着历史唯物主义的创立,第一次创立了一种既包括自然界,也包括社会生活的完整的、彻底的、全面发展的唯物主义世界观。

只有在揭示了人们社会历史活动的意义的唯物主义历史观的基础上,才能克服以前的唯物主义的一个主要缺点——直观地考察现实和直观地认识现实。马克思在说明他的哲学同以往一切哲学的原则区别时指出,从来哲学家只是解释世界,而问题却在于改变世界。马克思主义哲学作为革命地改造世界的工具,正是起着这种能动的作用。

历史唯物主义是关于人类社会最一般的发展规律的科学,是马克思主义世界观的一个不可分割的部分。

人类社会是我们周围的统一的物质世界的一部分。因此,辩证唯物主义的规律和范畴也适用于社会。然而,人类社会是物质世界的一个特殊领域,它和自然界有本质的不同。因此,辩证唯物主义的规律和范畴在这里以社会所独有的特殊形式表现出来。

在研究任何一个现实领域时,仅仅了解辩证法的一般规律是不够的。物理学家应该根据对一般规律的了解,阐明这些规律在物理过程这一专门领域的特殊表现形式,而生物学家也应该根据这种了解,阐明这些规律在生物过程这一专门领域的特殊表现形式。要了解社会的发展过程,就应该知道辩证唯物主义的一般规律在社会领域的特殊表现形式,并根据这些规律,发现和了解社会所特有的发展规律和发展动力。

在建立总的哲学世界观时,思路缜密的哲学家必须解决一个根本问题,即什么是第一性的:是存在还是思维,是自然界还是意识?而在建立关于社会的科学时,则必须解决这样一个根本问题,即什么是第一性的、决定性的:是社会存在还是社会意识?社会在发展上不同于自然界的最重要的特征之一在于:在社会的发展史上起作用的是具有意识、意志和目的的人,而在自然界中起作用的则是盲目的、无意识的力量。换句话说,社会生活是人们活动的产物。因此,要推广唯物主义的观点去研究社会生活,辩证唯物主义所采用的"存在"这个一般的范畴是不够的,而必须提出"社会存在"这个范畴,并回答社会意识与社会存在有着怎样的关系的问题。

人类社会不仅是一个特殊的现实领域,而且是一个最复杂的现实领域。正如自然界及其多种多样的现象和过程是由许多专门的知识领域来进行研究的一样,人类社会和各种社会现象是由许多社会科学来进行研究的。例如,政治经济学研究人们的社会生产关系即经济关系的规律;法学研究各种形式的国家与法产生和发展的规律;语言学研究语言这种特殊的社会现象,研究语言产生和发展的规律、语言在社会生活中的作用;美学则研究艺术,研究艺术的发展规律、艺术与现实的关系、它的社会作用;等等。上述每一个科学知识领域,都研究某一种或某一方面的社会的关系、过程和现象。此外,还有历史科学,它全面地研究某一民族的历史,或者全人类从古到今的历史(世界史)。

历史唯物主义在这许多的社会科学中间占有什么地位?

历史唯物主义不同于专门的社会科学,它不是研究社会生活的个别方面,不是研究某一种社会关系或现象(如经济的、政治的、法律的、思想的关系或现象),而是从社会的各个方面、各种关系、各种过程的总和、内部联系和相互作用中研究社会、社会的发展、全部社会生活。与专门的社会科学不同,历史唯物主义所研究的不是经济过程、政治过程或思想过程发展中的局部的和特殊的规律,而是最一般的社会发展规律。

历史唯物主义不同于历史学,它不是研究某一民族的历史与其他民族的历史的差别,而是研究一切民族的生活、历史和发展过程中的共同点。历史作为一门科学,当然也应该不仅研究和考虑一个民族的历史不同于其他民族的历史的差别和特征,而且要研究和考虑它们的共同点。如果是真正科学的、马克思主义的历史学,它就应该首先表述人民的劳动、国家的经济生活、国家的生产力和生产关系的发展史、政治制度的历史、阶级斗争和民族解放斗争、精神文化史以及反映阶级斗争的思想斗争。然而,这一切在历史学中加以表述时,应该通过生动具体的历史事实,按照年代的顺序,结合历史上的偶然事件。否则,它便不成其为历史,而是抽象的社会学公式了。如果历史学认为自己的主要任务不是研究一定的民族的生动具体的历史,而是确定一般规律,那么它就不再执行自己的主要任务。

历史唯物主义不同于历史学,它是抽象理论和方法论的科学。如果把历史学比作算术,那么历史唯物主义就很像代数。历史唯物主义的对象,是人类社会;不是某一个民族,不是某一个国家,而正是社会。

什么是人类社会呢？在对社会生活进行科学的探讨时，只有对构成社会历史的各种主要的社会关系和过程进行了研究，才能对这一问题作出回答。但是在这本教材中，在说明这门科学的对象时，自然一开始就会产生这个问题。

唯心主义者认为社会是组成社会的个人的某种精神的整体或总和；庸俗唯物主义者认为社会是人、物和思想的总和；马克思主义者则认为人类社会是以人们之间的物质生产联系即经济关系为基础的特殊的社会机体。社会是由人们的活动创造的，同时人本身又是历史的产物，社会关系的产物；人只有在与同类发生交往时，才能从动物界分离出来，才能成为人。人类社会与生物界（例如与畜群）的本质区别在于劳动，在于社会生产。把人结合成社会的社会联系的特点在于，这种联系首先是生产联系。在生产过程中形成的联系和关系是一切社会关系（其中包括思想关系，而在阶级社会中则还包括人们之间的政治关系）的基础。因此，马克思写道："生产关系总和起来就构成所谓社会关系，构成所谓社会，并且是构成一个处于一定历史发展阶段上的社会，具有独特的特征的社会。古典古代社会、封建社会和资产阶级社会都是这样的生产关系的总和，而其中每一个生产关系的总和同时又标志着人类历史发展中的一个特殊阶段。"①

马克思主义对社会的理解与形而上学对社会的理解不同的特点还在于：马克思主义反对不分时间、不分社会所处的一定发展阶段而抽象地、反历史地对待社会的态度。马克思主义给社会所下的定义包含着一般与特殊的统一。

马克思提出的社会经济形态这一概念是马克思主义社会科学的基石。

马克思主义把社会经济形态理解为处于一定历史发展阶段上的社会，一定类型的社会制度，及其特有的生产方式、生产关系和建立在这种生产关系上面的、表现为历史上一定的思想和制度的上层建筑。

在上面所引的那段文章中，马克思在列举社会经济形态时，没有提到古代社会（奴隶占有制社会）以前、阶级出现以前的原始社会，因为当时（1849年）还没有关于这一社会的科学资料；他也没有提到社会主义社会，因为这种社会当时还不存在。在马克思生活的时代，资本主义制度内部仅仅产生了新的共产主义的社会经济形态的物质前提。马克思天才地预见到，共产主义社会经济形态必然要代替最后一个以阶级对抗为基础的社会经济形态——资本主义

---

① 《马克思恩格斯选集》第 1 卷，人民出版社 1995 年版，第 345 页。

社会经济形态。现在,已经存在着作为共产主义社会经济形态的第一阶段的社会主义社会。

敌人曾企图批评马克思主义对社会的理解,说它仅考虑到经济方面,而忽略了一个事实,即在社会中存在着国家和法律关系、科学、哲学、艺术、道德、宗教、家庭和日常生活。其实,历史唯物主义根本没有忽略这些社会关系和现象。上面援引的马克思对社会所下的定义,揭示了人类社会的本质和基础,揭示了政治现象和思想现象这种上层建筑的基础,政治现象和思想现象自然也包括在社会的定义中。列宁指出,马克思在说明某一种社会经济形态的结构和发展时,并不限于研究生产关系,而且还"探究与这种生产关系相适应的上层建筑,使骨骼有血有肉"①。马克思在《资本论》中作出了全面研究一个社会经济形态的典范。在这本分析资本主义生产方式的发生、发展和死亡规律的经济著作中,马克思把"资本主义社会形态作为活生生的东西"表述出来,把它各方面的生活,把资本主义生产关系所固有的阶级对抗的社会表现,把维护资产阶级统治的资产阶级政治上层建筑,把资产阶级的思想以及资产阶级的家庭关系等等都和盘托出。

马克思主义以前的和现代的全部资产阶级社会学的根本缺陷,就在于它过去和现在都不能发现社会的这一物质经济本质和决定性的基础。资产阶级社会学不愿意也不能够了解社会发展的这一基础,所以也就无法认识社会发展的规律和根本动力以及决定一切政治现象和精神现象的基础。

历史唯物主义认为,人类社会、社会经济形态是经常在发展的活的机体,其中包括相互间具有内部联系的经济关系、政治关系和精神关系。历史唯物主义发现了物质资料的生产方式是社会生活的基础,在历史上第一次指出了认识社会历史这一复杂的、充满矛盾的、有严格规律的过程的道路。

四、辩证唯物主义和历史唯物主义的关系

正如辩证唯物主义既是哲学世界观又是一切科学的方法和认识论一样,历史唯物主义既是社会发展的科学理论,同时又是一切具体的社会科学的研究方法,是把辩证法具体应用于社会生活和社会发展的方法。我们在肯定历

---

① 《列宁选集》第 1 卷,人民出版社 1995 年版,第 9 页。

史唯物主义是科学的理论的同时（列宁有时把历史唯物主义称为唯一科学的社会学），也强调历史唯物主义作为研究新的现象、事实和过程的方法，作为工人阶级及其马克思主义政党进行革命活动的方法的意义。经济学家、历史学家、法学家和艺术理论家如果不掌握历史唯物主义的方法，便不能深入了解多种多样的复杂的社会生活现象和历史事件。只有历史唯物主义能够给工人阶级的所有社会科学家和政治活动家提供研究和理解各种历史现象与过程及其变化和发展规律的指南。

在历史唯物主义中，理论和方法的关系怎样呢？理论和方法是历史唯物主义的两个彼此有着不可分割的联系的方面。历史唯物主义对于社会科学的基本问题（社会存在和社会意识的关系问题）作了明确的，也就是辩证唯物主义的解答，它提供了关于人类社会最一般的发展规律的知识，因此它是科学的理论，是科学。同时，正因为历史唯物主义提供关于社会发展的一般规律的知识，所以它又是研究一切社会现象、事实、事件、新出现的过程和现象的科学方法。

马克思、恩格斯和列宁都指出，对历史唯物主义的拥护者的首要的、根本的要求，不是口头上承认，而是正确地运用历史唯物主义来分析现实。恩格斯在批评19世纪90年代出现的歪曲历史唯物主义的现象时写道："对德国的许多青年著作家来说，'唯物主义'这个词大体上只是一个套语，他们把这个套语当作标签贴到各种事物上去，再不作进一步的研究，就是说，他们一把这个标签贴上去，就以为问题已经解决了。但是我们的历史观首先是进行研究工作的指南，并不是按照黑格尔学派的方式构造体系的诀窍。必须重新研究全部历史，必须详细研究各种社会形态存在的条件，然后设法从这些条件中找出相应的政治、私法、美学、哲学、宗教等等的观点。在这方面，到现在为止只做了很少的一点工作，因为只有很少的人认真地这样做过。在这方面，我们需要很大的帮助，这个领域无限广阔，谁肯认真地工作，谁就能做出许多成绩，就能超群出众。"[①]

历史唯物主义不是公式和教条，不是一堆只需要死背的抽象原理和原则。历史唯物主义正如整个马克思列宁主义一样，它是永远生机勃勃的、不断创造性地发展的理论，也是指明研究社会生活的正确途径和方式的科学方法，同时

[①]《马克思恩格斯选集》第4卷，人民出版社1995年版，第691—692页。

又是行动的指南。

历史唯物主义是马克思主义哲学的一个不可分割的部分。把哲学唯物主义和唯物辩证法用来认识社会,就克服了马克思主义以前的旧唯物主义的片面性和局限性,从而使哲学唯物主义具有了能动性和革命性。马克思列宁主义关于资本主义必然灭亡和共产主义必然胜利的学说,就是以历史唯物主义所研究的社会发展的客观规律为依据的。因此,历史唯物主义乃是共产主义的历史科学基础。为了做一个争取社会向前进步、争取共产主义胜利这一伟大历史斗争的自觉的和积极的参加者,必须知道历史事件的原因和动力,必须知道社会发展的规律。

历史唯物主义提供关于社会发展最一般的规律的知识。

历史唯物主义的产生,是把辩证唯物主义应用于社会的结果,是运用辩证唯物主义来认识社会生活和研究社会历史的结果。因此,如果不把历史唯物主义的规律和范畴与辩证唯物主义的原理联系起来,就不能充分理解这些规律和范畴。例如,在研究历史唯物主义所发现的阶级社会的运动的规律——阶级斗争规律、社会革命规律时,不可能不看到,这些规律是对立面的统一和斗争、新旧事物的斗争、正面与反面的斗争、量变转为质变等一般的辩证法规律的特殊形式。

列宁在阐述辩证唯物主义和历史唯物主义之间的内部联系时写道,"马克思加深和发展了哲学唯物主义,而且把它贯彻到底,把它对自然界的认识推广到对人类社会的认识。马克思的历史唯物主义是科学思想中的最大成果。过去在历史观和政治观方面占支配地位的那种混乱和随意性,被一种极其完整严密的科学理论所代替,这种科学理论说明,由于生产力的发展,如何从一种社会生活结构中发展出另一种更高级的结构,例如从农奴制中生长出资本主义"[①],而在我们这个时代,则是社会主义在一个又一个国家中代替资本主义。

历史唯物主义依据唯物主义的一般世界观,以承认社会存在的第一性和社会意识的第二性作为自己的出发点。不是社会意识决定社会生活的制度和发展方向,相反地,是社会经济制度决定社会意识、社会思想。或者说,不是思想决定生活,而是生活、社会存在决定思想。

然而,究竟什么是人们的社会存在呢?这就是社会的物质生活,首先是社

[①]《列宁选集》第2卷,人民出版社1995年版,第311页。

会的物质资料的生产和人们在生产过程中形成的关系。在对抗性的社会中，这是阶级关系。人们在从事科学、艺术、宗教、哲学和政治活动以前，首先要吃喝、穿衣，因此他们必须生产食物、缝制服装、建造房屋和制造生产工具。没有物质资料的生产，便不可能有社会生活。物质资料的生产和再生产，是社会的生存基础。如果停止生产，人们的全部精神生活就会停顿，社会就会灭亡。因此，社会形成和发展的关键，不应该从人们的意识中，从他们的政治、哲学、宗教和道德思想中去寻找，而应该到物质资料的生产方式中去寻找。

社会的物质生活是决定性的基础，而精神生活是物质生活的反映。但这决不是像资产阶级的马克思主义批评家所诬蔑的那样，仿佛马克思主义者低估或轻视社会精神生活的意义，低估或轻视思想、意识、理性、科学、艺术以及政治在社会生活和历史中的作用。马克思主义者宣布社会意识、社会学说和政治理论是社会存在的反映，只是为了科学地说明社会的精神生活，说明思想的起源和发展。至于社会思想在社会生活和社会发展中的作用，马克思主义者认为是非常大的。马克思列宁主义思想在我们这个时代的伟大作用就证明了这一点。

马克思在《政治经济学批判》一书的序言中，对于历史唯物主义的基本原理作了经典的论述：

"人们在自己生活的社会生产中发生一定的、必然的、不以他们的意志为转移的关系，即同他们的物质生产力的一定发展阶段相适合的生产关系。这些生产关系的总和构成社会的经济结构，即有法律的和政治的上层建筑竖立其上并有一定的社会意识形式与之相适应的现实基础。物质生活的生产方式制约着整个社会生活、政治生活和精神生活的过程。不是人们的意识决定人们的存在，相反，是人们的社会存在决定人们的意识。社会的物质生产力发展到一定阶段，便同它们一直在其中运动的现存生产关系或财产关系（这只是生产关系的法律用语）发生矛盾。于是这些关系便由生产力的发展形式变成生产力的桎梏。那时社会革命的时代就到来了。随着经济基础的变更，全部庞大的上层建筑也或慢或快地发生变革。在考察这些变革时，必须时刻把下面两者区别开来：一种是生产的经济条件方面所发生的物质的、可以用自然科学的精确性指明的变革，一种是人们借以意识到这个冲突并力求把它克服的那些法律的、政治的、宗教的、艺术的或哲学的，简言之，意识形态的形式。我们判断一个人不能以他对自己的看法为根据，同样，我们判断这样一个变革时代也不能以它的意识为根据;相反,这个意识必须从物质生活的矛盾中,从社会生产力和生产关系之间的现存冲突中去解释。无论哪一个社会形态,在它所能容纳的全部生产力发挥出来以前,是决不会灭亡的;而新的更高的生产关系,在它的物质存在条件在旧社会的胎胞里成熟以前,是决不会出现的。所以人类始终只提出自己能够解决的任务,因为只要仔细考察就可以发现,任务本身,只有在解决它的物质条件已经存在或者至少是在生成过程中的时候,才会产生。"[1]

历史唯物主义发现了生产、物质生活的生产方式是社会存在和发展的基础,从而有史以来第一次科学地确定了各种社会现象的内部的必然联系,说明了社会发展是一个有严格规律性的过程。这样,历史唯物主义便提供了科学地理解过去和现在的各种事件的钥匙,并为科学地预见事件的进程和人类社会的发展前途创造了可能。

五、《马克思主义哲学原理》建构的马克思主义哲学体系

第一章 哲学的对象
　　一、哲学的基本问题。唯物主义和唯心主义是哲学中的两大主要派别
　　二、马克思主义哲学的对象。哲学和其他科学的关系
　　三、辩证唯物主义和历史唯物主义是革命无产阶级的思想武器

第二章 马克思主义产生以前哲学史上唯物主义和唯心主义的斗争
　　一、古代的素朴的唯物主义和自发的辩证法
　　二、17—18世纪的唯物主义及其反对宗教和唯心主义的斗争。形而上学的方法
　　三、黑格尔的唯心主义辩证法和费尔巴哈的唯物主义
　　四、19世纪革命民主主义者的唯物主义和辩证法

第三章 马克思主义哲学的产生和发展
　　一、马克思主义哲学产生的历史条件。马克思和恩格斯是辩证唯物主义和历史唯物主义的伟大创始人

---

[1]《马克思恩格斯选集》第2卷,人民出版社1995年版,第32—33页。

二、马克思主义在哲学上所完成的革命变革的本质

三、马克思主义哲学的创造性和列宁对它的发展

辩证唯物主义

第四章 物质及其存在形式

  一、物质

  二、物质的运动

  三、空间和时间

  四、世界的统一性

第五章 物质和意识

  一、意识是具有高度组织的物质的特性

  二、意识是物质世界的反映

  三、"符号论"批判。客观真理

  四、言语和思维

第六章 现实中各种现象的合乎规律的联系

  一、现象的相互联系。原因和结果

  二、规律是现象之间的联系形式。单一、特殊和普遍

  三、必然性和偶然性

  四、可能性和现实

第七章 辩证法的基本规律。量变到质变的转化规律

  一、辩证的发展论

  二、量变和质变以及它们的相互转化

  三、发展的进化形式和革命形式的统一。飞跃

  四、从旧质到新质的转化形式的多样性

第八章 对立面的统一和斗争规律

  一、事物、现象是对立面的统一。对立面的斗争是发展的泉源

  二、内部矛盾和外部矛盾

  三、不同矛盾的特点

  四、内容和形式，它们之间的矛盾的产生和解决

第九章 否定的否定规律

  一、发展过程中的辩证否定的实质和作用

二、发展的前进性质和发展的形式

第十章　认识过程的辩证法

　　一、作为认识论的辩证法。辩证逻辑和形式逻辑

　　二、认识中的感性和理性的相互关系。本质和现象

　　三、抽象的东西和具体的东西、逻辑的东西和历史的东西的辩证法

　　四、思维的形式以及它们在认识中的作用

　　五、实践是认识的基础和真理的标准

　　六、绝对真理和相对真理的辩证法

历史唯物主义

第十一章　历史唯物主义是关于社会发展规律的科学

　　一、历史唯物主义的对象

　　二、历史唯物主义的产生是社会科学中的革命

　　三、社会生活和社会发展的规律的性质

　　四、历史的规律性和人们的自觉活动。自由和必然性

　　五、历史唯物主义的党性

第十二章　物质生产是社会生活的基础

　　一、劳动在社会产生和社会生活中的作用

　　二、地理环境和社会发展

　　三、人口的增长对社会发展的意义

　　四、物质资料的生产方式。生产力和生产关系

　　五、生产方式在社会生活形式变化中的决定作用

第十三章　生产力和生产关系的辩证法

　　一、生产关系对生产力性质的依赖性

　　二、生产关系对生产力发展的作用

　　三、资本主义制度下生产力和生产关系之间的矛盾的发展

　　四、社会主义制度下生产力和生产关系的相互联系

第十四章　社会的基础和上层建筑

　　一、社会的基础和上层建筑的概念。基础对上层建筑的决定作用

　　二、社会的基础和上层建筑的变革

　　三、上层建筑的积极作用

第十五章　阶级,阶级斗争,国家

　　一、阶级的定义

　　二、阶级的产生。社会的阶级结构及其对生产方式的依赖性

　　三、阶级利益和阶级斗争。阶级和政党

　　四、国家是阶级矛盾不可调和的产物和阶级统治的机关

　　五、无产阶级的阶级斗争形式和阶级组织形式

　　六、马克思主义政党在无产阶级的阶级斗争中的作用

　　七、阶级消灭的必然性。无产阶级的世界历史使命

第十六章　社会革命是社会经济形态更替的规律

　　一、社会革命,社会革命的原因及其在社会历史上的意义

　　二、社会主义革命同其他革命的区别。社会主义革命和无产阶级专政

　　三、帝国主义时代社会主义革命的条件

　　四、帝国主义和无产阶级革命时代民主改造与社会主义改造的相互关系

　　五、夺取政权的武装斗争形式与和平斗争形式的相互关系。无产阶级专政形式的多样性

　　六、从资本主义到社会主义的过渡时期

　　七、社会主义制度下的阶级与国家

　　八、共产党是工人阶级专政体系中的领导力量

　　九、社会主义同资本主义的共处和社会主义在一切国家胜利的必然性

第十七章　社会意识及其在社会生活中的作用

　　一、社会意识是社会存在的反映。思想体系的阶级性

　　二、社会意识的各种形式

　　三、社会心理和社会思想体系,社会意识和个人意识

　　四、社会思想发展的相对独立性

　　五、思想在社会发展中的作用

　　六、社会主义思想体系在争取共产主义胜利的斗争中的作用

第十八章　人民群众和个人在历史上的作用

　　一、人民群众是社会发展的决定性的力量,是历史的创造者

　　二、个人在历史上的作用

　　三、工人阶级的领袖在革命运动中的作用

第十九章　现代资产阶级哲学和社会学的主要流派

一、现代资产阶级哲学和社会学的特点

二、现代主观唯心主义和客观唯心主义

三、现代资产阶级的历史哲学

四、社会生活的"因素"论和"领域"论

五、经验的或经验主义的社会学

六、社会学中的心理学派

七、现代资本主义"社会成层"论

八、资产阶级社会学对某些国际关系问题的解释

第四章
《辩证唯物主义概论》《历史唯物主义概论》与马克思主义哲学体系*

马克思、恩格斯创立了辩证唯物主义和历史唯物主义哲学,就是创立了崭新的唯物主义形式,同时也是创立了新型的辩证法。他们把唯物主义和辩证法有机地结合在一起,把唯物主义发展到高峰——将其推广到对社会生活的理解,从而把唯物主义和辩证法提高到新的水平,即彻底科学的哲学的水平。恩格斯写道:"马克思和我,可以说是把自觉的辩证法从德国唯心主义哲学中拯救出来并用于唯物主义的自然观和历史观的唯一的人。可是要确立辩证的同时又是唯物主义的自然观,需要具备数学和自然科学的知识。"①

一、辩证唯物主义的"研究客体"与"研究对象"

世界的科学史和哲学史证明,在这个范围内,那些具有划时代意义的杰出成就,总是同对各个极为广大的领域中的知

---

* 本章第一至第五节的内容选自〔苏〕斯坦尼斯主编的《辩证唯物主义概论》第一章第四节,苏联科学院哲学教研室著《历史唯物主义概论》第一章。文中标题由我所加。《辩证唯物主义概论》《历史唯物主义概论》的中译本1987年由河北人民出版社出版。
① 《马克思恩格斯选集》第3卷,人民出版社1995年版,第349页。

识的概括和综合相联系的。这也完全适用于马克思主义哲学。马克思和恩格斯在创造性地改造和概括当时先进哲学成果、社会思想和自然科学成就,概括社会生活和阶级斗争实践,以及资产阶级民主革命和动摇了文明世界的基础的人民运动的经验的过程中,创立了马克思主义哲学。马克思和恩格斯是作为资本主义社会中唯一彻底革命的阶级——工人阶级的思想家,制定自己的哲学的。在帝国主义和无产阶级革命的时代,在自然科学发生根本变革的时期,列宁成为马克思、恩格斯事业的天才的继承人,他的名字同辩证唯物主义哲学发展的新阶段联系在一起。

马克思、恩格斯、列宁把辩证法作为关于联系、自己运动和发展的学说进行探讨,发展产生于对立面的统一,它自身包含着作为一切自己运动的内部泉源的矛盾。

在普遍联系、运动和发展中考察一切现象,这是唯物辩证法的原则。在认识论的意义上,原则就是基本原理——在研究现实的基础上得到的和在认识与实践中必须遵循的观念。马克思主义辩证法通过自己的范畴、原则和规律的体系来揭示物质世界与精神世界中形形色色的普遍联系,证明它们对于人的认识和实践活动的方法论意义。

科学所表述的规律是本质的、稳定的、必然的联系和关系,也就是说,是不以人们是否认识它们为转移而存在着的现实规律在思维中的反映。发现物质世界和精神世界的规律,是一切科学的最重要的任务(虽然不是唯一的任务),如果没有这一部分认识活动,也就没有科学。辩证唯物主义或唯物主义辩证法这门科学也是如此。

按照恩格斯的简洁定义,"辩证法不过是关于自然、人类社会和思维的运动和发展的普遍规律的科学"[①]。这个定义指出了唯物辩证法理论与其他科学共同的东西,以及它们之间的差别。共同的东西在于,辩证法也和其他一切较为具体的科学一样,在考察现实的属性、联系、存在方式和关系的同时,研究现实的各种规律。它们之间的差别则在于,辩证法理论所研究的是运动和发展的最一般规律,以及世界的普遍存在形式和方式。因此,辩证法所揭示的规律同整个辩证唯物主义哲学表述的基本原理和原则一样,应对任何运动形式和任何发展都有效力。

[①]《马克思恩格斯选集》第3卷,人民出版社1995年版,第484页。

自然科学和社会科学都揭示和表述普遍程度不同的各种规律及原则。其中有些规律,如在自然界中起作用的各种守恒定律和在社会中起作用的社会革命规律,具有很大的适用范围。但是,辩证唯物主义哲学的对象是这样一些规律,它们在物质存在世界和精神存在世界中随时随地起作用,物理的、化学的、地质的和生物的现象、过程,以及人类社会、人的精神创造都在某种方式下受到支配,它们具有普遍的性质。

辩证唯物主义哲学充当万能的认识的方法论,因而也充当科学方法论的理论基础的职能,是同唯物辩证法的规律、原则的普遍性息息相关的。由于世界、宇宙是辩证的,所以辩证法的实用的方法论作用也是多方面的。换句话说,由于辩证法的规律贯穿于现实的一切运动和过程,所以必须从唯物主义和辩证法统一的立场出发去研究现实中任何一种现象。

马克思主义哲学克服了以往唯物主义的反历史主义、形而上学性和直观性,在历史唯物主义地和辩证地看待人的产生过程的基础上,论证了人作为能思维的存在物的产生。人类祖先对物质世界的对象性的实践关系,他的劳动活动以及这种活动的社会性,对于人们精神生活和活动的产生、发展起了决定性的作用。意识和实践的有机联系,总的说来一直决定着人类历史的进程。换句话说,作为科学的辩证唯物主义把解决哲学基本问题的历史唯物主义观点,作为自己不可分割的要素包含在自身之内。

马克思、恩格斯、列宁经常强调唯物主义辩证法作为对世界进行革命改造的方法,作为工人阶级及其革命政党为工人阶级和全体劳动者摆脱剥削、争取社会主义进行斗争的有效武器的特殊意义。恩格斯在谈到唯物主义辩证法时,就马克思和他自己写道:辩证法是"我们最好的工具和最锐利的武器"①。

综上所述,要回答这样一个问题,辩证唯物主义哲学的对象究竟是什么?必须把"研究客体"和"研究对象"这两个概念区分开来。马克思主义哲学的最广义的研究客体,与一切科学是共同的。对于整个人类认识来说,运动着的物质及其一切属性、物质世界的整体及其任何一个部分,包括人的世界,就是这种共同的研究客体。而每一门科学的研究对象(或简称对象)则被理解为该门科学从现实中挑选供研究的某个领域或方面,以及它所解决的某些问题。对于辩证唯物主义哲学来说也是这样。

---

① 《马克思恩格斯选集》第4卷,人民出版社1995年版,第243页。

作为科学的辩证唯物主义,要科学地、辩证而又唯物地解决意识和物质、思维和存在的关系问题。在这种世界观基础上,它揭示出自然界、社会、思维的运动和发展的普遍规律。此外,它还是科学认识和实际行动的方法论的一般理论基础。这就是对辩证唯物主义对象的扼要说明。

二、辩证唯物主义世界观:科学认识活动和价值哲学活动的统一

整个辩证唯物主义,也就是说,无论是辩证法,还是唯物主义都具有方法论的意义。唯物主义指引科学家们客观地研究现实,要求认识尽可能准确地在意识中反映和再现物质世界及其派生物,防止认识活动中的主观主义和片面性。在研究精神世界、观念世界时,唯物主义要求从现实关系的世界,归根到底即从人们的物质存在中把它们推导出来。辩证法作为普遍的思维方法和作为科学认识方法论的基础的意义本身,建立在唯物主义基础之上。因为,辩证法的普遍原则和规律是对世界的普遍客观规律和存在方式的反映,正因为这样,关于它们的知识才对把握物质世界的意识如此重要。马克思在说明他所制定的科学研究方法时,把它称为辩证的和唯物主义的方法。

恩格斯写道,随着辩证唯物主义的创立,"以往那种意义上的全部哲学也就完结了"[①]。他所指的,是那些唯心主义的带有形而上学片面性的哲学体系,它们自认为掌握了关于世界的完全的绝对正确的知识。按照这种理解,哲学作为把握世界的最深刻本质的绝对知识体系,作为某种唯一正确的世界观,同自然科学是对立的,把后者视为有局限性的表面经验。

辩证唯物主义是作为哲学和哲学世界观而创立的,这种世界观以人类先进思想包括哲学思想成果和具体科学(自然科学和社会科学)的材料为依据。辩证唯物主义的世界观本身已经提高到科学知识的水平。

同其他科学的有机联系是马克思主义哲学的本质特点。它首先表现为哲学同马克思主义的其他组成部分——政治经济学、科学社会主义的不可分割的联系。列宁曾经把马克思的整个学说称为世界观。它还表现为辩证唯物主义同自然科学的联系。恩格斯在1886年写道,由于自然科学的巨大成就,自然

---

① 《马克思恩格斯选集》第4卷,人民出版社1995年版,第219页。

科学带来的经验知识使我们有可能"以近乎系统的形式描绘出一幅自然界联系的清晰图画"①。恩格斯的这种说法预见到以后得以实现的一种发展趋势。自然科学绘出一幅自然界联系的图画是一项与哲学的世界观职能近似的工作。在现代条件下,由于20世纪自然科学的巨大发展,自然界联系的图画以空前增长的广度和深度被绘制出来。19世纪80年代,当恩格斯写上述这番话时,自然科学实际上多少还只知道宏观世界。现在,自然界联系的图画包括微观世界、宏观世界和宇观世界。列宁曾经研究过的,开始于19世纪和20世纪之交的科学革命,由此产生的科技革命,以及与科技革命相联系的急剧展开的各种不同知识的综合过程,在这方面起了突出的作用。由现代科学——自然科学和社会科学——绘制的作为一个有联系的整体的世界图画构成现代科学世界观的一定层次。然而在这种情况下,作为现代科学世界观的一般哲学基础的辩证唯物主义和历史唯物主义的意义并没有降低,反而提高了。

马克思主义哲学作为辩证唯物主义世界观,研究和揭示不仅包括科学认识活动,而且包括价值哲学活动(也即价值观念领域的创造活动)的人类全部精神活动的一般原理和原则,指出这两类精神活动的内在联系。它以科学的可靠性揭示价值观念在人的实践活动,以及工人阶级和广大人民群众改造社会的斗争中的地位、作用和意义,科学地论证共产主义意识固有的价值观念体系。

马克思主义哲学是完整的观点体系和某种范畴——哲学概念体系,辩证唯物主义的观点体系借助这些概念、范畴表现出来。

恩格斯在批判黑格尔哲学时,指出了黑格尔探讨的辩证方法和他关于世界的绝对知识的独断主义体系之间的矛盾。因此,恩格斯对于建立哲学体系持否定的看法。对历史上存在过的哲学体系所做的批判研究证明,每一种体系都自命为对世界的绝对的完备的认识。恩格斯对这些哲学体系的否定的评价所针对的是这种毫无根据的奢望,而绝不是系统性这一科学知识的本质特征。相反,恩格斯承认这种系统性,并把它同这样一点相联系,即世界本身表现为一个统一的体系,是一个有联系的整体。"关于自然和历史的无所不包的、最终完成的认识体系,是同辩证思维的基本规律相矛盾的;但是,这样说决

---

① 《马克思恩格斯选集》第4卷,人民出版社1995年版,第246页。

不排除,相反倒包含下面一点,即对整个外部世界的有系统的认识是可以一代一代地取得巨大进展的。"①

马克思主义哲学否认有可能建立以完备的绝对真理的形式出现,像最高法官一样凌驾于其他科学之上的哲学体系。

马克思主义哲学是新型的哲学体系,即辩证唯物主义的体系,它包含着针对知识而言的体系范畴本身的辩证唯物主义理解。知识体系被理解为以一定方式组织起来的完整知识,它反映着研究对象,无止境地接近在思维中全面地再现认识客体。由此可见,对于知识体系,包括哲学知识体系,也应该从运动、变化、发展中,从完善和丰富的永恒过程中进行考察。

我们认为,作为科学的辩证唯物主义,其体系组织原则最基本的有两条:1. 论证世界的存在方式,以及它通过对立面的相互关系和作为内部泉源的矛盾的自我运动和发展;2. 把对象性实践活动和革命改造活动理解为人和世界的基本关系,理解为社会发展和人的认识的源泉、基础和动力。

马克思主义哲学是关于世界和对世界的认识的辩证唯物主义理论,它把唯物主义和辩证法的原则也应用于自身。

辩证唯物主义哲学是一个"开放的"体系,宜于进一步发展和丰富,同时,对一切不符合客观真理、不符合唯物主义和革命的辩证法的东西毫不妥协。

马克思主义哲学随着科学知识的增长、实践的丰富、社会发展的新需要的显露,和科学技术进步产生的新问题的出现而进一步发展。人们的认识和活动的一切新领域、社会和哲学思想本身的发展提出的种种新问题都属于哲学研究的范围。在哲学所考察的那些传统问题中还出现一些新的方面。科学和实践的新材料使人们有必要回头去研究那些从前已经解决的问题,按照社会文化和科学发展的新水平充实已经得出的答案并使之具体化。

三、历史唯物主义和辩证唯物主义的关系

马克思列宁主义哲学就是辩证唯物主义和历史唯物主义,它们是不可分割的统一体。

列宁强调指出:"在这个由一整块钢铸成的马克思主义哲学中,决不可去

---

① 参见《马克思恩格斯选集》第3卷,人民出版社1995年版,第363页。

掉任何一个基本前提、任何一个重要部分,不然就会离开客观真理,就会落入资产阶级反动谬论的怀抱。"①列宁在批判对马克思主义哲学的唯物主义的基础,即对社会存在与社会意识的关系问题的辩证唯物主义解决作唯心主义的歪曲时,提出了这一根本原理。科学的哲学是一个统一的整体,它的基本部分无论是在逻辑方面还是在历史方面,都是不可分割地联系在一起的。

而在我们的文献中能够碰到这样的论断,即历史唯物主义是把辩证唯物主义的基本原则推广到社会现象领域。这样的表述需要以辩证唯物主义能够不依赖于历史唯物主义而产生和存在为前提。

对于这一点,在列宁那里完全是另外一种意思。他在《马克思主义的三个来源和三个组成部分》一文中写道:"马克思加深和发展了哲学唯物主义,而且把它贯彻到底,把它对自然界的认识推广到对人类社会的认识。马克思的历史唯物主义是科学思想中的最大成果。"②很明显,在这里说的不是辩证唯物主义,而是没有贯彻到底的哲学唯物主义,即前马克思主义的唯物主义。这个观点是在列宁的著作《卡尔·马克思》中提出来的,在这一著作中,历史唯物主义被确定为推广到人类社会及其历史的唯物主义,列宁关于这个问题的真实立场就是这样。

众所周知,马克思和恩格斯任何时候也没有同意过空想社会主义的思想。他们是由唯心主义和革命的民主主义通过费尔巴哈的唯物主义走向科学社会主义的。但是,费尔巴哈的唯物主义却由于它的片面性、人本主义的直观性和形而上学的局限性,未能成为科学共产主义的理论基础,因为在对社会生活的解释上他还没有超出唯心主义的界限。列宁写道:"马克思在 1844—1847 年离开黑格尔走向费尔巴哈,又超过费尔巴哈走向历史(和辩证)唯物主义。"③马克思和恩格斯不是在荒野地上创立起历史唯物主义和辩证唯物主义的,而是在费尔巴哈唯物主义的基础上,是在它的上半截进一步贯彻唯物主义,制定了唯物史观,同时从无产阶级的立场批判了黑格尔、各种空想社会主义学说的拥护者和费尔巴哈对社会现象的唯心主义解释。

对黑格尔唯心主义辩证法的唯物主义改造在这个理论形成过程中起了巨大的作用。列宁写道:"普遍运动和变化的思想(《逻辑学》,1813 年)还未被应

---

① 《列宁选集》第 2 卷,人民出版社 1995 年版,第 221 页。
② 《列宁选集》第 2 卷,人民出版社 1995 年版,第 311 页。
③ 《列宁全集》第 55 卷,人民出版社 1990 年版,第 293 页。

用于生命和社会以前,就被猜测到了。这一思想应用于社会,是先被宣布的(1847年),应用于人,是后来得到证实的(1859年)。"[1]在这里,列宁大概是想强调,1813年黑格尔《逻辑学》出版是1847年《共产党宣言》出版的时间的前提条件——《共产党宣言》正好标志作为社会发展的完整的科学理论的辩证唯物主义和历史唯物主义的形成过程的完成。

马克思和恩格斯根据工人阶级的根本利益,从唯物主义立场出发,并按照普遍发展的思想,概括了以往革命运动和他们那个时代的无产阶级阶级斗争的经验,认为人们的经济需求、利益需要和物质生产决定着社会有机体所有其他方面的发展。这一立场是批判地改造以往社会思想最重要成果(复辟时代历史学家关于阶级的学说,英国政治经济学的经典作家们的劳动价值论,空想社会主义对资本主义的批判)的方法论的钥匙。马克思和恩格斯给自己提出了揭示思想、观点和科学概念改变的真正原因的任务,并在生产发展中,在人们各种物质利益的冲突中,在阶级斗争中,也就是在物质生活的各种现实的对立力量和趋势的斗争中,找到了这些原因。但是,制定关于社会生活的唯物史观不是他们的最终目的。他们给自己提出了无比重大和真正宏伟的任务:回答怎样从实践上改变现实的问题。这个问题在当时十分尖锐,以致那时很多把自己标榜为共产主义者和社会主义者的思想家们,也提出了通过"改善"资产阶级关系的途径,"推行"共产主义的各种幻想的处方。

不用唯物主义观点分析社会发展,就根本谈不到建立辩证唯物主义,根本谈不到辩证唯物主义地解决哲学基本问题,解决意识思维对物质和存在的相互关系问题。无论是从人本主义,形而上学——机械唯物主义,还是从自然科学唯物主义,甚至是从自发素朴的唯物主义立场,都不能科学地解决这个问题,因为这些唯物主义的信奉者们都没有看到人们的实践活动在意识的产生和发展中的决定性作用,没有考虑到这是一个社会问题,而不是人的人本主义发展的问题。思维对存在、精神对物质的关系问题由辩证唯物主义的创始人从全部哲学问题中抽象出来,并规定为哲学基本问题,这是顺理成章的。

列宁注意了马克思主义哲学产生的历史特点。这一哲学的实质在于:"马克思和恩格斯的学说是从费尔巴哈那里产生出来的,是在与庸才们的斗争中发展起来的,自然他们所特别注意的是修盖好唯物主义哲学的上层,也就是

---

[1] 《列宁全集》第55卷,人民出版社1990年版,第118页。

说,他们所特别注意的不是唯物主义认识论,而是唯物主义历史观。因此,马克思和恩格斯在他们的著作中特别强调的是**辩证**唯物主义,而不是辩证**唯物主义**,特别坚持的是**历史**唯物主义,而不是历史**唯物主义**。"①

辩证唯物主义作为没有任何片面性的彻底科学的发展理论和认识方法,离开了历史唯物主义是不可思议的,而这完全适用于辩证唯物主义产生的历史。它的基本原则就是在唯物主义地分析社会发挥功能及其发展的基础上发现的。

因此有必要回忆一下列宁的这样一条著名原理:"马克思和恩格斯称之为辩证方法(它与形而上学方法相反)的,不是别的,正是社会学中的科学方法。"②

列宁关于《资本论》的逻辑的意见说明了辩证唯物主义与历史唯物主义的有机联系:"虽说马克思没有遗留下'逻辑'(大写字母的),但他遗留下《资本论》的逻辑,应当充分地利用这种逻辑来解决这一问题。在《资本论》中,唯物主义的逻辑、辩证法和认识论……都应用于一门科学,这种唯物主义从黑格尔那里吸取了全部有价值的东西并发展了这些有价值的东西。"③列宁在自己著名的《谈谈辩证法问题》的短文中,在说明马克思的方法时指出:"一般辩证法的阐述(以及研究)方法也应当如此(因为资产阶级社会的辩证法在马克思看来只是辩证法的局部情况)。"④

辩证唯物主义与历史唯物主义的相互联系在马克思列宁主义哲学后来的发展中,在以新的原理充实它的过程中得到了揭示。列宁在自己的哲学遗嘱——《论战斗唯物主义的意义》一文中,在谈到必须全面研究辩证法的时候,建议"在杂志上登载黑格尔主要著作的节录,用唯物主义观点加以解释,举马克思运用辩证法的实例,以及现代史尤其是现代帝国主义战争和革命提供得非常之多的经济关系和政治关系方面辩证法的实例予以说明"⑤。

历史唯物主义的创立是对社会的看法的真正革命。列宁写道:"过去在历史观和政治观方面占支配地位的那种混乱和随意性,被一种极其完整严密的

---

① 《列宁选集》第 2 卷,人民出版社 1995 年版,第 225 页。
② 《列宁选集》第 1 卷,人民出版社 1995 年版,第 32 页。
③ 《列宁全集》第 55 卷,人民出版社 1990 年版,第 290 页。
④ 《列宁全集》第 55 卷,人民出版社 1990 年版,第 307 页。
⑤ 《列宁选集》第 4 卷,人民出版社 1995 年版,第 652 页。

科学理论所代替,这种科学理论说明,由于生产力的发展,如何从一种社会生活结构中发展出另一种更高级的结构。"①

唯物史观的产生克服了唯心主义社会学学说的根本缺陷,而在社会学方面,所有的或几乎是所有的前马克思主义学说都是唯心主义的。

首先,唯心主义的社会学家们把自然界与社会之间的差别绝对化,否认社会中有客观规律的作用。他们认为,社会的发展是由伟人不同的思想动机、意志和情欲决定的,而这些思想动机本身的原因和根源却没有提到。其次,社会学家们实际上把历史归结为杰出人物的活动,忽视人民群众在历史上的作用。再次,所有的或者几乎是所有的唯心主义社会学家都是形而上学者,他们把社会看作是人和物的机械总和,而没有看作是社会关系的有机体系。

按照列宁的意思,历史唯物主义与关于社会的真正的科学、马克思列宁主义社会学是同义词。过去没有、现在也不可能有任何其他不同于历史唯物主义的科学的一般社会学的理论。

总之,历史唯物主义是马克思列宁主义哲学不可分割的一部分,同时这部分又是相对独立的。要知道,社会虽然是自然界的一部分,但是这部分在质上毕竟是很特殊的,历史唯物主义具有自己的研究对象,自己的规律和范畴,自己的结构。

四、历史唯物主义的对象:社会发展和发挥功能的规律

马克思和恩格斯的伟大功绩在于,他们在研究社会时第一次把它作为一个完整的、特殊的社会有机体来对待。他们把每个发展阶段上的社会都看作是社会关系的完整体系和物质运动的社会形式。历史唯物主义摈弃任何机械的、生物学的即伪科学的社会学学说。

因为社会是一个社会体系,在社会及其存在的一切阶段上,除了社会的个别方面和部分发展及发挥功能的规律外,作为完整体系的整个社会发展和发挥功能的各种规律也在起作用,正是这些规律构成了历史唯物主义的对象。在我们的文献中有很多历史唯物主义规律的定义,一些作者把它们看作是社会发展的最一般的规律,另一些作者认为是整个社会发展的一般规律,第三种

---

① 《列宁选集》第 2 卷,人民出版社 1995 年版,第 311 页。

认为是社会发展和发挥功能的一般规律,第四种认为是作为完整体系来考察的社会发展的规律。我们认为,应当把历史唯物主义看成作为整个社会有机体,作为社会关系的整个体系的社会发挥功能和发展的规律。

这里所说的不是一些词,而是关系到如何对科学概念作更准确的规定的问题。要知道,整个社会是由全部社会科学从纵的和横的方面来加以研究的。而社会作为整体,作为一种特殊的客体,却是由历史唯物主义加以研究的。

历史唯物主义的规律通常叫作一般社会学的规律。首先与它有关的有:社会存在决定社会意识的规律;物质生产方式决定社会生活的社会、政治和精神过程的整个体系的规律;生产关系的性质和生产力发展的水平相适应的规律,经济基础决定上层建筑的规律和社会革命的规律。一般社会学的规律并不以此为限,它们的数目将随着人们的思想日益深入到社会现象的本质中去而增长。某些作者正在把人民群众在历史上和某些其他方面的作用不断增长的规律列入到一般社会学的规律中去。

对历史唯物主义规律的研究,包括提出和解决这些规律起作用的机制问题,这个问题在历史唯物主义的体系中应当占有自己的地位,因为当我们甚至已经了解了规律,但还没有关于它起作用的机制的精确概念时,我们就不能把它作为实践活动的指南,预见这些那些社会过程的结果。社会规律起作用的机制问题今天已成了十分迫切的现实问题。苏联共产党中央委员会《关于进一步发展社会科学和提高社会科学在共产主义建设中的作用的措施》的决议指出:"在对全面揭示现代社会发展规律起作用的机制这些基础理论问题的研究方面,出现了某种落后的现象。"

一般社会学的规律起作用的机制问题的方法论意义在于,要求在同具体的社会学规律,即社会在其发展的某一阶段上发挥功能和发展的规律(特殊),以及在同某些阶级、民族和其他社会集团的活动的相互作用中分析这些规律(一般)。研究社会现象而不同于历史科学的历史唯物主义观点的实质就在于此。

一般社会学的规律起作用的机制问题迫切要求我们去考察社会发展的动力,而对发展动力的分析又揭示出一般社会学规律发挥作用的诀窍和社会——经济形态更替的自然历史过程。

历史唯物主义的伟大成就在于,它的奠基人创立了社会经济形态学说,发现了作为完整的构成物的社会的实际结构。列宁写道:"马克思也推翻了那种把社会看作可按长官意志(或者说按社会意志和政府意志,反正都一样)随便改变的、偶然产生和变化的、机械的个人结合体的观点,探明了作为一定生产关系总和的社会经济形态这个概念,探明了这种形态的发展是自然历史过程。"①

列宁就是这样评价发现社会结构客观基础的理论和方法论的意义的。这一发现,最先表达在马克思的著名的《政治经济学批判》导言中。考虑到所说的一切,应当得出结论:社会结构的问题只有一般社会学的性质,所以在科学的社会学对象的定义中应当得到反映。

这样,历史唯物主义应更准确地定义为:是作为整体的社会发挥功能和发展的规律的科学,是这些规律起作用的机制的科学,是关于社会在其历史发展中的动力和结构的科学。

历史唯物主义具有发达的范畴体系,这些范畴反映作为整个的有机体的社会的最一般的和最本质的特征。马克思和恩格斯在表述他们所发现的历史唯物主义规律时,利用了他们提出来的新的一般社会学的范畴:社会存在、社会意识,生产方式、生产力和生产关系,经济基础和上层建筑,社会经济形态。此外,历史唯物主义利用了社会学中早就有的一些概念,同时赋予它们以新的内容:人们的历史共同体(氏族、部落、家庭、部族、民族)、社会政治组织形式(国家、阶级、政党等)、社会意识的形式与水平、人民群众与个人等。在以后的各章中将分析这些范畴和其他的一些范畴,不了解这些范畴,就不可能创造性地把握历史唯物主义的内容。

历史唯物主义作为科学具有一定的结构。它包括一系列全面发达的学说或理论,相应的一般社会学的规律是每一种这样的理论和学说的逻辑核心。首先应当把生产方式学说、社会经济形态学说、阶级和国家的理论、阶级斗争与革命(特别是社会主义革命)的理论等等包括到这种历史唯物主义理论中去。这些理论的每一条都是对社会科学的巨大贡献。这些理论在深入反映社会过程时经常以新的内容丰富自己,把现时代的社会经验吸收到自身中去。

对历史唯物主义的所有规律和理论问题的创造性发展,是马克思主义社会学的列宁主义阶段的特点,列宁及其学生和继承者对历史唯物主义的所有部分都作出了不可估量的贡献。列宁的社会学思想在今天得到了富有成果的

---

① 《列宁选集》第 1 卷,人民出版社 1995 年版,第 10 页。

发展。这不单是指出现了大量的社会学著作，其中包括教科书性质的东西，而在于创造性地解释了许多众所周知的问题，并提出了新的问题。历史唯物主义不是什么现成的、在所有的情况下都有用的真理的总和，而是生动的、不断发展的学说，它如果不以现代社会发展的经验丰富自己，就不能成功地完成自己的社会使命。

五、历史唯物主义的党性：现实人道主义和民主主义的科学的表现

大家都很熟悉马克思这句名言：无产阶级把新哲学当作自己的精神武器。无产阶级借助于这种哲学，意识到了自己的历史使命和阶级责任，促进了工人阶级在组织上团结一致，指明了通往新的、共产主义生活的道路。历史唯物主义是科学共产主义的理论基础。随着历史唯物主义和科学共产主义的产生，出现了无产阶级阶级斗争的新时期。它的组织由零星的分散的小组发展为能够领导本国和世界范围内的共产主义运动的政治组织，他们把社会主义的意识灌输到自发的群众运动中去，因为没有革命的理论，就没有革命的运动。

历史唯物主义从它产生的那一天起，最重要的社会使命就是成为革命行动的理论和方法，成为制胜的科学。因此，不断有人企图伪造它，企图取消它的革命的辩证法，把它变成庸俗的、没有前途的经济唯物主义。

反共分子和修正主义分子至今还在指责共产党人的学说是"自相矛盾的"。他们认为，这种矛盾表现在，一方面承认社会向社会主义和共产主义过渡的客观必然性，另一方面又要求有意识、有目的地组织群众同资本主义作革命的斗争。他们指责共产主义者，既然共产主义不可避免，为什么还要流血牺牲？他们把自己装扮成不可避免的要流血牺牲的那部分劳动群众利益的"捍卫者"。发明的这一"矛盾"，暴露了资产阶级秩序的辩护士和工人运动自发性的思想家的马脚。

问题的实质在于，为了实现社会主义和共产主义而对群众运动实施领导，是建立在历史唯物主义和科学共产主义的科学原则上的，它是这一过程的客观规律性的体现。何况，不仅是领导这一运动的司令部——共产党，就是这一运动的普通参加者——群众，也都应当理解运动的目的，他们取得成就的途径和手段，并在自己的实践活动中遵循它们。而为了做到这一点，就必须了解现代社会发展的规律及其起作用的机制，不仅需要知道作为客观必然性的规律，

而且需要知道这种还只是可能的必然性通过怎样的社会行动才能给自己开辟一条道路,成为现实的必然性。

人类向社会主义和共产主义过渡的辩证法就是这样,必须为新的社会制度而斗争,必须以新的动力、刺激因素、组织形式和方法的形成为前提。在阶级对抗的社会里,自发产生的刺激因素和群众运动形式都不可能导致人类关系的新的体系的确立;自发的运动本身不能超出旧的私有制秩序的框框。在这里,问题不在于运动的期限和困难性,而在于它的客观逻辑。

苏联与世界社会主义体系的其他各国共产主义运动和社会主义建设的经验十分明显地表明,人们的自觉性、主观因素、客观规律和趋势在为社会主义和共产主义而斗争的人的意识中的正确反映,它们是这些规律起作用的机制的必要环节之一。社会发展的任何规律,尽管是客观的,离开了人们的活动也不能发生作用,因为它不能"生活"于社会的时间和空间之外,不能离开人们的利益和需求而存在。马克思写道,"革命不是靠法律来实行的"[1],革命是靠人来实行的。

在社会主义方面,虽然存在社会发展的客观规律和群众的革命热忱,但是,为了给这些规律开辟广阔的道路,把群众的革命热忱引向并统一到先进思想上,使这些先进思想成为劳动人民的革命世界观,共产党的繁重的组织和政治工作仍然是必要的。历史已经以革命的马克思列宁主义者的胜利解决了他们同修正主义者关于工人运动的自发性与自觉性的长期争论。

在社会主义革命胜利以后,当共产党成了建设具有全新结构的社会有机体的领导与指引方向的力量时,历史唯物主义在改善主观因素方面的作用得到了特别迅速的增长。在这个时期,历史唯物主义成了管理这一复杂的建设性过程的科学的理论基础,成了党制定内外政策的科学基础。

历史唯物主义日益增长的世界观——意识形态方面的意义必然导致社会主义社会的全体成员对它的创造性的把握。在历史唯物主义的使命中,最明显、最充分地表现着它的党性。历史唯物主义的首要要求在于,在对社会生活的一切现象和过程的解释中,公开地、彻底地、毫不妥协地捍卫和发展辩证唯物主义立场。而这种立场是符合工人阶级和全体劳动人民的根本利益的。历史唯物主义在这一点上与资产阶级客观主义是根本不同的。

---

[1]《马克思恩格斯全集》第23卷,人民出版社1972年版,第819页。

列宁在发展历史唯物主义的过程中专门分析了唯物主义立场与客观主义立场的本质区别。列宁在《民粹派的经济内容及其在司徒卢威先生的书中受到的批评》中指出：" 客观主义者谈论现有历史过程的必然性；唯物主义者则是确切地肯定现有社会经济形态和它所产生的对抗关系。客观主义者证明现有一系列事实的必然性时，总是有站到为这些事实辩护的立场上去的危险；唯物主义者则是揭露阶级矛盾，从而确定自己的立场。客观主义者谈论'不可克服的历史趋势'；唯物主义者则是谈论那个'支配'当前经济制度、促使其他阶级进行种种反抗的阶级。可见一方面，唯物主义者贯彻自己的客观主义，比客观主义者更彻底、更深刻、更全面。他不仅指出过程的必然性，并且阐明究竟是什么样的社会经济形态提供这一过程的内容，究竟是什么样的阶级决定这种必然性。例如，在目前这种场合，唯物主义者不会满足于肯定'不可克服的历史趋势'，而会指出存在着一定的阶级，这些阶级决定着当前制度的内容，而且使生产者除了自己起来斗争就不可能有别的出路。另一方面，唯物主义本身包含有所谓党性，要求在对事变作任何评价时都必须直率而公开地站到一定社会集团的立场上。"①

我们完整地摘录了这一大段引文，以便指明，通过对现实的深刻的彻底的唯物主义的分析，怎样不可避免地得出了党性的结论。这种分析要求我们揭示现实的矛盾和由这些矛盾引起的工人阶级的斗争，而这种斗争为向新制度过渡提供了可能性。

在辩证地和彻底——唯物主义地研究现实的基础上，反映并从理论上思考工人阶级和全体劳动人民的利益，构成了历史唯物主义党性的真正内容。

由此不难得出，历史唯物主义的党性是它的现实的人道主义和民主主义的真正科学的表现。现代资产阶级——唯心主义的社会学学说，没有一派是体现和捍卫劳动人民的利益的。不但如此，所有的资产阶级学说总是首先特别残酷地向分析或大或小范围内的社会现象的阶级——党性原则进攻。资产阶级社会学以大肆吹嘘的全人类的或相反民族的、仿佛是唯一正确的观点与这一原则相对立。他们把"善"和"恶"，"人民"和"政权"，"自由"和"专制"，"民主"和"专政"这些抽象的概念摆到首位，阉割了它们所有的阶级内容，把这些概念变成一种僵死的、毫无内容的图解，这种图解对于他们来说是对现代社

---

① 《列宁全集》第1卷，人民出版社1984年版，第362—363页。

会生活现象的一种方便的"定量包装"。

他们狂热地吹捧对社会现象所持的纯粹的民族的态度。当然,现时代所有的社会现象都不只具有全人类的内容,而且具有它所固有的民族的特点。但是,只有对历史和现代社会生活持阶级—社会的观点,才能在具体—历史的社会现象中揭示出永久的和全人类的东西,并科学地确定民族特点在人类发展中的地位与意义。

直接和公开捍卫劳动群众利益的马克思列宁主义社会学的彻底的唯物主义,不可避免地要求同唯心主义或公开地或隐蔽地,有意识地或无意识地表现并捍卫剥削阶级和统治阶级观点的一切不符合唯物主义的言行作彻底的斗争。列宁在《唯物主义和经验批判主义》中专门深入研究了历史唯物主义党性这一最重要的要求。他认为,马克思和恩格斯的天才在于,他们几乎在半个世纪的时间内彻底坚持了唯物主义,证明了如何需要把同样的唯物主义贯彻到社会科学领域,同时无情地揭露了那种夸大的、自视高明的胡说,和在哲学上"开辟""新的"路线、发明"新的"流派的无数企图,等等。在我们今天,在资产阶级社会学中,到处都能发现这类企图,而在工人运动和共产主义运动中,马克思主义的修正主义的"革命者们"往往都是拥护这些主张的。

而列宁是这样提出问题的,"不是彻底的唯物主义,就是哲学唯心主义的谎言和糊涂观点"[①],没有也不可能有第三条道路。当然,这并不是说,包括唯心主义的卫道士们和其他"凌驾于党性之上的"学者们的历史学和社会学方面的著作在内的、资产阶级世界的所有的著作都是虚伪的谎言和混乱。不是,他们无论是在对自然科学的实际问题的研究方面,还是在对社会科学的实际问题的研究方面,在许多专门的领域,都做了有价值的工作。列宁坚决主张:"无论在哲学上或经济学上,马克思主义者的任务就是要善于汲取和改造这些'帮办'所获得的成就(例如,在研究新的经济现象时,如果不利用这些帮办的著作,就不能前进一步),并且要善于消除它们的反动倾向,善于贯彻自己的路线,同敌视我们的各种力量和阶级的整个路线作斗争。"[②]

"同敌视我们的各种力量和阶级的整个路线作斗争",善于贯彻自己的路线,这些都不意味着在分析事情的实际情况时离开严格的科学性、客观性和真

---

① 《列宁全集》第 18 卷,人民出版社 1988 年版,第 354 页。
② 《列宁全集》第 18 卷,人民出版社 1988 年版,第 359 页。

实性。我们不应当有任何武断的废话和对这些阶级与力量的谩骂。历史唯物主义对客观规律的反映，对它们起作用的机制和社会的动力与结构的揭示越充分、深刻、正确并符合实际，它就越能彻底表现和捍卫作为整体的社会和它所有的成员（社会主义）或大多数劳动人民的利益。真理永远是进步的社会力量手中的锐利武器。

六、《辩证唯物主义概论》《历史唯物主义概论》建构的马克思主义哲学体系

辩证唯物主义

第一章　哲学是一种理论知识形式

　一、哲学知识的特点

　二、哲学的基本派别。哲学基本问题

　三、唯物主义在历史上的各种形式。辩证法与形而上学

　四、辩证唯物主义是唯物主义和辩证法的统一。辩证唯物主义的对象

　五、哲学的党性

第二章　物质及其本质属性

　一、物质概念和物质学说

　二、运动是物质的存在形式

　三、物质的运动形式

　四、空间和时间是物质的本质属性

　五、物质基质及其种类和结构水平

　六、世界的统一性和多样性的辩证关系

第三章　意识及其起源与本质

　一、反映概述

　二、产生意识的生物学前提

　三、劳动在意识产生中的作用

　四、意识的社会实践本质

第四章　辩证唯物主义认识论及其原则和问题

　一、问题的由来

　二、实践和认识

　三、语言和思维

四、真理和谬误

　　五、思维是一种创造

第五章　唯物辩证法。规律和范畴

　　一、辩证法及其方法论作用的一般评述

　　二、客观规律和科学规律及其分类原则

　　三、对立面统一和斗争规律

　　四、量和质相互制约规律

　　五、否定的否定规律

　　六、两种发展观点和辩证法规律的联系。辩证法规律的方法论作用

　　七、作为现实的反映和普遍思维形式的辩证法范畴

第六章　科学认识的方法和形式

　　一、认识方法的起源和本质

　　二、认识方法的分类

　　三、辩证唯物主义认识方法的本质和普遍性

　　四、一般认识方法

　　五、理论是科学知识的一种形式

　　六、认识课题及其种类

第七章　科学认识的逻辑

　　一、形式逻辑——推导知识的逻辑

　　二、辩证逻辑——新型的逻辑

　　三、辩证逻辑的基本原则

　　四、作为思维形式的辩证法范畴

　　五、辩证法和形式逻辑

第八章　系统方法的哲学根据

　　Ⅰ．现代科学知识结构中的系统方法

　　一、作为对总体的质的分析的系统方法

　　二、现象的整体测定

　　三、现实的多维状况

　　四、科学知识的系统综合

　　Ⅱ．系统知识的不同类型及其认识论根源

　　一、哲学的和"非哲学的"系统方法

二、天然世界和人工世界

　　三、知识的类形式及其对系统方法形式的特殊性的影响

第九章　辩证唯物主义和哲学修正主义

　　一、修正主义对辩证唯物主义对象的歪曲

　　二、抹杀辩证法同形而上学的对立的企图

　　三、修正主义者对辩证唯物主义规律和范畴的曲解

历史唯物主义

第一章　历史唯物主义是马克思列宁主义哲学不可分割的一部分

　　第一节　历史唯物主义在马克思列宁主义哲学中的地位

　　第二节　历史唯物主义的对象

　　第三节　历史唯物主义的社会使命与党性

第二章　自然界与社会的相互作用

　　第一节　社会产生的自然前提

　　第二节　外部自然界是社会存在和发展的前提

第三章　社会规律及其特点

　　第一节　社会及其规律的概念，社会规律起作用与被利用的机制

　　第二节　社会学规律及其基本类型

第四章　社会存在决定社会意识的规律

　　第一节　"社会存在"与"社会意识"范畴的定义

　　第二节　社会存在与社会意识的产生

　　第三节　社会存在与社会意识的分化

　　第四节　社会意识的功能

　　第五节　资本主义的劳动分工和社会意识形态的专门化

　　第六节　社会意识在科学基础上的综合

第五章　社会发展的物质基础

　　第一节　物质生产在社会发展中起决定作用的规律

　　第二节　生产力与生产关系是社会生产方式的两个方面

　　第三节　生产力发展的联系与相互作用；生产关系与生产力相适应的规律

第六章　科技革命的哲学——社会学问题

第一节 科技革命的实质

第二节 科技革命与社会进步

第三节 资产阶级对科技革命的看法

第七章 经济基础决定上层建筑的规律

第一节 经济基础与上层建筑范畴

第二节 经济基础与上层建筑的相互作用

第三节 经济基础与上层建筑在社会主义社会条件下相互作用的特点

第八章 社会经济形态

第一节 概念的定义

第二节 社会经济形态是历史进步的阶段

第三节 超越前一个经济形态向更高的社会经济形态过渡的可能性

第四节 旨在反对社会经济形态理论的某些现代资产阶级学说

第九章 社会发展的基本动力

第一节 经常起作用的社会动力

第二节 原始社会的动力

第三节 对抗形态的动力，阶级斗争是历史的动力

第四节 社会主义社会的动力

第十章 社会革命是由一种社会经济形态向另一种更高的社会经济形态过渡的规律

第一节 社会发展中的进化与革命

第二节 进行革命的条件：革命的基本规律

第三节 革命过程的辩证法：革命与反革命的斗争

第四节 社会革命的历史类型：社会主义革命

第五节 现代世界革命的进程

第十一章 发达社会主义的方法论问题

第一节 社会主义的本质

第二节 发达社会主义的最一般特征

第三节 共产主义第一阶段的分期

第十二章 社会的政治体制

第一节 社会政治体制的概念

第二节 阶级对抗社会的政治体制

第三节　成熟的社会主义社会的政治体制

第十三章　文化及其在社会生活中的地位与作用

　　第一节　文化的定义

　　第二节　马克思列宁主义对以往文化遗产的态度

　　第三节　在精神文化中民族的与国际主义的东西的辩证法

第十四章　社会意识的结构

　　第一节　"社会意识结构"的概念

　　第二节　日常意识与理论意识;社会心理与社会意识形态

　　第三节　社会意识、集团意识与个人意识

第十五章　社会与个人

　　第一节　资产阶级社会科学中的人的问题

　　第二节　关于人的科学学说

　　第三节　个人与社会在历史发展中的相互关系

　　第四节　社会主义与个性

　　第五节　个人的全面发展是社会主义和共产主义的最高目标

第十六章　社会进步

　　第一节　资产阶级哲学中进行观念的进化

　　第二节　社会进步的实质与标准

　　第三节　社会进步的类型

第十七章　认识社会现象的方法论原则

　　第一节　认识社会现象的特点

　　第二节　辩证唯物主义方法对于认识社会现象的意义

　　第三节　认识社会过程的一般方法

第十八章　历史唯物主义与现代意识形态斗争

　　第一节　历史唯物主义是反对资产阶级社会发展理论的方法论基础

　　第二节　现代条件下意识形态斗争的特点

第五章
东欧学者对马克思主义哲学体系的反思与重建

在社会主义国家,首先对苏联马克思主义哲学体系提出质疑,并对马克思主义哲学体系进行新的探索和重建的,是东欧南斯拉夫和原东德的学者,而且这种探索和重建比苏联学者对马克思主义哲学体系的反思和重构早了20年。20世纪60年代,随着南斯拉夫"实践派"与"辩证唯物主义派"的形成与分化,南斯拉夫哲学界对辩证唯物主义与历史唯物主义这一马克思主义哲学体系的认识和评价发生了根本分歧。几乎与此同时,原东德哲学界发生了"实践论争""体系论争",柯辛在重新审视实践范畴的基础上,对马克思主义哲学的研究对象、结构叙述方法进行了新的探讨,力图重建马克思主义哲学体系。

一、南斯拉夫"实践派"与"辩证唯物主义派"的"体系论争"

无疑,南斯拉夫马克思主义哲学体系曾深受苏联马克思主义哲学体系的影响。1949年,鲍·齐赫尔出版了《辩证唯物主义和历史唯物主义》,这是"二战"后南斯拉夫出版的第一部马克思主义哲学教科书。1955年、1958年,伊·科桑诺维奇分别出版了《辩证唯物主义——马克思主义哲学的基本问题导论》《历史唯物主义——马克思主义社会学的基本问题导论》;1958年,普·弗兰尼茨基出版了《辩证唯物主义和历史唯物主义》。无论是从阐述的内容来看,还是就表达的方式而言,这些教科书所建构的马克思主义哲学体系深受苏联马克思主义哲学体系的影响。

首先对苏联马克思主义哲学体系提出质疑,并否定辩证唯物主义的是南斯拉夫"实践派"。

"实践派"明确否定辩证唯物主义,认为辩证唯物主义不是马克思的哲学,而是由列宁建立,斯大林加以简单化、教条化的哲学观点。"马克思所理解的'哲学'并不是'辩证唯物主义和历史唯物主义'。最初由列宁加以描绘后来由斯大林赋予最终形态的辩证唯物主义的基本原理,同马克思是毫无关系的。辩证唯物主义的基本'本体论'原理,即关于自然界先于精神,物质先于意识的原理,同辩证唯物主义的基本'认识论'原理,即关于人的意识是对现实的反映的原理一样,是和马克思的基本思想,即实践的思想相对立的。""对马克思来说,主要的哲学问题,并不是物质和精神的关系,而是人和世界的关系"①,是在创造一个更加人道的世界的同时如何实现人的本质,并指明走向人的自我实现的实际步骤。这是其一。

其二,"实践派"否定辩证法是关于客观世界普遍规律的科学,认为把辩证法描述为关于自然界、人类社会和思维运动一般规律的科学,是"消极的科学主义"和"实证主义的本体论"。按照"实践派"的观点,唯物主义本质上是教条主义的、形而上学的,而辩证法本质上是批判的、革命的,因此,辩证法同唯物主义的结合只能是虚构;客观对象和过程只有同人的需要、人的实践活动相关联时,才具有实际价值,因此,辩证法只有同人的实践活动结合起来才具有其真实意义。"辩证法既不是一种绝对、抽象的精神结构(如黑格尔所说),也不是自然界的一种一般结构(如恩格斯所说),而是人类历史的实践及其本质方面的一种总体结构——批判思维。"②实践是马克思主义哲学的核心范畴,人道主义是马克思主义哲学的本质特征,重构马克思主义哲学体系,就是要"使辩证法成为人道主义的辩证法","使人道主义成为辩证法的人道主义"。

其三,"实践派"肯定历史唯物主义,但它把历史唯物主义归结为一种社会

---

① 引自贾泽林:《南斯拉夫当代哲学》,中国社会科学出版社1982年版,第206—207页。
② [南]马尔科维奇等:《南斯拉夫"实践派"的历史和理论》,郑一明等译,重庆出版社1994年版,第26页。

批判理论,认为历史唯物主义的主要任务就是对异化进行批判,发现那些摧残人、阻碍人的发展,导致经济异化、政治异化的特殊的社会制度。"历史唯物论不是马克思关于人和历史的一般理论,而是他对阶级社会自我异化的人(作为"经济动物"的人)的批判,也就是他关于自我异化的人类历史(更确切地说是'史前史')的批判理论。"①同时,历史唯物主义只有成为马克思实践哲学这一理论整体中的一个组成部分,才能获得存在的合法性。"在实践哲学中,人被理解为自由的创造性的存在物,他通过自己的活动实现自身和自己的世界。然而,正因为是自由的存在物,人也可能自我异化,成为自我异化的不自由的存在物,成为经济动物。正因为人的自我异化,历史唯物主义作为对自我异化的社会和人的解释及批判有其存在的理由和相对的价值。但是,从实践哲学的整体中分离出来的、孤立的历史唯物主义,只能描述阶级社会中的经济决定作用和剥削的机制,甚至连这种社会和自我异化的人是非人道的这一根本命题也不能阐述……甚至不能充当关于阶级社会和阶级的人的完整的见解。"②

"'反正统'倾向的后者则拒绝作为教条并在根本上具有保守倾向的'辩证唯物主义'这种唯物主义至多'只能导致现有的科学知识的一般化和系统化,而无助于创立一种能够引导实践的社会力量走向世界的解放和人化的批判的时代精神。"③因此,必须破除苏联马克思主义哲学体系,即辩证唯物主义与历史唯物主义"二分结构"体系,建构一种以实践为基础、具有人道主义和社会批判精神的马克思主义哲学体系。然而,由于种种历史原因,"实践派"并没有建构起这样一种实践哲学体系。换言之,"实践派"提出问题,但没有解决问题;重在解构苏联马克思主义哲学体系,但没有建构南斯拉夫马克思主义哲学体系。

如果说"实践派"重在"破",解构苏联"型式"的马克思主义哲学体系,那么,"辩证唯物主义派"则重在"立",建构南斯拉夫"型式"的马克思主义哲学体系。与"实践派"否定辩证唯物主义不同,"辩证唯物主义派"肯定辩证唯物主义,强调建立南斯拉夫"型式"的马克思主义哲学体系。从总体上看,这种南斯拉夫"型式"的马克思主义哲学体系具有两个特征:一是强调马克思主义哲

---

① 衣俊卿等:《当代学者视野中的马克思主义哲学:东欧和苏联学者卷》下,北京师范大学出版社 2008 年版,第 279 页。
② 衣俊卿等:《当代学者视野中的马克思主义哲学:东欧和苏联学者卷》下,北京师范大学出版社 2008 年版,第 281 页。
③ 衣俊卿等:《当代学者视野中的马克思主义哲学:东欧和苏联学者卷》下,北京师范大学出版社 2008 年版,第 311 页。

学是同逻辑学、认识论和方法论密切联系的关于世界普遍规律的科学,是科学的决定论;二是强调马克思主义哲学是"批判的辩证唯物主义",具有人道主义的性质。一句话,马克思主义哲学是"科学性和人道主义的统一"。

20世纪60—70年代,"辩证唯物主义派"出版了一批阐述马克思主义哲学基本观点的著作,如波·合希奇的《辩证唯物主义》、奥·曼迪奇的《辩证唯物主义概论》、安·斯托伊科维奇的《马克思主义哲学原理》、波·合希奇的《马克思主义哲学》、奥·别扬诺维奇的《马克思主义哲学》等。其中,安·斯托伊科维奇的《马克思主义哲学原理》先后出了八版,在南斯拉夫产生了广泛而深刻的影响,极具代表性。安·斯托伊科维奇的《马克思主义哲学原理》分三篇。"第一篇 哲学、科学和实践":哲学形成和发展的条件和前提、哲学的对象及其与专门学科、其他文化领域和社会实践的关系、辩证唯物主义的形成及其革命实质;"第二篇 辩证唯物主义的基本学说":世界的一般结构和规律、辩证唯物主义世界观的逻辑——认识论——方法论原理、马克思主义哲学的人道主义实质;"第三篇 辩证唯物主义优于现代非马克思主义的世界观":马克思主义与资产阶级意识形态、对马克思主义哲学发展的看法、世界和南斯拉夫马克思主义哲学发展的现状和前景。

显然,安·斯托伊科维奇所建构的马克思主义哲学体系不同于苏联马克思主义哲学体系,具有鲜明的南斯拉夫特色:一是提出哲学基本问题包含四个方面的内容,即本体论、逻辑——认识论——方法论、价值规范和人本主义,并始终围绕着这一基本问题来阐述马克思主义哲学;二是认为马克思主义哲学是关于人与世界的认识关系和价值关系的科学,不仅阐述了本体论、认识论,而且阐述了价值论;三是强调马克思主义哲学的人道主义实质和社会主义人道主义的世界观意义,不仅阐述了世界的一般结构和规律,而且阐述了人的生存的意义,阐述了人是最高价值和目的本身;四是强调马克思主义哲学是辩证唯物主义,历史唯物主义则是马克思主义社会学。需要指出的是,尽管斯托伊科维奇仍把马克思主义哲学称为辩证唯物主义与历史唯物主义,但在安排马克思主义哲学体系的结构时,则把历史唯物主义排除在马克思主义哲学外,认为随着哲学和社会学的发展,作为研究社会运动和发展一般规律的科学,历史唯物主义已经不属于哲学,而属于社会学。这样一来,历史唯物主义的世界观意义被忽视了,作为马克思的第一个伟大发现的历史唯物主义的意义被淡化了。

几乎在南斯拉夫"实践派"与"辩证唯物主义派"发生论争的同时,原东德

(民主德国)发生了"实践论争",继而发生了"体系论争"。"实践论争"的主题是何谓实践,力图对实践范畴的内涵进行新的探讨;"体系论争"的主题则是在重新审视实践范畴的基础上,对马克思主义哲学的研究对象、理论结构、叙述方法、总体框架进行新的探讨。正是在这场"体系论争"的过程中,1967年,原东德出版了柯辛的《马克思主义哲学》。

二、民主德国柯辛与赛迪尔的"体系论争"[*]

从时间上看,民主德国柯辛与赛迪尔的"体系论争"是在"实践论争"(1961年至1964年)的两年后进行的,也就是在柯辛的《马克思主义哲学》(1967年)出版前后进行的。在这场"体系论争"中,最难能可贵的是,《马克思主义哲学》摆脱了一般教科书的框框,围绕实践及其他的理论问题,发表了具有很高理论水平的见解,从而引起了人们的关注。

赛迪尔在他的论文《人对于现实的实践和理论的关系》中,首先责备"历史唯物主义落后",究其落后的原因,在于"马克思主义哲学整个体系具有的不明确性"。在赛迪尔看来,传统的体系的叙述方法有以下四点主要缺陷。

第一,在传统的体系的叙述中,没有充分地反映人作用于外界的实践活动。也就是说,没有阐明"人的行动的意义"的根据,轻视了马克思主义哲学对"行动的指导"作用。

第二,正如在"把辩证唯物主义扩展到人类社会和人类历史的这一公式"中所看到的那样,这种缺陷表现在"从辩证唯物主义导出历史唯物主义"这一点上。在这里,辩证唯物主义和历史唯物主义两者的整体性遭到了破坏。因为"把辩证唯物主义叙述在扩展到人类社会之前",所以,辩证唯物主义被限制在自然的范围之内,总觉得给人以"自然哲学"的"印象"。由于完全在客体的形式下,直观地把握各种对象,因而更加加深了这种印象。这是因为,"在历史唯物主义中第一次研究实践"。这不是把唯物主义"本体论化"又是什么呢?

第三,只要看一下认识论在体系中所处的地位,就可以清楚地看出传统的体系在叙述方法上的缺陷。一般说来,认识论是"属于"辩证唯物主义的,其理

---

[*] 第二、第三节的内容选自李成鼎等《当代哲学思潮述评》(求实出版社1984年版)中的"《社会主义建设和实践唯物主义哲学:德意志民主共和国的马克思主义哲学》"一章,并略作删改。文中标题由我所加。

由尚说不清楚。毫无疑问,实践是认识论的基础,可是实际上,实践不过是"历史唯物主义最初分析的对象"。反之,历史唯物主义分析实践时,丝毫也没有考虑到实践的"理论的重要性"。于是,"历史唯物主义和认识论之间的活生生的联系"就被忽视了。

第四,历史唯物主义同辩证唯物主义的分离以及历史唯物主义沿用了辩证唯物主义的"考察方法",这本身也给"叙述"历史唯物主义带来了"否定性的影响"。这种影响表现在"片面的、纯客观的、几乎不反映主体性的考察方法"之中。

不可否认,今日的马克思主义哲学受到"斯宾诺莎主义的影响"。斯宾诺莎主义把"形而上学地改装了的、脱离人的自然"作为体系的出发点。其实,马克思主义哲学的"体系的出发点""既不是实体,也不是自我意识,而是人的感性的对象的活动,是劳动、社会实践"。也就是说,实践这一范畴不仅是"处于历史唯物主义的中心地位",还是"整个马克思主义哲学的中心范畴"。

以上是赛迪尔论文的核心。首先要指出的是,赛迪尔的这种主张,乍看起来,同柯辛的《马克思主义哲学》的基调极为接近。然而,实际上,柯辛和赛迪尔之间有着本质的分歧。也就是说,《马克思主义哲学》主张,实践是哲学问题的产生和解决的基础,而不像赛迪尔那样,把实践看成是"整个马克思主义哲学的中心范畴"。换句话说,《马克思主义哲学》丝毫没有把实践概念捧到物质概念之上。不可否认,赛迪尔的观点超越了《马克思主义哲学》的新观点,他迈出了勇敢的一步。

当然,赛迪尔的论文遭到了许多人的批判。虽然他在一些问题上正确地指出了传统的苏联型哲学体系的弱点,但是却把实践看成"体系"的"出发点""中心范畴"。因为他的提法有导致否定和轻视唯物主义的出发点——物质的倾向,所以对他的批判都是相当锋利的。批判者的基本论点如下。

第一,赛迪尔主张实践才是马克思主义哲学体系的"出发点",因而就不难否定从自然、物质出发的这一唯物主义的根本原理。因为对实践这一范畴,既可作唯物主义的理解,也可作唯心主义的理解。

第二,把实践同唯物主义割裂,并过分加以强调的结果,必然会导致赛迪尔的这种观点,即"对于人来说,自然如果脱离了人,它不过是单纯的抽象物"。因此,他完全把马克思主义哲学中的自然降低成为一种自在之物。

第三,如果说脱离了人的自然不过是"单纯的抽象物",那就必然模糊了不依赖于人的意识、实践而独立起作用的自然的客观的规律性,尤其是模糊了辩证法的规律性。事实上,这就否定了自然辩证法。

第四,从这种对自然的理解出发,必然导致这样的结论:自然只有同人联系在一起时,才具有现实意义。总之,不得不在主体—客体关系上把握自然。其结果,主体—客体辩证法取代了自然辩证法,马克思主义哲学被修正成卢卡奇之流的"主体—客体的哲学"。

正如人们所看到的那样,轻视唯物主义、否定自然辩证法、向主体—客体哲学的转化,这些从赛迪尔的观点中表现出的各种缺陷,显然是通向"唯物主观主义"的修正主义哲学的货色。

赛迪尔受到上述的批判,他于1967年10月撰写论文《实践和马克思主义哲学》进行反驳:"我决不是否定、回避哲学的根本问题,而且相反,是给哲学的根本问题以具体的基础,这才是问题的核心。对于哲学的根本问题的马克思主义的解答……是哲学和自然科学长期发展的结果,这种发展……主要靠生产、社会实践的总体来推动。为了科学地解决哲学根本问题,其起跳点在于,从概念上把握人的感性的、对象的活动对于意识、人这一主体性的生成和发展所起的重要作用,在于从概念上把握这种活动的社会本性。我们不应忘记,'不仅是自然',只有劳动才能第一次构成思维和存在的总体关系,并能不断地维持这种关系。当然,这都是以自然为前提的。"

实际上,赛迪尔主张,在哲学根本问题的范围之内,劳动、社会的实践才"第一次构成了思维和存在的总体关系"。他的这一观点是他建立马克思主义哲学新体系的极为重要的论点。正如我们已指出的那样,对于实践既能相应地作唯物主义的解释,又能相应地作唯心主义的解释。只要是马克思主义的实践,它就不可能脱离从自然和物质出发的这一唯物主义的根本原理。实践是体系的"中心范畴"这一命题,只有在它以唯物主义为基础时,才能具有积极的意义。

赛迪尔反驳后,时过两年,也就是1969年8月,柯辛的论文《马克思、列宁主义的世界观和哲学的根本问题》(第二篇论文)发表在同一期《德意志哲学杂志》上。严格地说,柯辛早在1964年就最早提出问题,发表了论文《马克思主义哲学的对象、结构和叙述方法》(第一篇论文),挑起了"体系论争"。数年后,出版了他执笔的《马克思主义哲学》一书,这时,可以看出他的叙述方法有以下四个特点。

第一,在涉及哲学的整个领域内把握马克思主义哲学的对象。

第二,把马克思主义哲学作为统一的世界观,作为辩证唯物主义的自然理论和社会理论的统一加以展开。

第三,自始至终坚持唯物主义和辩证法两者相互统一并相互渗透的观点。

第四,不把认识论同历史唯物主义割裂开来,而是以历史唯物主义为基础,展开认识论。

毋庸赘言,赛迪尔提出问题的论文在基本内容上,一定是全面依据柯辛的上述第一篇论文的。可是,如果说柯辛和赛迪尔的见解完全相同,这也不对,因为柯辛在第二篇论文中相当严厉地批判了赛迪尔的观点。从这个意义上说,而且从时间上看,柯辛的第二篇论文《马克思、列宁主义的世界观和哲学的根本问题》,事实上成了整个"体系论争"的总结性论文。

在柯辛看来,从根本上说,各种修正主义的理论根源就在于"对哲学根本问题的简单化的理解"。如果哲学根本问题的全部命题仅仅是物质第一性、意识第二性问题的话,那么,就不能理解恩格斯为什么把它称为"全部哲学的最高问题"。实际上,哲学的根本问题与极其"复杂的世界观上的问题"相联系。在这个意义上,对于马克思列宁主义的哲学来说,理解哲学的根本问题具有"决定性的重要性"。特别是,正确规定物质、意识、实践这些"辩证的、历史的唯物主义"基本范畴间的相互关系就成了重要的课题。

接着,柯辛谈到哲学的根本问题和实践的关系,他的主张如下:马克思主义哲学比起资产阶级的唯物主义来说,其"优越性"离不开"对人类社会及社会实践所作的唯物主义的解释"。因而,需要彻底探明哲学的根本问题和物质、意识、实践这些范畴的相互关系。必须反对一切表现修正主义哲学特征的企图,诸如降低,乃至抹杀哲学的根本问题,用实践这一范畴取代物质这一范畴,等等。

关于这一点,尤其应该注意的是,柯辛在叙述了物质和意识的相互关系的唯物主义的一般命题之后,规定所谓实践"不外乎是人类社会——物质最高运动形态的物质的存在方式"。因此可以说,柯辛从自然史的角度出发,阐明了物质、意识、实践三者之间辩证的相互联系。也就是说,物质是不依赖人的意识的、运动的、原始的"自我原因",实践不外乎是这种"物质的最高运动形态——社会的物质存在方式",意识只有在这种实践(劳动)的媒介下才能发生、发展。

这样一来，柯辛认为，只有物质、意识、实践这三个范畴"在马克思列宁主义哲学上才是根本性的、规定体系的范畴"。赛迪尔的错误在于，把实践规定为马克思列宁主义哲学的"中心范畴"，过低评价物质、意识这一对根本范畴，降低了哲学根本问题的价值。马克思列宁主义认为，只有社会实践才是"哲学问题产生和解决的基础"。然而，并不能由此得出这样的结论：应该把实践范畴置于物质、意识范畴的"上位"。为了把"辩证的、历史的唯物主义的出发点和基本命题格式化"，"物质""意识""实践"这三个"根本范畴"是绝对必要的。

在柯辛的总结性论文中，我们尤其要注意下列三点。

第一，采用"辩证的、历史的唯物主义"一词代替了传统的苏联型体系所用的"辩证唯物主义和历史唯物主义"的表述方法。

第二，强调理解哲学根本问题的重要性，同时又从自然史的角度，把实践定义为"物质运动的最高形态——人类社会的物质的存在方式"。

第三，为了把"辩证的、历史的唯物主义的出发点和基本命题格式化"，物质、意识、实践这三个范畴被认为是"根本的范畴"。

柯辛的总结性论文，一方面有其积极的方面，他强调理解哲学根本问题的重要性，他拥护并发展了马克思主义实践概念的唯物主义的性格，从而给抛弃唯物主义的修正主义的"实践哲学"以强有力的打击；另一方面，又有其消极的方面，他没有把自然史的世界观作为基本的观点充分地加以贯彻，因而把物质、意识、实践这些范畴简单地、并列地加以理解。值得注意的是这一事实，即在民主德国，身处领导地位的哲学家柯辛，他的这些理论弱点，也充分地体现在《马克思主义哲学》中了。前面，我们把《马克思主义哲学》的体系规定为实践的唯物主义，指出了它对于传统的苏联型体系的优越性。但是，这并不意味着在《马克思主义哲学》的体系中没有什么值得探讨的问题。

第一，在《马克思主义哲学》中，实践的唯物主义和自然史的唯物主义没有充分地统一。也就是说，《马克思主义哲学》的实践唯物主义，从物质、自然出发，把实践置于体系之前，这种做法未必是成功的。实际上，把自然史的世界观作为基础，才能立体地把握物质、意识、实践的范畴，才能建立把实践的范畴置于中心地位的真正科学的实践唯物主义体系。

第二，在《马克思主义哲学》中，使人感到把逻辑和历史统一起来加以把握显得不足。也就是说，《马克思主义哲学》在体系的叙述方法上，逻辑的展开未必同时反映历史的过程。《马克思主义哲学》的叙述方法是突然从"哲学的根本问题和根本流派"说起,便足以说明这个问题。

第三,《马克思主义哲学》以阐明实践的唯物主义为目标,但是在第五部认识论中才谈到实践的定义,显得略微不够协调。"实践论争"为撰写《马克思主义哲学》奠定了理论基础。在"实践论争"中,在认识论的范围内来规定实践,是过于狭窄了。正因为这种格式化的概括,更加加深了这种不协调的感觉。不能说这种暧昧性同《马克思主义哲学》没有充分实现逻辑的和历史的统一毫无关系。

第四,《马克思主义哲学》强调必须把握社会辩证法的特殊性,可是这项任务并没有完成。这点我们可以从下列情况看出,在历史唯物主义中固有的"主体—客体"的范畴以及它的辩证法,仅仅在第五部认识论中才专门论述了一点点。看来不能有效地批判卢卡奇所代表的,"主体—客体"哲学的修正主义理论。

第五,在促进马克思主义哲学的发展上,贯彻列宁的"辩证法、认识论、逻辑学的统一"的观点是不可缺少的。可是在《马克思主义哲学》中,这种思想不够自觉,不够明确。因此,没有充分阐明辩证法、认识论、逻辑学在体系中应有的地位和相互间的关系。特别是关于逻辑学,几乎没有言及。并且,把逻辑学全部理解为形式逻辑学,也是个很大的问题。

三、辩证唯物主义和历史唯物主义的"一体性"

20 世纪 60 年代前半期,民主德国马克思主义哲学的新动向主要表现在《马克思主义哲学》这一具体的成果上。那么,这部《马克思主义哲学》的新特征是什么呢?关于这一点,我们准备对照迄今一直被作为马克思主义哲学范本的苏联《马克思主义哲学原理》(以下简称《哲学原理》),来进行探讨。

贯穿整个《马克思主义哲学》的最新颖的特征是,辩证唯物主义和历史唯物主义的"不可分割的一体性"。也就是说,全书不仅强调了"辩证唯物主义与历史唯物主义的不可分割的一体性,并且主张把它作为结构原理来加以运用",这一观点成为《马克思主义哲学》"体系叙述"的基础。

众所周知,过去在构成马克思主义哲学体系时,辩证唯物主义与历史唯物主义是各自作为独立的哲学部分被分别叙述的。但是,在东德的《马克思主义哲学》里,不存在二者的这种机械的分离。于是,可以说,《马克思主义哲学》的新颖之处首先表现在叙述体系的方法上。在那里,辩证唯物主义与历史唯物主义的统一"被强调为结构原理",这一点从而也被理解为体系叙述的原理。

毫无疑问,这里重要的是两者的"一体性",特别是被作为"结构原理"来把握。据《马克思主义哲学》说,本来"马克思和恩格斯的新的世界观、马克思主义的唯物主义是把人类和人类活动,即社会生活过程作为出发点和中心点的。……因此,辩证唯物主义如果撇开这个内容,是完全不可能的"。人类和人类社会的实践才是马克思主义哲学的最中心的内容。正因为"这一理由,恩格斯总是把新的世界观称作历史唯物主义"。当然,辩证唯物主义从其内容来说,本来应该把历史唯物主义包括在其自身之中。但是,在这点上,以往的马克思主义哲学破坏了两者的"不可分割的一体性"。也就是说,"到了斯大林时代,便产生了这样的观点,即辩证唯物主义是马克思主义本来的世界观,而历史唯物主义作为把辩证法应用于社会的学说,不过是构成马克思主义哲学的一个特殊学科。这就使辩证唯物主义只同自然界发生关系,因而,一方面造成自然哲学复活的假象,另一方面又导致自然科学和社会科学的分离"。

这里所说的批判性的意见,虽未点名,但显然是针对斯大林的著作《辩证唯物主义和历史唯物主义》中所表述的马克思主义哲学体系,以及保留了斯大林哲学体系原型的苏联哲学体系的。众所周知,在斯大林的著作中,辩证唯物主义完全以自然界为对象,而历史唯物主义则被理解为把辩证唯物主义应用于社会方面的学说。也就是说,把辩证唯物主义和历史唯物主义分割开来加以把握,似乎存在两个唯物主义,并被分别独立地加以叙述。但是,"实际上,抛开历史唯物主义就不存在辩证唯物主义。两者在马克思主义的世界观中是融为一体的"。

由此可见,"辩证唯物主义与历史唯物主义的不可分割的一体性"这一观点,可以说是《马克思主义哲学》的第一个特征。

这点在苏联的《哲学原理》中,是按照"第一卷"辩证唯物主义、"第二卷"历史唯物主义这样一个顺序来构成体系的。两者是被作为马克思主义哲学的独立的两个部门来加以叙述的。但是,在东德的《马克思主义哲学》里,辩证唯物主义和历史唯物主义却是被完全融为一体来加以把握的。譬如,历史唯物主义的主要范畴——生产力和生产关系是在"世界的物质统一性"这一"部"中的"物质和世界的统一性"这一"章"中叙述的。但是,"物质和世界的统一性"问题在以往的马克思主义哲学体系中不外乎是辩证唯物主义的主要内容。总而言之,在《马克思主义哲学》中,辩证唯物主义和历史唯物主义不是作为各自独立的项目存在的。

值得注意的是,《马克思主义哲学》的这种立场决不排除这样的可能性,即把历史唯物主义作为"它自身已经统一了的辩证的、唯物的社会理论"来详细地展开和叙述。迄今为止,我们所指的是始终把马克思主义哲学作为统一的世界观,从体系上来加以叙述。这决不是否定这种可能性,即把历史唯物主义作为有关社会的唯物主义的学说,以独立的形式加以展开。

显而易见,《马克思主义哲学》的基本立场始终是把"人类的社会生活及其历史"置于"客观实在的一个领域",即置于"世界的物质统一性"中来加以考察。人类社会也不外乎是自然、物质运动的各种形式之一,这个观点也始终贯穿在体系的叙述方法之中。

总之,《马克思主义哲学》在"不可分割的一体性"上来理解和叙述辩证唯物主义与历史唯物主义的这一观点,是极其值得重视的。可以说它提出了一个与马克思主义哲学本质相关的深刻的问题。

《马克思主义哲学》的第二个特征就是与马克思主义哲学对象有关的问题。

据《马克思主义哲学》讲,全部哲学的问题,它的合理解决都存在于"社会实践和从概念上把握社会实践"之中。按照字面理解,这是一个基本立场。同时,由此可以得出结论:从马克思主义立场出发来理解人的本质,具有十分重要的意义。马克思主义哲学的对象首先必须从这里出发来加以规定。

关于马克思主义哲学对象的规定,在这里,我们可以看出,在东德《马克思主义哲学》和苏联《哲学原理》之间存在着明显的差异。苏联《哲学原理》说,马克思主义哲学的对象是研究一切运动和发展的最一般的规律。在苏联的《哲学原理》中,虽不能说轻视人及人的社会实践,但是人及人的社会实践完全被看作是历史唯物主义的对象。考虑到上述这些情况,关于这个问题,东德《马克思主义哲学》的新颖之处也就显而易见了。

《马克思主义哲学》说,"笛卡儿以来的近代哲学主要关心的事情"是,"阐明人的活动的本质,特别是阐明社会实践的本质,阐明人的活动同客观世界的关系"。虽说如此,近代资产阶级哲学始终只不过是建立了阐明这些问题的"各种重要的前提"。马克思和恩格斯才第一次揭示了"人的劳动和社会实践的本质和作用",成功地把哲学的对象同人的活动联系起来。

这样,从哲学史的角度,说明了近代资产阶级哲学同马克思、恩格斯的关系之后,《马克思主义哲学》对马克思主义哲学的对象作了如下规定:"人对于世界的关系是通过人的能动的活动的各种形式来实现的。处于对世界的这种关系中的人,才是马克思主义哲学的主要对象。马克思主义哲学最重要的是研究人在革命实践中如何变革自己的周围世界和他们自身。"

这里,我们可以看到,阐明人及人的社会实践正是贯穿整个《马克思主义哲学》的基本观点。在这种情况下,所谓人,不外乎是现实的、社会的人。就是说,他们不是脱离客观现实的、唯心主义哲学所主张的抽象的人,而是通过自己的劳动和革命实践不断地变革物质世界,同时在变革物质世界的过程中也不断地变革自己自身的人。因此,把人置于哲学的中心,同把人的社会实践以及社会实践的对象——客观世界,也当作哲学的对象是不可分割的。正是在这种意义上,马克思主义哲学的对象除了处于对客观世界的关系(特别是实践的关系)之中的人以外,别无其他。《马克思主义哲学》说道:

"马克思和恩格斯揭开了'人的本质'之谜。那是……通过具体地、历史地分析现实的人的社会存在方式而得到的。然而,对于马克思和恩格斯来说,理解人的关键是当时历史所规定的人对世界的关系。因为这种关系把人的一切活动方式、人的活动的各种成果,同时也包括人的活动的客体都联系在一起,使它们变成一个统一的整体。"

从上述引文中,我想就可以清楚地知道,为什么人是马克思主义哲学的最高对象,因为马克思主义哲学的对象必须从人以及人对世界的各种能动的关系出发并受它的规定。

不言而喻,人对世界所具有的关系是"受当时历史所规定的",它的最根本关系是"实践的=对象的关系"。也就是说,这种关系是在劳动(这种劳动决定、规定人的活动形式)这一形式中展开的,并由此产生"其他一切活动方式"的、人对世界的"根本关系"。

以这种"实践的=对象的关系"为基础,产生了"在意识活动中表现出来的,人对于世界的理论的=认识的关系"。"因为人的劳动一开始就把意识的要素孕育在其中",所以,这种关系"必然从实践的关系中产生"。作为这样一种东西,这种理论的=认识的关系除科学外,还包含法律、道德、宗教等"人类从精神上占有世界的各种形式"。

最后,以上述人的实践的和精神的活动为基础,人对于世界的审美关系也就应运而生。

这样，我们就回到了前面所说的公式：处于同世界发生各种关系之中的人，才是马克思主义哲学的最高对象。

现在"因为人处于马克思主义哲学思维的中心，所以哲学的一切方面只有从人这一关系点出发，才能被正确地理解"。也就是说，"只有人的实践活动才给我们介绍一切科学的各种对象，才给我们介绍哲学的对象"。并且，"只有从这一点出发，自然和社会在其一体性和相互作用中，社会的实践在理论和实践的相互关系中……才能成为马克思主义哲学的对象，同时，科学、政治、道德和艺术……也才能成为马克思主义哲学的对象……马克思主义哲学自己研究的对象就是这样的一切领域同人、人的活动之间的联系，以及规定一切领域特征的各种普遍规律和本质的特征"。

显而易见，《马克思主义哲学》关于马克思主义哲学对象的规定的特色在于：哲学的对象被理解为由人的实践、劳动，以及由此产生的理论认识所媒介的领域，把对象的生成作为一个历史过程来把握。一般说，《马克思主义哲学》关于这个问题的重要理论贡献在于：从人的劳动出发，并以人的劳动为基础来规定马克思主义哲学的对象。

鉴于上述各点，《马克思主义哲学》对哲学对象的规定，其新颖之处也就不言而喻了。譬如说，苏联的《哲学原理》对于哲学对象的规定，其方法是非常机械的、公式化的。从人的实践、劳动出发来历史地规定马克思主义哲学的对象，这种立场极为薄弱。

以上，围绕《马克思主义哲学》的特征，特别是关于马克思主义哲学的结构和叙述方法，我们探讨了辩证唯物主义和历史唯物主义的"一体性"和对哲学对象的规定这两点。民主德国的马克思主义哲学把全部哲学问题的合理解决置于社会实践和从概念上把握社会实践之上。我们可以把这样的民主德国马克思主义哲学称为"实践的唯物主义"。

四、《马克思主义哲学》建构的马克思主义哲学体系

第一部 现代的哲学

Ⅰ 社会主义的世界观
  一、马克思主义哲学的对象和课题
    a）世界观和哲学

b）马克思主义哲学的对象

c）马克思主义哲学的结构

二、马克思主义哲学是社会主义的理论基础

a）马克思主义哲学的各种职能

b）马克思主义哲学和社会主义的政治

c）马克思主义哲学的党派性

Ⅱ 马克思主义哲学的产生和发展

一、产生马克思主义哲学的历史条件

二、马克思主义哲学的理论源泉

a）自然科学的各种前提

b）德国古典资产阶级哲学

c）法国唯物主义和空想社会主义、共产主义

d）古典资产阶级经济学

三、马克思、恩格斯创立和发展了马克思主义哲学

四、列宁对马克思主义哲学的发展

五、马克思列宁主义哲学在德意志民主共和国的发展

第二部 世界统一于物质性

Ⅲ 哲学的根本问题和根本流派

一、哲学的最高问题

a）实践和哲学的根本问题

b）一元论和二元论

c）哲学根本问题的各个方面

二、哲学思想上的根本流派

a）唯物主义和唯心主义的对立

b）唯物主义的历史

c）唯心主义的认识论根源和社会根源

三、哲学的基本的思想方法

Ⅳ 物质和世界的统一性

一、马克思主义哲学的物质理论

a）物质概念的定义

　　　　b）哲学的物质概念和现代自然科学

　　　　c）运动是物质的存在方式

　　　　d）空间和时间是物质的存在形式

　二、人类的物质的社会生活过程

　　　　a）社会生活的自然条件

　　　　b）社会的劳动——人和自然之间的"物质代谢"

　　　　c）人类产生的历史

　三、生产力及其在人类社会生活中的职能

　　　　a）劳动过程的各种简单的要素

　　　　b）何谓生产力？

　　　　c）生产力的物质的性质

　四、生产关系及其在人类社会生活中的职能

　　　　a）生产关系的体系

　　　　b）生产关系的职能和意义

　　　　c）生产关系的物质的性质

　五、物质世界的统一性和多样性

第三部　世界的合乎规律的秩序

Ⅴ　客观实在的体系的性质

　一、现象的普遍联系和一般的受制约性

　二、各种物质系

　　　　a）体系概念的意义

　　　　b）体系和要素、结构和职能

　　　　c）物质系的结构形态

　三、社会的各种结构形态

　　　　a）社会的经济形态

　　　　b）阶级和阶级结构

　　　　c）国家是社会的政治结构形态

　　　　d）民族、国民是社会的结构形态

Ⅵ　辩证的决定论

　一、机械的决定论和辩证的决定论

二、相互作用

三、必然和偶然

四、原因、结果。因果性

五、可能性和现实性

六、必然和自由

Ⅶ 规律及社会规律的有意识的利用

一、规律的各种标志

a）必然性、规律和条件

b）普遍、特殊、个别

c）本质和现象

d）反复的可能性

二、社会规律的各种特殊性

a）处于我们时代的世界观斗争之中的社会的合乎规律性的问题

b）主体的人类活动和社会规律的客观性

三、在社会主义条件下，社会规律的有意识的利用

a）在历史过程中的自发性和意识性

b）社会规律和对社会有意识的指导

第四部　世界是发展的

Ⅷ 作为质变的发展

一、两种发展观及其世界观的意义

二、变化和发展

三、质、量、限度

a）性质、质、本质

b）量

c）限度

四、量变向质变转化的规律

五、社会革命

a）社会革命是质的转化的特殊形态

b）各种革命的类型

c）社会主义革命的必然性和历史的经过

d）辩证的飞跃的种类

Ⅸ 作为否定之否定的发展

一、逻辑的否定和辩证的否定

二、否定之否定

三、否定之否定的规律

Ⅹ 辩证的矛盾是运动及发展的源泉

一、辩证的矛盾是运动、发展的源泉,发现辩证的矛盾的历史意义

二、辩证的矛盾的概念

a）同一性、区别、对立、矛盾

b）逻辑的矛盾和辩证的矛盾

三、社会生活中的矛盾是历史过程的推动力

a）生产力和生产关系是处于辩证的相互关系中的矛盾

b）在国家垄断资本主义时期,现代生产力和生产关系之间的冲突

c）阶级斗争是社会前进的动力

d）社会主义条件下对立物的统一和"斗争"的规律

e）敌对矛盾和非敌对矛盾

四、辩证的矛盾的类型

a）结构矛盾和过程矛盾

b）内在的矛盾和外在的矛盾

c）本质的矛盾和非本质的矛盾

第五部　人对客观世界的认识

Ⅺ 认识过程的社会基础

一、马克思主义认识论的新质

a）认识论中的两条路线

b）马克思以前的认识论的成果

c）认识论在马克思主义哲学中的地位

二、人对世界的理论的、认识的关系

a）从精神上占有世界

b）意识的产生

c）意识在社会生活过程中的职能

　　　　d）人的认识能力和认识世界的可能性

　　三、实践和认识的关系

　　　　a）获得认识和认识

　　　　b）实践的概念及结构

　　　　c）实践是认识的基础和动力

　　　　d）认识对实践的相对独立性

　　四、主体和客体的关系

　　　　a）主体—客体关系的性质

　　　　b）认识中的主体和客体

XII　认识的本质和结构

　　一、认识和信息

　　　　a）认识过程、神经生理学、控制论

　　　　b）反映和信息

　　　　c）人类的感觉器官接受第一信号系统

　　　　d）在人类神经系统中，信息的处理和贮存

　　二、作为复写过程的认识

　　　　a）辩证唯物主义的复写的概念

　　　　b）感性的复写及其在认识中的作用

　　　　c）内容的复写。记号和复写

　　　　d）语言和认识

　　　　e）经验的认识和理论的认识

　　三、真理和认识

　　　　a）客观的真理

　　　　b）真理的标准

　　四、认识的方法

　　　　a）理论和方法的关系

　　　　b）马克思主义哲学的一般的认识方法

　　　　c）分析和综合

　　　　d）演绎法和还原法

　　　　e）模式法

　　　　f）实验法

五、认识过程的辩证法

　　a）人类认识的辩证的途程

　　b）相对真理和绝对真理

六、科学是认识的实践性的力量

　　a）何谓科学？

　　b）各科学的统一

第六部　现代的社会形态及精神生活的改造

XIII　工人阶级创造新的世界

一、历史上各个阶级对现代的自我理解

二、现代的性质

　　a）我们的时代的基本矛盾

　　b）社会主义的世界体制

　　c）现代民族解放运动

　　d）现代资本主义和社会主义的并存

　　e）现代和两个德国

三、社会主义的新世界

　　a）社会主义的社会制度

　　b）技术革命对社会主义发展的意义

　　c）社会主义条件下，各种国民关系的改造

XIV　现代精神生活的变革

一、社会意识的本质和职能

　　a）社会意识是社会存在的反映

　　b）社会意识的相对独立性

二、资产阶级意识形态和社会主义意识形态

　　a）意识形态的阶级性质

　　b）科学的意识形态和非科学的意识形态

三、在精神生活的发展中的新特征

　　a）马克思主义哲学影响的增强

　　b）资产阶级哲学的危机

四、关于德意志民主共和国社会主义意识的发展可以看出,柯辛在《马克思主义哲学》中所建构的马克思主义哲学体系与苏联马克思主义哲学体系有较大的差异。

在马克思主义哲学的对象上,苏联马克思主义哲学体系把马克思主义哲学对象规定为自然界、人类社会和思维运动的一般规律;《马克思主义哲学》则提出,从事实践的人才是马克思主义哲学的对象。《马克思主义哲学》指出:"人对于世界的关系是通过人的能动的活动的各种形式来实现的。处于对世界的这种关系中的人,才是马克思主义哲学的主要对象。马克思主义哲学最重要的是研究人在革命实践中如何变革自己的周围世界和他们自身。""只有从这一点出发,自然和社会在其一体性和相互作用中,社会的实践在理论和实践的相互关系中……才能成为马克思主义哲学的对象,同时,科学、政治、道德和艺术……也才能成为马克思主义哲学的对象……马克思主义哲学自己研究的对象就是这样的一切领域同人、人的活动之间的联系,以及规定一切领域特征的各种普遍规律和本质的特征。"[1]《马克思主义哲学》对马克思主义哲学对象规定的特点就在于,对象被理解为人的实践活动,以及由此产生的认识活动所媒介的领域,或者说,从现实的人出发,并以人的实践活动为基础来规定马克思主义哲学的对象,从而合理解决全部哲学问题。在这个意义上,我赞同日本学者把柯辛所建构的马克思主义哲学体系称为"实践的唯物主义"。

在马克思主义哲学的结构上,苏联马克思主义哲学体系把马克思主义哲学规定为辩证唯物主义与历史唯物主义,并把辩证唯物主义与历史唯物主义作为两个独立的部分分别阐述;《马克思主义哲学》则提出,马克思主义哲学是辩证的、历史的唯物主义,强调辩证唯物主义与历史唯物主义的"一体化",力图使马克思主义哲学的基本范畴、基本观点、基本规律在这种"一体化"的联系上得到说明。这是《马克思主义哲学》"体系叙述"的基础,也是其鲜明特征和新颖之处。正是在这一思想指导下,生产力、生产关系是放在"物质和世界的统一性"中阐述的,经济形态、政治形态、阶级结构是放在"客观实在的体系性"中阐述的,社会革命是放在"作为质变的发展"中阐述的,而认识论则是以历史唯物主义为基础展开的,等等。《马克思主义哲学》的基本原则,就是把社会生活及其历史置于客观实在的领域,即世界的物质统一性中加以考察,并认为马克思主义的新世界观以人类活动、社会生活过程作为出发点和中心内容,马克

---

[1] 引自李成鼎等:《当代哲学思潮述评》,求实出版社1984年版,第45、47页。

思主义哲学的"优越性"在于"对人类社会及社会实践的唯物主义解释","抛开历史唯物主义就不存在辩证唯物主义。两者在马克思主义的世界观中是融为一体的",应该说,这一观点正确而深刻,体现出历史唯物主义的世界观意义及其划时代贡献。

在探索辩证唯物主义与历史唯物主义"一体化"的道路上,《马克思主义哲学》的确迈出了重要一步。但是,我注意到,《马克思主义哲学》又存在着内在的矛盾:一方面强调实践是马克思主义哲学的基础和出发点,全部哲学问题的合理解决都存在于"社会实践和从概念上把握社会实践"中,另一方面又把"物质""意识""实践"这三个范畴并列,作为马克思主义哲学的基本范畴,并从自然史的角度出发阐述物质、意识、实践之间的关系,从物质范畴出发阐述马克思主义哲学,只是在认识论部分才开始阐述实践的结构、地位以及主体与客体的关系。这的确是一个理论遗憾。

第六章

苏联学者对马克思主义哲学体系的反思与重构

1982年,苏联《哲学问题》第12期发表编辑部文章,在苏联历史上首次提出,要从根本上反思辩证唯物主义与历史唯物主义体系"二分结构",认为这一体系的根本缺陷就在于,分开阐述辩证唯物主义与历史唯物主义,把二者解释为两个独立的哲学学科。1985年,格列察内、卡拉瓦耶夫、谢尔热托夫在《列宁格勒大学学报》第13期发表《论辩证唯物主义和历史唯物主义的本质同一》一文,认为辩证唯物主义与历史唯物主义不是马克思主义哲学结构上的两个组成部分,而是马克思主义哲学的两个理论特征;唯物主义的辩证性质只有在历史唯物主义的形式中才有可能,历史唯物主义是唯物辩证法的集中体现,而实践则是把辩证唯物主义与历史唯物主义整体化为统一的完整学说的哲学范畴;辩证唯物主义与历史唯物主义"二分结构"体系的根本缺陷在于,在一个完整的马克思主义哲学中形成两个对象、两种"存在"、两种唯物主义以至两个学科,从而造成了"本体论断裂"。所以,必须"摒弃'辩唯-历唯'的图式"①。由此,苏联哲学界开始全面反思辩

---

① [苏]格列察内等:《论辩证唯物主义和历史唯物主义的本质同一》,沈未译,载《哲学译丛》1986年第5期。

证唯物主义与历史唯物主义的体系,重新建构马克思主义哲学体系,其标志性著作就是弗罗洛夫主编、1989年出版的《哲学导论》。

一、《哲学导论》:苏联人道主义的马克思主义哲学体系形成的标志

《哲学导论》的书名本身是中性提法,但它对马克思主义哲学持一种明确的肯定态度,阐述的主要是马克思主义哲学的基本观点,实际上是一部马克思主义哲学教科书。《哲学导论》分上、下两卷。上卷是哲学的形成和发展:哲学及其使命、意义和功能、哲学的产生及其历史类型、马克思主义哲学的形成和发展、20世纪的非马克思主义哲学。下卷是理论和方法论:问题、概念、原理:存在、物质、辩证法、自然界、人、实践、意识、认识、科学、社会、进步、文化、个性、未来。下卷章节的顺序安排和上卷的哲学史的发展及其反映的社会发展是相互关照的,以体现逻辑和历史的一致,体现哲学知识的整体性及其发展的阶段性和连续性,体现马克思主义哲学是在批判继承人类文化优秀成果的基础上产生的,是在创造性研究当代社会现实和当代文化成果的基础上发展的。

按照弗罗洛夫的观点,这部教科书之所以取名《哲学导论》,是因为"当中蕴含着特定的意义"。

一是"帮助那些学哲学的人,对哲学的问题和语言、哲学研究的手段和方法、概念和范畴,对哲学史和当代的哲学问题,有个初步的了解,从而使他们能在这纷繁复杂的事物中,独立地确定研究方向"[①]。

二是提高人们的理性思维素养,善于得心应手地运用概念"提出、论证或批判某些见解","看清变化和发展中的现实"。

三是"尽力揭示和证明"马克思主义哲学的新颖性和独创性,同时,"决不会抛弃以前的哲学"。马克思主义哲学是以前社会思想和哲学思想的直接继续,马克思主义哲学之所以强大有力,就是因为它善于批判地改造和吸收世界哲学思想的优秀成果,"以往的杰出哲学家不仅是我们的先辈,而且也是我们的'同代人',因为我们可从他们那里学到许多东西,可以同他们进行平等的对

[①] [苏]弗罗洛夫:《哲学导论》上卷,贾泽林等译,北京师范大学出版社2011年版,前言,第3页。

话和辩论"①。

四是恢复唯物辩证法的本来面貌和应有作用,以批判的态度对待现实。唯物辩证法本来是对社会进行批判改造的武器,但在《联共(布)党史简明教程》第四章第二节中变成了"毫无生命力的、单调乏味的死板公式",变成了"掩盖现实生活的矛盾","为现存的那些远非理想的事物进行辩护和颂扬"的工具。因此,必须恢复唯物辩证法的批判性,以批判的态度对待现实,探索改造和发展现实的各种可能性。"只有在改造现实的过程中和在实践中,哲学问题才能够得到解决,人类思维的现实性和威力方能显示出来。"②

从内容和观点上看,《哲学导论》保留了传统的马克思主义哲学教科书中"经受住了时间检验的一切东西",同时,依据当代社会生活的深刻变革对传统课题进行新的阐述,如"物质、空间与时间""存在的普遍联系""认识中感性与理性的统一",并增加了"一些以前的教科书里没有的题目",如"存在""文化""个性""实践"等,其中,最重要的就是"实践"。《哲学导论》明确指出,实践构成了人的存在方式和人类世界的基础,是人类对待世界的特殊方式,马克思新世界观的基本思想就是唯物主义的实践观。"马克思的主要的和基本的哲学思想在于……实践是初始的和第一性的。"③

从结构和主体上看,《哲学导论》彻底打破了辩证唯物主义与历史唯物主义"二分结构"体系,建构了以人类解放为主题的马克思主义哲学体系。《哲学导论》明确指出:"马克思主义的最高目的,是研究和从理论上论证被奴役的人类的解放问题。马克思主义证明,消灭一切奴役制度,消灭人的屈辱、异化和不自由,是不可避免的。哲学通过探讨、分析和研究人类普遍的实践经验和人类普遍的精神经验这两个方面,而使历史进程的这个最崇高的目的得以实现。"④

《哲学导论》从三个方面展开了对人类解放这一主题的论证:一是沿着人与世界的关系、人与人的关系以及人的本质这样一些"根本性的经典问题"而展开,并认为"对根本性的经典问题的研究,构成了马克思主义哲学的核心和

---

① [苏]弗罗洛夫:《哲学导论》上卷,贾泽林等译,北京师范大学出版社2011年版,前言,第5页。
② [苏]弗罗洛夫:《哲学导论》上卷,贾泽林等译,北京师范大学出版社2011年版,前言,第3页。
③ [苏]弗罗洛夫:《哲学导论》上卷,贾泽林等译,北京师范大学出版社2011年版,第183页。
④ [苏]弗罗洛夫:《哲学导论》上卷,贾泽林等译,北京师范大学出版社2011年版,第174页。

本质"①；二是沿着"对共产主义的含义进行哲学论证"而展开，"把人的解放问题，改变为有关个人和社会沿着建立共产主义的道路前进的历史发展问题"，并认为"全面发展的人，这就是作为共产主义理想'核心'而展现在马克思面前的理想的哲学形象"②；三是沿着人道主义的思路而展开，认为"马克思主义继承和发展了以往哲学的各种人道主义趋向，阐明了将人道主义理想付诸实现的途径、使人获得解放的途径和建设无愧于自由的人的社会的途径"③，所以，必须恢复和发展马克思主义最崇高的人道主义理想，以适应新的历史条件。

在《哲学导论》中，人的解放与人道主义是密切相关甚至融为一体的，马克思主义的最高目的——实现人类解放和马克思主义的最崇高理想——人道主义具有相同的内涵。《哲学导论》力图把人道主义精神贯彻到马克思主义哲学之中，建构一种苏联式的人道主义的马克思主义哲学。

从历史上看，从1953年斯大林逝世到1991年苏联解体，苏联马克思主义哲学演变的趋势，就是人道主义化。从1954年到1955年讨论亚历山大诺夫的《辩证唯物主义》和康斯坦丁诺夫的《历史唯物主义》，对辩证唯物主义与历史唯物主义的个别观点进行反思，到认识论派与本体论派的论争，认识论派否定脱离人和人的活动的本体论，再到20世纪80年代对辩证唯物主义与历史唯物主义体系进行全面反思，要求"摒弃辩证唯物主义—历史唯物主义的图式"；从苏共二十二大提出"一切为了人，一切为了人的幸福"，推动了斯大林去世后日渐抬头的人道主义思潮的发展，到1987年"哲学与生活"的讨论提出，"全部哲学都要把人视为社会进步的最终目的，视为最高的价值和一切事物的尺度，也就是说，要使哲学人道化"④，再到1987年、1989—1991年"哲学是不是科学"讨论提出哲学不是科学，进而否定辩证唯物主义与历史唯物主义的科学性，否定哲学为政治合理性论证的可能性，苏联哲学中的人道化倾向一直艰难但顽强地不断表现出来，形成一种趋势。《哲学导论》就是这种马克思主义哲学人道主义化的历史延伸和集中体现，标志着苏联的人道主义的马克思主义哲学

---

① [苏] 弗罗洛夫：《哲学导论》上卷，贾泽林等译，北京师范大学出版社2011年版，第174页。
② [苏] 弗罗洛夫：《哲学导论》上卷，贾泽林等译，北京师范大学出版社2011年版，第177、187、181页。
③ [苏] 弗罗洛夫：《哲学导论》上卷，贾泽林等译，北京师范大学出版社2011年版，前言，第5页。
④ [苏] 拉宾：《关于苏联哲学研究发展的构想》，何天奇译，引自《哲学的新思维——苏联"哲学与生活"会议材料选登》载《哲学译丛》1988年第4期。

体系的形成。

《哲学导论》的主编弗罗洛夫时任苏共中央书记处书记、《真理报》主编,是苏共中央总书记戈尔巴乔夫的助手,作者都是苏联一流哲学家,因此,《哲学导论》出版后立即取代了在苏联哲学界占主导地位30年之久的《马克思主义哲学原理》(康斯坦丁诺夫主编),并成为苏联马克思主义哲学教科书的新的权威版本。《哲学导论》的出版,标志着苏联辩证唯物主义与历史唯物主义体系的终结,同时,标志着苏联人道主义的马克思主义哲学体系得到了官方的肯定和学界的认可,成为苏联哲学的主流。然而,好景不长,1991年,随着苏共解散、苏联解体,《哲学导论》的主导地位不复存在,它所建立的人道主义的马克思主义哲学体系也寿终正寝,只能作为思想博物馆的标本陈列于世,而不是兴盛于世了。在这个意义上,《哲学导论》又是苏联马克思主义哲学体系终结的标志。

二、马克思主义的最高目的:实现人类解放[*]

马克思主义的最高目的,是研究和从理论上论证被奴役的人类的解放问题。马克思主义证明,消灭一切奴役制度,消灭人的屈辱、异化和不自由,是不可避免的。哲学通过探讨、分析和研究人类普遍的实践经验和人类普遍的精神经验这两个方面,而使历史进程的这个最崇高的目的得以实现。或者,正如马克思不止一次地谈到的下述思想:哲学研究是在从世界历史角度解释现实的水平上开始的。这种观点必然十分概括,十分抽象,而且绝非始终都和当下的实践任务有关。

对根本性的经典问题的研究,构成了马克思主义哲学的核心和本质。这些问题都是围绕着人对世界和世界对人的关系、人们之间的关系和整个人的本性(或本质)而集中起来的。任何一种哲学的世界观"内核"都是如此。在马克思主义哲学中,一系列更加具体性质的观念(关于历史的规律、关于物质生产在社会生活中的意义、关于阶级斗争和社会革命等),都要以解决这些问题为基础。而上述具体观念已经和经济学、历史科学,和政治、社会生活及文化中的实践行动纲领的制定,更紧密地联系在一起。

---

[*] 第二至第六节的内容选自[苏]弗罗洛夫《哲学导论》第三章第一、第二、第三节和前言,并略作删改。文中标题由我所加。《哲学导论》中译本2011年由北京师范大学出版社出版。

从人类未来的发展前景看,从哲学上解决马克思主义所提出的并已消除了教条主义的和庸俗化的杂质和解释的最重大的世界观问题,将具有以往的历史时期所无法比拟的重大意义和积极作用。与此有关的是,曾被马克思称作"世界历史"任务,而今天则被称作全人类的、全世界范围的或全球性的任务,还刚刚被提到历史进程的首要地位(遗憾的是,即使如此,这些任务也多是以自我毁灭的威胁和危险的形式,即以"恶"的形式提出的)。然而,马克思主义哲学的主要宗旨,过去是,现在仍然是要解决真正的全人类的任务和世界历史任务。

早在创作活动一开始(获得哲学博士学位后不久),马克思就已经意识到,他的使命是捍卫"政治上和社会上备受压迫的贫苦群众"[①]的利益。哲学应当服务于这个目的。作为黑格尔的信徒,马克思当时接受了德国古典哲学的许多观点,其中包括关于哲学在社会中的作用的观点。哲学——"自己时代的精神精华"——的使命是:将智慧和理性带给社会,以此促进社会历史的进步。但是,传统的哲学活动形式——大学的教学活动和撰写学术论文——不能使马克思感到满意。他决定从事哲学政论的写作工作。在《莱茵报》的短期工作(1842—1843 年)——论出版自由和书报检查的文章、论等级选派代表制、论对农村贫民的压迫、论摩塞尔河谷农民的贫困状况和论官吏们的官僚政治等文章——使他遭到政府的迫害。马克思被迫放弃编辑职位,放弃在德国受检查的报刊里工作的希望。

马克思认为,他为解决实际问题而做的第一次尝试是失败的。他开始明白了:第一,国家(用黑格尔的话说,国家是理性的体现)为"享有特权的阶层的"利益所左右,绝没有心思认真听取哲学批判分析的呼声。第二,研究实际问题的水平本身也是不能令人满意的。黑格尔的辩证法把这些问题的深刻原因和根源搁在一边,而马克思已经看到,这些根源在于人们的物质关系和经济关系。光有哲学分析是达不到这个水平的。第三,社会对《莱茵报》上发表的东西的反响,当然是非常有限的。

马克思后来的想法,看来是至关重要的。就在那时,即在 19 世纪 40 年代初,青年黑格尔派(哲学家、马克思的同事和某种程度上的志同道合者们)开始积极反对一切宗教,特别是反对基督教的新教。年轻的激进分子把实行重大

[①]《马克思恩格斯全集》第 1 卷,人民出版社 1956 年版,第 141—142 页。

社会变革的希望,寄托于对无神论的宣传、对早期基督教史的研究、对宗教秘密和奇迹的揭露以及关于基督的争论。然而,上述期望久久不能实现,时间逝去,而社会上并没有发生任何显著的变化。哲学启蒙运动在反对"麻醉人民的鸦片"上显得软弱无力;不论是官方的意识形态还是政治,全都依然故我。某些青年黑格尔派分子(如 Б.鲍威尔)试图把对宗教的哲学批判失败的原因,归罪于"民众"的因循守旧、保守和愚昧无知。

马克思的探索则转向了另一个方面。从 1842 年起,他就开始研究对德国来说是新的社会运动——社会主义和共产主义,了解法国和英国丰富多彩的社会主义和共产主义传统,分析德国社会主义者和共产主义者首批发表的意见。在移居巴黎(1853 年)后,马克思与秘密的"正义者同盟"建立了联系,成了共产主义运动的参加者。为什么马克思成了共产主义者?是什么东西把他这个来自另一种社会环境的人、一个著名的政论家和学者,吸引到了无产者即受教育水平和文化水平极低的人们一边?马克思对他那个时代的无产阶级所处的现实状况,从来没有熟视无睹。回忆一下他对来自 19 世纪 50 年代移民圈子的"蠢货们"的著名驳斥,也就够了。他们曾经问道,既然马克思本人不是工人,那么是谁给他权利代表无产者讲话?马克思回答说,这个权利是他自己取得的,统治阶级对他怀有的极大仇恨就是证明。"我从不奉承无产阶级"这句自豪的话令人信服地证明,马克思跻身无产阶级运动并非出于激情或是贪图什么,而是出于对历史进程和自身的历史作用的深刻理解。

马克思把无产阶级看成一个负有摧毁现存世界秩序使命的特殊阶级。无产者们为过于繁重的劳动、贫困、疾病和犯罪率上升所苦。正如后来恩格斯指出的,犯罪率上升是大工业发展和城市增多的必然结果。同上述状况作斗争是无产阶级的使命;消灭私有制则是通向解放之路。无产者在解放自己的同时,还要消灭对其他社会集团的压迫。因此,马克思把无产阶级视为哲学与之联盟即可完成自己使命的一种实践力量:"哲学把无产阶级当作自己的物质武器,同样,无产阶级也把哲学当作自己的精神武器;思想的闪电一旦彻底击中这块素朴的人民园地,德国人就会解放成为人。"①

马克思高度评价改造社会的乌托邦方案,但他也清楚地看到了这些方案的理论弱点,有时甚至看出了它们理论上的贫乏。乌托邦的作者们对未来面

---

① 《马克思恩格斯选集》第 1 卷,人民出版社 1995 年版,第 15—16 页。

貌的描述,掺杂不少幻想的东西;这些描述缺乏严肃的历史根据,包含有古代基督教的宗教因素。这就阻碍了共产主义思想的发展及传播。因此,必须对共产主义的含义进行哲学论证。

为此目的,马克思最初(即在1843—1844年)认为,19世纪40年代德国哲学泰斗费尔巴哈的思想是适用的。对于马克思的哲学探索来说,费尔巴哈思想的意义在于,除唯物主义的一般观点以外,费尔巴哈还把人道主义(人是最高价值)传统,同从无神论角度对宗教幻想的否定、同给人的感情因素恢复名誉、同关于人与自然界和人与人的关系人道化的思想结合起来了。在19世纪40年代的德国,许多人都把费尔巴哈的"未来的哲学",当成是重新认识世界和人的基础。关于人的解放和关于人实现其自然能力("类本质")的思想,看起来好像是革命的,而且没给现存的社会污垢、"恶"、人们的不幸和屈辱留下任何开脱的余地。1844年夏,马克思致信费尔巴哈,谈了对他的后期著作的一般评价:"在这些著作中,您……给社会主义提供了哲学基础……建立在人们的现实差别基础上的人与人的统一,从抽象的天上下降到现实的地上的人类概念,——如果不是社会的概念,那是什么呢!"[1]换言之,马克思把费尔巴哈对人和人们之间关系的解释,看成对社会主义者们(傅立叶、圣西门、路易·布朗等)当作自己理想的那个社会的哲学描述。

把费尔巴哈人道主义的哲学基础同对共产主义学说的批判分析结合起来,这就是1844年马克思为使哲学和无产阶级结合起来所选择的道路。不过,大约就在这个时候,这一研究纲领却大大地扩展了。1844年前已经独立地接受共产主义和唯物主义,同时又对费尔巴哈哲学感兴趣的年轻的恩格斯的影响是其动因。然而,和马克思不同的是,1842—1844年生活在英国的恩格斯,已经十分熟悉有组织的和群众性的工人运动——宪章运动,熟悉英国的社会主义和共产主义文献,最重要的是熟悉亚当·斯密、大卫·李嘉图等英国伟人的政治经济学。在《德法年鉴》杂志上,和马克思的文章一起,刊登了恩格斯论英国政治经济学的批判性作品(《政治经济学批判大纲》,1844年)。恩格斯从无产阶级利益捍卫者的立场批判了这门科学。对马克思来说,这篇篇幅不大的文章开辟了一个新的知识领域;他认为,掌握这门知识对创立新的世界观是十分必要的。

---

[1]《马克思恩格斯全集》第27卷,人民出版社1972年版,第450页。

于是，马克思在1844年的创作中，就把几个对创立统一的和完整的哲学世界观观念至关重要的组成部分结合起来了。马克思把对现实的政治经济学分析，同德国古典作品的哲学传统及对乌托邦社会主义和共产主义理论的批判改造结合起来了。这样，马克思主义的三个来源就成了欧洲最先进的社会思想。马克思自觉地确定了创立国际性的和世界历史性的学说这一目标。

马克思主要通过哲学分析，实现了制定完整世界观的首次尝试；其相应的成果恰好是哲学观念。这个观念是在1844年夏创立的。遗憾的是，马克思的手稿直到1932年才发表，书名是《1844年经济学哲学手稿》。这部著作的主要内容是——人在私有制占统治地位的社会里的异化思想和在共产主义未来的历史前景中克服异化的思想。

人的异化思想本身，早在德国古典哲学中就已经得到了深刻而详尽的分析。在《1844年经济学哲学手稿》中，马克思高度评价了黑格尔和费尔巴哈在搞清人的异化问题上所做的工作，同时也揭示了他们的异化观念的严重缺点。在黑格尔那里，消灭人的异化被描述为由哲学家（作为普遍理性的化身）完成的纯精神活动。费尔巴哈把宗教异化看成是恶的根源；而马克思则公正地指出，宗教异化是异化的次要的和派生的形式。在马克思看来，人的任何异化，其基础和根本，都是经济异化或曰异化劳动。

劳动异化是一种根本的、基础的和深刻的社会关系。在异化条件下，不仅工人丧失了自己的人的本质和类生活——其他一切人，包括资本家，也都是异化了的人。

异化劳动和私有制的存在是同义的。私有制是经济生活的基础。这正是政治经济学家们视为"自然前提"而不予讨论的实际基础。

与异化相反的过程。是由人来占有自己的真正人的本质。马克思将该过程同社会改造、同"全人类的解放"、同以消灭异化劳动为基础的解放联系起来。"假定我们作为人进行生产。"①——马克思关于这种社会制度的论述之一就是这样开头的。假如人开始"作为人进行生产"，即不是被迫地，不是为了一块面包、金钱、市场、国家等，那将会怎样？在马克思看来，这就意味着，人身上最重要的东西即他的"类本质"，将得到自由发展。或者换言之，劳动将变成人自我发展的手段，变成人实现其最好的个性方面，变成异化世界中只有儿童

---

① 《马克思恩格斯全集》第42卷，人民出版社1979年版，第37页。

游戏或创造性职业才有所体现的自由活动。

马克思是根据探讨异化过程的参数,来探讨人"占有"自身本质的特征,或曰变强制劳动为"人的"劳动的特征的:(1)根据劳动对象及其结果的占有;(2)根据占有或解放活动本身;(3)根据劳动者对一般"类本质"的占有;(4)根据人与人,即"我"与"你"在活动中的关系的和谐化。

可见,异化的消灭和变劳动为人的自由地自我实现意味着,人及其对自然界和其他人的关系的完全"颠倒"。马克思出于人道主义激情,创作了一幅人的巨大图画,这个人是与自然界处在统一之中的、"按照任何一种的尺度"即依照自然界的规律改造着自然界的人。与外部自然界的和谐是在下述活动中实现的:人在这种活动中已经不是根据追求实利和掠夺自然界的规律,而是"按照美的规律",实现自己的目的。人本身的内部自然界也要得到改造——代替受摧残的、异化了的和只求满足动物需要的人的,是其自然发展本身即为整个人类社会历史的和谐结果的人的出现。这就是说,迄今根本未在所有人身上实现的才能,如音乐感很强的"耳朵"、艺术鉴赏力高的"眼睛"等,开始在一个人的身上迅速地发展。

与外部和内部自然处在和谐统一之中的全面发展的人,这就是作为共产主义理想"核心",而展现在马克思面前的理想的哲学形象。马克思称这样的人是"完成了的自然主义"或"完成了的人道主义"。马克思认为,消灭私有制是实现这一理想的手段。但对人们占有人的本质来说,消灭私有制本身虽是必要的,但还不够。

三、马克思主要和基本的哲学思想:实践是初始的和第一性的

关于异化的学说和关于人占有自己的本质即关于消除剥削人、奴役人的经济原因和可能性的学说,是创立完整世界观道路上迈出的一大步。然而,《1844年经济学哲学手稿》中描绘的未来前景和社会历史,却是概括的,是通过抽象的或形象的哲学形式加以描述的。也就是说,几乎没有探讨实践上的"通向未来之路",而"摆脱过去之路"也始终没有得到说明,即没有说明异化劳动的原因、机制和根源。结果,没能给通过"完整的人"的哲学画面而明确和充分地确定的理想的实际实现,提供真正的科学基础,即没能认清怎样才能达到这些理想。这些问题的答案,是在制定和论证新的哲学世界观的过程中获得的。

马克思的哲学思想有哪些重大的创新？正如马克思主义创始人多次解释的那样，前马克思主义的哲学唯物主义（包括费尔巴哈的唯物主义），都是局限于确认人及其实践和认识活动对自然界的依赖性。人是自然界的一部分，"以自然界为生"，所以人不是"纯粹自我意识"或"精神"的中立的载体。在《1844年经济学哲学手稿》中，马克思不止一次地重复关于人的社会（社会性）本质的思想。这一思想的发展确定了马克思改造唯物主义的方向。早在《关于费尔巴哈的提纲》（1845年）里就曾肯定过，使人的本质得以显露的人的生活，首先具有实践的性质。人不单纯"处在"自然界之中，他还以实践的方式改造和改变着自然界。正如我们记得的那样，马克思早在这之前就得出了结论：劳动活动对个人来说是类活动，即是真正人的活动。在异化社会里，这种活动被歪曲、颠倒和丑化了。异化劳动是对人的本质的诅咒，是人的本质的丧失。因此哲学家们——不论是唯物主义者还是唯心主义者——始终觉得，只有属于创造和文化的最高形式的精神因素，才是人身上的真正人的东西。而人们的实践生活则被看作是一种卑污的、反人性的和与理性及最崇高的哲学价值敌对的东西。

实际上，劳动是对自然界的改造，同时又是人们对自身的社会关系的能动的改造，因此恰恰是劳动构成了人在社会中的存在。所以，实践是人类世界最深刻的基础和特征。

马克思的主要的和基本的哲学思想在于，对整个精神世界和文化（甚至包括离实践最远的文化表现）来说，实践是初始的和第一性的。实践具有社会的性质，离开人们之间的交往和联系，就没有实践。实践是历史的，它是人对条件、环境和自身的不断改造。实践是对象性的活动，因为人不是在真空中行动，也不是在"纯粹的思维"中行动，而是在现实中行动，人们只能在现实中改造自然界提供的东西，改造其他人已经造出来的东西，即改造各种对象。人的意识的各种形式也包括在实践生活之中并遵循实践发展的一般进程。他们表达、思考、了解和反映的，全是已经以这种或那种方式归入实践问题之中的东西。思想家们以为纯属文明的哲学理性事业的那些理论问题，归根到底也都得在历史实践中加以解决。与此相应，一个理论家也只能通过其观点在实践中的体现，通过其观点对人们的实践领域和实际生活的历史发展起促进还是阻碍作用，来证实自己观点的正确性、真理性和有效性。

这样，马克思就大大地拓宽和发展了唯物主义的主要原理起作用的范围。

唯物主义被扩展到社会现象和社会生活领域。人们的实践活动——对自然界的改造（生产）和人们对自身的改造——是精神创造、文化、艺术、哲学等等发生变化的基础。这是无所不包的哲学概括。这种概括正在整个世界历史范围内为一切时代和一切民族所确认。人们的存在和实践在这里被看作是世界历史现象。相应的精神文化、创造和社会意识，也是在全人类的范围内加以把握的。

人们的意识依赖于存在，依赖于实践活动及其主要形式——物质生产，这一发现使马克思有可能从根本上重新思考精神活动（其中包括哲学活动）在历史过程中的意义和作用。思想和观点，甚至是最激进、最革命的思想观点，都不能充当现实中的历史变化的根源和原因。任何世界观，包括哲学世界观，都不创造、不建立，而只能反映按自身的规律变化着的生活，而人则只能部分地了解和认识这些规律。马克思认为，意识只能间接地和部分地反映一定的现实和历史实践，这种状况是很典型的。也存在着关于现实的幻想和虚构的观念。一个理论家可能是某一社会集团自觉的辩护士，也可能是马克思称之为制造"时代的社会伪善"的人。然而，不论是虚幻的还是有社会倾向性的思想，都能反映社会的发展水平，即使是最歪曲的反映。

马克思和恩格斯在总括自己的结论时创立了意识形态学说。精神创造——哲学的、政治的、法律的、宗教的——是对现实的意识形态曲解，其曲解的程度视其想在社会生活中所起的独立的和第一位的（主导的）作用而定。这是不以其阶级取向（不管是激进的还是保守的）为转移而表现出来的。意识形态只能永远追随（促进或阻碍）现实；意识形态要服从现实并被纳入现实。现实生活洪流发生变化，人们的观点也要相应地发生变化，从而产生出了解和反映这些变化的相应的意识形态形式（往往是极不充分的）。

马克思和恩格斯在思考以往的历史、现在和未来的基本阶段的时候，把社会组织分成了若干主导类型，即几种社会形式或形态。因为在实践生活中，最基本、最重要的水平是生活的生产水平，所以社会制度的基本历史形式，是按照物质生产组织的主导类型决定的。结果，社会自"原始群落"起，经过古希腊、古罗马（奴隶制的）类型，封建农奴制类型，到现代的、以工业生产中的雇佣劳动制为基础的类型这条历史道路，必然在没有雇佣劳动、没有资本主义私有制的生活的生产中，即在自由的个人自由联合的条件下继续下去。

对社会历史类型的分析，又得到了关于社会内部组织的重要结论的补充。

物质生产决定着庞大的人群的基本结构,这些群体对劳动对象、劳动资料和劳动结果的关系各不相同,这就是阶级。所有制的类型创造着人们的不同群体之间关系和交往的社会结构——"市民社会"。这个结构受外在的、与之异化的力量——国家的调整和管理。由"市民社会"的基本关系给定并得到国家支持的生活制度,在政治的、法律的、宗教的、道德的和哲学的观念以及习俗、规则和条令中,得到反映和巩固。

对社会发展中起推动作用的原因所作的哲学解释,是一项重大的创新。这些原因就是人们自己,即力求保证自己的需要、改善生活条件和状况的"经验个体"。人们的个人追求和意愿的表示,变成了行为和行动。实际努力根本不是为了追求人类的崇高目的。相反,这种努力带有局部的、个人的和具体的性质(往往局限在自身生活的范围内和个人需要的狭窄圈子里)。不过,既然人是社会存在物,且有大量其他的客观"交往形式"(关系),那么他们的个体发展和活动的实现,就有其若干共同的条件和方向。

人们在彼此联合、接触和进行活动及其结果的交换时,经常创造和改变自己的社会联系和关系。在这些关系变得不能满足而是妨碍生产的主要目的的情况下,人们就会改变它们并建立新关系。生活的、首先是生产活动的基本条件的改变,则会相应地导致人自身的变化。人在历史进程中的自我变化,成了马克思从理论上解决人和人的解放问题的基础。

现实地生活过和生活着的人们是无限多样的。但是,这种多样性并不排除根据马克思提出的社会参数,发现人们的相同之处即其共性的某些类型的可能性。第一,这是"经验个体"属于具有确定了的传统、秩序、交往规范等的特定活动领域即属于一个社会分工类型的属性。分工的最深刻的一般历史形式,是分成脑力劳动和体力劳动。也存在着工业劳动和农业劳动之间全球性的历史差别,存在着大量更为专业性的差别。分工意味着存在活动成果的交换,分工和私有制在历史上是同时出现的。第二,因此,人们在按有无财产而划分的集团——阶级中,也占有确定的社会地位。属于特定阶级这种属性,也是人们客观联合的(即共性的)一种形式。个人的阶级特征也贯穿于他们的个性特点(生活方式)。阶级特征能使个人及他们之间的关系一般化和类型化。马克思指出,人隶属于他们的阶级,但这不是个人—个体性质的隶属,而是一般性的隶属。阶级的个体是中间性的个体,因为阶级的生活条件是确定了的,这就造就了个人的某些特性。第三,人们要受民族文化条件的支配。人们的生活地位及占优势的某些职业、交换、民族传统(其中最重要的是语言、道德和文化价值),这一切都决定和限制着个人。

这样,在马克思那里就形成了关于现在生存着的和以前生活过的人们的具体的、基于现实研究的知识,从而取代了以前那种抽象的同时又是形象的关于"人"及其"本质力量"(见《1844年经济学哲学手稿》)的构思。哲学方面的问题实际上是经过重新解释的和以另一种方式提出的下述问题:对于这些个人来说,自由在现实中可能和应当是什么?他们怎样和通过什么途径才能够并应当摆脱现有的桎梏和负担?或者反过来说,他们自身应当力求成为什么样的人?对现实历史进行科学的和哲学的分析,定能回答这些问题。

根据唯物史观,个人摆脱压迫他们的环境和生活条件,乃至摆脱自身的局限和不自由的过程,是遵循客观的历史规律实现的。这些规律是人们为"安排自己的命运"以求得某些改善而进行个别尝试的结果的总和。人类的力量和强盛:工业、经济、贸易和文化的发展,是以个人的得失为代价而慢慢积累起来的。世界市场正在形成。这就是说,资本主义类型的社会分工(雇佣工人—资本家)正在变成全世界性的分工,无产阶级变成遍布世界的阶级,而无产者本身则成了具有世界意义的社会类型。工业和市场的威力正在消除民族生产、民族文化及文明的闭塞性与局限性。生活在世界各地的人们正在变成到处都是同一社会类型的无产者或资产者。在这种对于资本主义来说是最基本的局限性(基本的阶级、个人的基本类型)范围内,劳动成果、生活和消费品、个性自我发展的客观条件都在积累着。这也就是"自由"一词的含义所指的东西。在该种类型的社会制度里,"自由的可能性"或个人自我发展的有利条件的积累,对所有社会成员并非一视同仁。这种积累主要是在一个极端即在所有者阶级中实现的。他们拥有自由地自我发展的特权,而在另一个极端则只能是另一种表现,即表现为无产者没有自由的自我发展。人类生产(物质生产和精神生产)的成果越多,无产阶级争取获得自由和消灭这种类型的社会制度的基础——私有制和社会分工的斗争也就越有成效,其有效的程度和自由的条件积累增多的程度是一致的。然而,人们反对"现存关系注定个人所具有的"[①]生理的、智力的和社会的缺陷与束缚的斗争,只有在社会高度发展的水平上,才有赢得胜利的前景。

[①] 《马克思恩格斯全集》第3卷,人民出版社1960年版,第508页。

这样，马克思就把人的解放问题，改变为有关个人和社会沿着建立共产主义的道路前进的历史发展问题。共产主义是"个人的独创的和自由的发展不再是一句空话的唯一的社会"，在这个社会里，自我发展的自由"正是取决于个人间的联系，而这种个人间的联系则表现在下列三个方面，即经济前提，一切人的自由发展的必要的团结一致以及在现有生产力基础上的个人的共同活动方式"①。

生活于现在的人们，即生活在分工和异化条件下的"局部的""抽象的"和"偶然的"个人（所有这些术语都是马克思为说明人们被贬低被摧残的"人的"因素而使用的）能够指望什么，追求什么？将来共产主义社会中"全面发展的个人"这一前景，是不是生活和活动的充实的纲领？这些问题不是空洞的。哲学也和所有世界观一样，应当焕发理性之光，论证并指导实际生活和精神生活。这实际上是指，在为社会向共产主义运动进行论证的唯物史观的哲学思想中是否包含着有关生活意义的和道德的核心？

唯物史观不仅向各个个人提供在未来的共产主义社会中使他成为多才多艺、全面发展的人的理想。人是行动着的实践存在物。相应地，共产主义就是"消灭现存状况的现实的运动"②。

这就是说，无产阶级运动本身随着其发展和扩大，会成为无产者不仅改造自己外部的生存条件而且也改造他们自身的直接途径。这第二个方面自然不如第一个方面明显，但却是十分必要的。无产者改造自己，是随着能动的认识和实际参与改变压迫及奴役人的外部环境与条件而消灭抽象性、局部性和偶然性。无产阶级运动愈是深刻全面地实现其历史使命（消灭"现存状态"），也就愈有更大的可能性，通过将其付诸实践的个人，来消灭他们内在世界即个人的自我之中现有的"偶然性"和"抽象性"等特点。个人正在实现消灭社会异化、分工、私有制和建立在这种所有制基础上的世界秩序，从而变成"摆脱奴性"的人即发展着的人。

可见，生活意义这个哲学问题的一般答案，就在于承认个人参加共产主义运动的必要性，并将这一运动视为消灭现存的生活条件和改造人自身本性的前提。但这恰恰是一般的和原则性的答案。显然，由这一答案再到使受贫困

---

① 《马克思恩格斯全集》第 3 卷，人民出版社 1960 年版，第 516 页。
② 《马克思恩格斯选集》第 1 卷，人民出版社 1995 年版，第 87 页。

和剥削压抑的人——无产者获得"精神宁静",相距还十分遥远。

在1845—1847年的著作里,这个一般哲学答案得到了具体化。这个答案在《德意志意识形态》中探讨得最为详细。下面让我们看看最重要的东西。克服社会分工、异化和私有制的统治,对以共产主义为目标的个人来说是可能的。第一,这是自觉地追求掌握整个文化世界和使活动领域普遍化的结果,是自觉追求尽可能更全面的交往和交换各种社会活动等的结果。第二,是彻底"走出"私有制动因和生活结构机制范围的结果,是排斥一切"旧的污垢"的结果。

个人发展的这种前景与哲学上的道德说教,自然没有任何共同之处。这种道德说教只会发出道德呼吁和进行精神安慰,它只不过是"对陷于贫困中的可怜的无能的灵魂的一点安慰"①。马克思主义哲学既不仿效哲学上的道德说教的范例,也不仿效宗教上的道德说教的范例。它的伦理立场在于,承认对不人道的世界进行实际社会改造和把行动着的能动的个人自我改造成全面发展的自由个性的统一。二者互相印证。当然,对于生活在现有的给定条件和具体的历史境域中的人们来说,不论是改造自己还是改造世界,其可能性都是有限的。在马克思的哲学中,不存在与这种现实妥协或接受它的幻想。相反,马克思的哲学的出发点是:清楚地认识到了一切现有的历史情况的局限性和其中包含的个人自由及全面发展的潜力。

在政治经济学著作(《资本论》的前几稿)中,马克思指出了提高人们的自由程度的现实基础。这就是消灭强制性的雇佣劳动,从而在整个历史规模上消除无产阶级,增加"自由时间"。这是精确的哲学—科学预测,其基础是客观的经济研究和历史研究。

在克服自身的本性及其固有的中介性和局限性,达到理解自己的世界历史解放使命的同时,无产者会变成共产主义者,变成一切活动领域的"普遍代表者"。这就是说,作为共产主义者的个人,理当成为消灭一切社会局限性的实际体现者。

四、马克思、恩格斯的辩证法思想

在马克思的早期著作,即在准备博士论文的事记中,已经包含对辩证法的

---

① 《马克思恩格斯全集》第3卷,人民出版社1960年版,第517页。

研究。马克思一方面十分内行和熟练地掌握了进行辩证的哲学思考的复杂技巧，另一方面又批判地分析和认清了这种技巧的优点和弱点。马克思对19世纪40年代的黑格尔辩证法所持的批判态度，和费尔巴哈是一致的。费尔巴哈在黑格尔的学生中，第一个对这位伟大思想家的方法感到失望，并对这种方法进行了严肃认真的批判。摆脱黑格尔的辩证法，是费尔巴哈从唯心主义转向唯物主义的最重要的环节之一。但是，费尔巴哈只对黑格尔辩证法的唯心主义的根据即基础作了批判，却不曾研究方法本身。

问题在于，黑格尔已经对辩证思维的大多数方法、公式和规律作了描述，编了目录，归纳成了许多等级系列和顺序。他的《逻辑学》一书阐明了这一点，该书是一本充满最富有成果的观察和说明的教科书，也是论述辩证思维技巧的论文。黑格尔发现的辩证的方法论的研究效果如何？这是马克思批判研究的一个主要问题。

在获得共产主义世界观的同时，马克思越来越多地面向以往和当前历史的实际现象及过程的研究。为了弄清实际问题——生产、政治事件等——黑格尔的方法论就显得无济于事了。问题不仅仅在于唯心主义的出发点（如费尔巴哈认为的那样），还在于对现实所作的抽象的哲学解释，这种解释和在事实基础上进行科学分析的要求是矛盾的。马克思和恩格斯在《德意志意识形态》中批判青年黑格尔派的方法论时指出，他们对任何社会现象都套用黑格尔辩证法的"最简单方法"。一切社会对抗，现实生活中各方面的任何差别，他们都能在黑格尔的"矛盾"观中轻而易举地为其找到根据，然后就通过对立因素的"高度综合"而把矛盾解决了。例如，19世纪40年代的黑格尔派哲学家并不认为，研究贸易自由的拥护者们和保护关税派在经济科学和经济实践中的斗争是必要的。有了关于争论的实质的最一般、最寻常的观点，以便按黑格尔"通过高度综合扬弃对立面"的药方轻松地解决这一争论，这对黑格尔派哲学家来说也就够了。然而，假如在经济关系史上延续不止一个世纪的这场保护关税派与自由贸易论者的斗争依然如故，那么这样解决问题又有多大价值呢？

马克思还揭露、说明和讽刺挖苦了黑格尔的辩证法技巧的其他不少缺点。但是在他看来，这种技巧的主要缺陷恰恰在于：它不能在对社会现实的科学研究方面和在解决现实生活的实际问题方面起到应有作用。

19世纪50年代下半叶，马克思对政治经济学进行了集中的科学研究。此外，政论性著作——论述国际政治和欧洲各国经济状况的文章，抨击性的文章——在他的创作中也占有重大地位。(其中大部分发表在报纸上。马克思与《纽约每日论坛报》合作的时间最长。)19世纪60—70年代,对国际工人协会(即第一国际)活动的理论指导和帮助德、法、英等国正在发展的工人党,在马克思的创作活动中占有很大地位。

马克思在这些年里所写的文章、抨击性的小册子、宣言和党纲,其中有许多都是对马克思主义的社会哲学基础发展的重大贡献,如《路易·波拿巴的雾月十八日》(1851—1852年)、关于不列颠在印度的统治的几篇文章(1853年)、《福格特先生》(1860年),等等。还应当指出马克思致恩格斯、Ф. 拉萨尔、Л. 库格曼等的书信的理论意义。

在马克思的创作中,特别令人感兴趣的是他关于俄罗斯、关于它的未来历史发展前景的思想。在马克思的论述中,俄罗斯的课题的分量逐渐增加,这是符合俄国革命运动的发展情况的。马克思和 М. А. 巴枯宁的争论(在有关巴枯宁的《国家机构与无政府状态》一书的笔记中)特别重要,特别需要专门的研究。马克思后来致《祖国纪事》杂志编辑部的信、与 Н. Ф. 丹尼尔逊的通信、著名的致 В. И. 查苏利奇的信等,也是如此。在马克思撰写的第一国际的纲领性文献中,理论上最重要的是论1870年普法战争的材料和论巴黎公社的材料。近年来,由于就社会主义的本质问题展开争论,人们对马克思的《哥达纲领批判》这部名著的兴趣大增。在第一国际的文献中,马克思论巴黎公社的著作等,具有重大意义。

研究资本主义社会内在生活规律即该社会的"解剖学和生理学"的研究成果,马克思在《资本论》第一卷(1867年)里阐述得最为充分。《资本论》成了无产阶级认识自己的历史使命及其斗争意义的主要理论源泉。

商品和货币、劳动与资本、剩余价值的构成和剥削的本性、分工的意义、机器工业对工人状况的影响和生产的发展,"劳动力"的商品性质、工资的特点、资本的积累和增殖的规律及其历史趋势——所有这些问题的解决,就成了马克思得出下述结论的根据:私人资本主义生产必然变成社会生产、资本主义制度和资本自行灭亡的不可避免性,社会向社会主义社会关系转变的必然性。

《资本论》第一卷(后来的第二、第三卷是在马克思逝世后由恩格斯出版的)里阐述的经济学理论,是对以前的政治经济学进行全面批判改造的结果。在研究过程中,越是接近基本的理论概括,马克思对方法问题也就考虑得越多。他19世纪50年代所写的书信,尤其能证明这一点。未完成的《〈1857—1858年经济学手稿〉导言》(《资本论》的最初草稿),对此作了严肃的和原则性的概括。在为1858年出版的马克思著作《政治经济学批判》第一版所写的评论中,恩格斯阐述了关于黑格尔辩证方法论最重要原理的种种想法。19世纪60年代,马克思本人不止一次地谈到(即在《资本论》第一卷中以及在当时的书信和手稿中)对黑格尔辩证法的态度问题。

人们没有找到马克思有关方法研究的专门著述(尽管马克思曾经打算撰写这样的著作,而恩格斯在马克思去世后也在他的文献资料中寻找过名为《辩证法》的手稿)。不过,马克思在撰写《资本论》的过程中,已经自觉地和充分地运用了他的辩证法思想,留下了一系列有关这种观点的确切说明。在马克思的影响下,成熟年代的恩格斯也很重视对辩证方法的研究。

正如马克思所指出的,黑格尔既发现了辩证法,同时又把它神秘化了,因为他把它看成是脱离现实领域的辩证法,是纯粹的抽象理性规律。马克思把他对黑格尔辩证法基础的修正,说成是把在黑格尔那里头足倒置的辩证法"颠倒"过来。这是对辩证方法进行实际上的重新解释和根本改造这种做法所做的一种形象化的表述。马克思以及后来的恩格斯都注意到了,主要的和基本的辩证依存性和辩证关系(黑格尔指明的并进行过逻辑分析的),就存在于自然界和社会的现实生活过程之中,存在于现实生活的日常实践之中。再者说,这些依存关系,学者和实践家们在现实生活中也能发现,尽管他们从来也不曾是黑格尔主义者,也没有掌握辩证的技巧方法,也不会确定抽象概念之间的辩证依赖关系。在研究数学、化学、经济生活和政治生活史、文化和工艺史时,马克思和恩格斯在这些关于现实的不同知识领域里,经常发现辩证规律性的鲜明表现。对马克思来说,结论已经通过平平常常的、精确的理论形式作出了:"我的辩证方法,从根本上来说,不仅和黑格尔的辩证方法不同,而且和它截然相反。在黑格尔看来,思维过程,即他称为观念而甚至把它变成独立主体的思维过程,是现实事物的创造主,而现实事物只是思维过程的外部表现。我的看法则相反,观念的东西不外是移入人的头脑并在人的头脑中改造过的物质的东西而已。"[1]在政治经济学中,"也像在自然科学上一样,证明了黑格尔在他的《逻辑学》中所发现的下列规律的正确性,即单纯的量的变化到一定点时就

---

[1] 《马克思恩格斯全集》第23卷,人民出版社1972年版,第24页。

转化为质的区别"①。

在《反杜林论》(1876—1878年)一书中,恩格斯全面、系统、通俗地说明了辩证法的规律和范畴在非生物界、生物界、社会发展和精神创造中是如何表现的,指明了这些规律和范畴对马克思主义世界观具有多么重大的意义,特别是,他指出了辩证的世界观作为一种反教条主义的、与任何抽象的和终结历史的认识及实践结果水火不容的世界观所具有的重大意义。

19世纪下半叶的主要标志是自然科学的蓬勃发展。对自然科学的种种发现进行哲学提炼的是恩格斯。

恩格斯在撰写《自然辩证法》时所面临的主要任务就是:确信"在自然界里,同样的辩证法的运动规律在无数错综复杂的变化中发生作用,正象在历史上这些规律支配着似乎是偶然的事变一样"②。换言之,恩格斯在分析他那个时代的自然科学成就和问题时,力图证明,辩证法的规律对自然界也和对社会一样适用。这项理论任务是崭新的,因为在黑格尔哲学中,自然界被理解成在时间上没有发展,而是只有相同变化的周而复始的循环。自然科学家们本身不仅对辩证法而且对任何一般的哲学,基本上都持否定态度。一般自然科学观念认为:关于自然界的科学,讲究的是自然界的本来面目。这种看法实际上使学者们无法发现:他们在一般理论概括水平上是在那里完全随意地解释任何事实,而且在这样做的时候他们使用的是哲学早已研究过的理论公式和范畴。例如,生物或非生物界的同样一些过程,似乎既可以解释为必然性和规律性,或者相反,也可解释成偶然性。由描述事实转向分析和概括是根本无法察觉的,而自然科学家很容易陷入抽象的理论空谈,因而常常得出片面的和简单化的结论,看不到他依据的已经不是事实,而是关于必然性、偶然性等先入为主的哲学观点。

在《自然辩证法》里,恩格斯论证了下述思想:从文艺复兴时代起,自然科学的发展所走过的道路是,在19世纪中叶前,科学本身已经接近于得出辩证的自然观,尽管它没有意识到这一点。恩格斯认为,19世纪自然科学中的三大发现——有机细胞的发现、能量守恒和转化规律、达尔文的进化论——就是这方面的证明和证据。恩格斯认为,这些发现也和那个时代的自然科学的其他

---

① 《马克思恩格斯全集》第23卷,人民出版社1972年版,第342—343页。
② 《马克思恩格斯全集》第20卷,人民出版社1971年版,第13页。

成就一样,都是对自然界本身的辩证法(即客观辩证法)的科学证明。这种辩证法的内容是:物质世界各个层次的相互联系,自然界的变动性和矛盾性。

恩格斯就物质运动形式的(以及研究特定运动形式的科学的)分类所作的尝试,对马克思主义哲学的发展也具有重大意义。不应对"分类"一词产生误解。实际上,恩格斯已经提出了物质世界普遍联系和发展的假说,并试图描述自然界的一般图景的简略草图。在这里,恩格斯运用了形成这类假说的一个屡试不爽的辩证方法——由低级的东西向高级的东西运动,这里的任何低级形式都可通过"飞跃"被改造成高级形式。结果就得出了一个等级系统,在该系统中,任何一个"高级的东西"都包含有"低级的东西"(作为一个受支配的和个别的因素),但又不能归结为低级的东西(这个辩证的思维过程也被马克思和恩格斯用来再现社会形态的历史运动)。在恩格斯看来,物质运动的最高形式是思维,最低形式是简单的位移。其中每一种基本形式都有一门特定的自然科学加以研究——力学、物理学、化学和生物学。对于由物质运动的生物形式向社会形式的转化,也就是由生物界向人类社会的转化,恩格斯是通过人的起源的劳动理论来加以阐明的。

19 世纪,特别是 20 世纪,自然科学的发展已经带来了那么多新东西,致使恩格斯关于物质运动具体形式的观点已经过时,这是理所当然的。但是,理解科学发展成果和解释自然现象的一般辩证法观点,则至今仍有其意义。

五、恢复和发展马克思主义的人道主义理想

哲学常常被人们理解为某种离日常生活现实极为遥远的抽象知识。没有比这种看法更远离真理的了。相反,最严肃最深刻的哲学问题恰恰来源于生活,哲学志趣的主要用武之地也正好在这里;其余的一切,包括最抽象的概念和范畴,包括最玄妙的思维体系,归根结底都不过是理解各种相互联系的、丰富多彩、深奥莫测而又矛盾重重的生活现实的手段。在这种情况下,重要的是要指明,从科学的哲学观点出发了解现实,决不意味着只是安于现状和一味顺应现实。哲学必须以批判的态度对待现实,对待陈旧过时的东西;同时,哲学必须在实实在在的现实生活中,在现实生活的重重矛盾中,而不是在关于现实的思维中,探索改变和发展现实的各种可能性、手段与方向。只有在改造现实的过程中和在实践中,哲学问题才能够得到解决,人类思维的现实性和威力方

能显示出来。

这本教科书取名《哲学导论》,这当中蕴涵着特定的意义。问题在于,在一部教程的范围内(不管它的篇幅有多大),当然不可能阐明全部丰富多彩的哲学问题、流派和思潮。作者的意图是要帮助那些学哲学的人,对哲学的问题和语言、哲学研究的手段和方法、概念和范畴,对哲学史和当代的哲学问题,有个初步的了解,从而使他们能在这纷繁复杂的事物中,独立地确定研究方向。

这本教科书也和其他任何一本教科书一样,自然要讲述每一个学习哲学的人都应掌握的一定数量的知识。但同样重要(或许更重要)的是,学习哲学也是提高理性思维素养的过程——能使人善于得心应手地运用概念,提出、论证或批判某些见解,分清主次,阐明现实中的纷繁复杂现象之间的相互联系,以及揭示和分析周围现实中的种种矛盾,即是说,看清变化和发展中的现实。理性思维是有充分根据的、严谨准确的、有条有理的思维,不允许主观臆断;它善于捍卫自己的正确性,同时它又是一种敏锐的、自由的和创造性的思维。

但是必须指出,如果违背一个人的意志、愿望和志趣,而硬要使他具备哲学所需的理性思维素养,这是办不到的。譬如一个只知机械地死记硬背辩证法规律和用以说明这些规律的实例的人,不仅不能获得这种素养,甚至不能理解这种素养之为何物。为了踏上这条通向理性思维之路,一个人自己应当做出努力,他必须殚精竭虑,尽其所能。否则他就不可能挣脱常理俗念的羁绊,而对他来说,所有丰富多彩的哲学问题,将始终是百思不得其解的东西。

关于哲学与现实生活相联系的思想,往往被表述为下面这句话:每个时代都会有与其相应的哲学。这句话有其深刻含义。例如,可以说,已经过去了的停滞时期,在我国的社会生活中也留下了与其相应的教条主义哲学。马克思、恩格斯和列宁都把唯物辩证法看成是对社会进行革命的批判改造的武器。但过去唯物辩证法却以令人难以置信的方式,发挥了它完全不应有的作用:为现存的那些远非理想的事物进行辩护和颂扬,它与其说是被用来揭露,不如说是用来掩盖现实生活的矛盾。早在19世纪30年代,斯大林就按自己的口味"勘正"了唯物辩证法,从而助长了上述势头。那时,全部丰富多彩的马克思列宁主义哲学,全被塞进了《联共(布)党史简明教程》第四章的几个死板公式之中。在几十年的漫长时间里,哲学教学出版物中就是这样叙述辩证法的。结果,就连那些正确的和重要的东西的表现形式,也成了毫无生命力的、单调乏味的死板公式。而官方愈是给这种教条主义哲学树立威信,它在现实的社会生活中愈是威信扫地。遗憾的是,出于上述原因,我们的哲学所取得的不少实际成果,也难以在社会意识中得到确认。

上述情况可以使读者对本书作者要完成的任务有所了解。《哲学导论》这本教科书在许多方面有别于以往的教科书。本书之所以能够问世,决定于我国社会发生的革命变革;没有这些变革,则该书的出版也就无从谈起。一方面,改革使人们有可能对社会生活及其严重问题和矛盾(不论是过去遗留给我们的,还是今天在社会复兴过程中出现的),进行开诚布公的和直言不讳的哲学分析。另一方面,今天人们特别深切地感到,有必要对社会各领域的深刻改革以及今天整个人类文明所面临的大量尖锐的新问题,进行哲学思考。正是这一点事先就大体上决定了本书的内容和结构,即本书必然要写一些以前的教科书里没有的题目,对传统课题的阐述也要相应变化。与此同时,也应当保留经受住了时间检验的一切东西,这是不言而喻的。

有人可能会对下述情况感到奇怪,即本书作者一面声称他们要着力研究当代的新问题,但同时却又让哲学史的课题占据了大量篇幅。其实这并不矛盾。因为作者不同意把哲学(尤其是马克思列宁主义哲学)理论和哲学史对立起来的狭隘宗派主义观点。写作组的基本立场是:哲学思想史在一定限度内可以成为哲学理论的一个有机组成部分(在其他许多科学中也有类似的情况)。因此,处在历史发展中的哲学呈现为一个统一的整体,尽管它被分成了几个截然不同的阶段。

问题还在于,每当人类历史处于具有决定意义的危急关头(今天就是如此),人类总是习惯于求助以往的经验,以便从中汲取教训,力求不重蹈曾经犯过的错误的覆辙,而能以最集中、最深刻的理性形式反映上述经验之瑰宝的,恰恰是哲学。

问题还在于,哲学最感兴趣的问题有一个特点。人们常常把其中的许多问题,称作"永恒的问题"。每一代新人,每一个人,都不得不在自己的一生中,一再面对这些问题、寻求它们的答案。这些问题每次都以特殊的和独一无二的形式呈现在人们面前。这些形式既是由变化莫测的历史潮流决定的,又是由一个人的特殊的、同时又包含着全人类内容的个人经验决定的。对一个人来说,这些问题并不是什么与己无关的、无足轻重的东西,它们触及他的存在的真正实质。每个人都必须独立地回答这些问题。但是决不能因此而得出结论,说每一个人都得自己得出解决这些问题的办法。人类文化的各个不同领域——神话学和宗教、科学、文学艺术、道德观和法规条令,一直都在提供上述办法。至于说哲学,那么它不仅发掘这类办法,而且用理性来批判审查业已提出的解决这些问题的各种方案。

最后,问题还在于下面这一点,即不管马克思主义哲学多么新颖,多么富有独创性(作者将尽力揭示和证明这一点,但绝不是大肆宣扬!),也决不会抛弃以前的哲学。自从马克思主义哲学作为人类知识发展的总结而产生之后,从未离开世界文明发展的康庄大道,而是成了社会思想和哲学思想巨匠们的学说的直接继续。因此不能说马克思、恩格斯和列宁奉献给哲学的新东西,是在他们对以往的哲学发展一无所知的情况下得出的。从理性的辩证思维的角度看,以往的杰出哲学家不仅是我们的先辈,而且是我们的"同代人",因为我们可从他们那里学到许多东西,可以同他们进行平等的对话和辩论,同意他们的一些观点,而驳斥另一些观点。哲学思维仿佛每次都能以新的面貌重生,因此永远都要以现实的态度对待古典的遗产。换言之,以往的每一位大哲学家,都是一个值得重新认识的、具有独创性的思想家。假如我们只从他"没弄清"什么和对什么"考虑不周"的角度研究他的遗产,那我们恐怕不仅会贬低他,也会贬低马克思主义。

因此不能不说,马克思主义继承和发展了以往哲学的各种人道主义趋向,阐明了将人道主义理想付诸实现的途径、使人获得解放的途径和建设无愧于自由的人的社会的途径。遗憾的是,在我国哲学发展中,马克思主义的这个方面长期被排斥于次要地位;不仅如此,社会实践在某些阶段上虽也提出过关心人的口号,但实际上却常常把人看作生产机器上的"螺丝钉",在很大程度上使人发生了异化,背离了劳动者的真正利益,无助于人的真正提高、个性的全面发展和人的创造积极性的发挥。

现时的情况迫切要求全面恢复和发展马克思主义最崇高的人道主义理想,以适应新的条件。这是由社会发展和科学技术进步的客观逻辑本身决定的;也只有通过作为创造者的人的努力,才能够实现社会的发展和科学技术的进步,而这样的人则是能在劳动和生活中实现其全部真正人的志趣、才能和禀赋的人。党的政策就是为此目的而制定的,苏共中央1985年4月全会和苏共二十七大以后,党为反对以专横跋扈的官僚主义态度和技术至上主义态度对待人、为争取尊重人的权利和尊严、争取使国民经济和文化的发展首先满足人的各种物质和精神需要,而开展了斗争。最后,这样做也是出于对保护世界文明的关心：因为许多东西——从热核战争的威胁到制造影响人的遗传和心理的强有力的手段——都给人和人类在地球上的存在本身带来了危险。

在当代的条件下，马克思主义的现实人道主义和以其为基础的新的政治思维，都应以捍卫和确认全人类的价值为己任。这也使人们在很大程度上要以新的眼光，看待马克思主义哲学与当代其他哲学流派的相互关系。在以批判的态度对待它们并捍卫马克思主义立场的同时，我们也必须和这样一些外国哲学及社会政治思想流派建立联系：它们在肯定人道主义理想和价值方面是我们的盟友，它们能表达当今世界的众多社会阶层和集团的利益与志向——为争取社会平等和公正、为争取民主、为使人类能继续生存下去而斗争。当代非马克思主义哲学的许多代表人物，为认清人类在本世纪所经受的多种多样的、而在特定意义上讲又是绝无仅有的考验，提供了不少有价值的东西。因此，把我们的哲学和当代的其他各种哲学流派和思潮隔绝起来，这绝不是一种最好的做法。

长期以来，我们就非马克思主义哲学开展的讨论，最后总是认定它已经陷于危机和没落之中，同时又视而不见现阶段的非马克思主义哲学特有的许多新表现和新过程。举出下面这个例子，也就足以说明问题了。除了那些直接为资本主义社会进行辩护的哲学流派外，在 20 世纪也有过，而且现在仍有不少一针见血地深刻批判资本主义文明的哲学家，因为它对人类存在具有破坏性；也出现过一些极其尖锐地提出关于威胁当代人类的全球性危险问题的人。今天马克思主义哲学的发展，必然要求与这样的思潮和流派的代表人物，进行开诚布公的和令人感兴趣的对话。正如实践所表明的那样，尽管我们时时以马克思列宁主义哲学为依据，但这一事实决不会使我们在任何问题上，都能自然而然地成为终极真理的拥有者。我们再次提醒大家注意：马克思主义之所以强大有力，主要就是因为它善于批判地改造和吸收世界哲学思想的优秀成果。

总之，对话和争论是哲学存在和发展的正常形式。许多世纪以来，哲学通过自身的经验已经清楚地认识到，那些一时被当作绝对真理而接受的真理，都有其相对性。但是，哲学问题的这种对话性和争论性，同时又会给教科书中对这些问题的阐述造成一定的困难。要知道，教科书往往被人们当成是只需死记硬背的现成真理和不易之论的汇集，但对哲学来说，这就意味着死亡，因为这是和哲学的真正本质背道而驰的。因此，这本教科书中所探讨的课题和问题,有许多都是远非最终解决了的问题;我们也把人们在这些问题上的不同看法提供给大家,希望读者自己也能加入这些问题的讨论。其实,一个人只有通过积极地和认真地参加关于那些对他本人有所触动的问题的讨论,才能使他的理性思维素养得到锻炼。

六、《哲学导论》建构的马克思主义哲学体系

第一章　哲学及其使命、意义和功能

  一、世界观

  二、哲学的起源

  三、哲学世界观

  四、哲学的使命

  五、哲学世界观的科学性问题

第二章　哲学的产生及其历史类型

  一、哲学的起源

  二、古代东方哲学

  三、古希腊哲学:宇宙中心论

  四、中世纪哲学:神学中心论

  五、文艺复兴时代的哲学

  六、17 世纪的科学革命和哲学

  七、启蒙主义哲学和形而上学唯物主义

  八、康德:从实体到主体,从存在到活动

  九、康德以后的德国唯心主义,辩证法和历史主义原则。费尔巴哈的人本学唯物主义

  十、苏联各民族哲学思想发展的特点

第三章　马克思主义哲学的形成和发展

  一、马克思哲学立场的形成

  二、新哲学世界观的基本思想

  三、马克思和恩格斯创作中的辩证法学说

  四、列宁对马克思主义哲学的发展

  五、列宁逝世后的马克思列宁主义哲学

第四章　20世纪的非马克思主义哲学

　　一、非古典哲学的形成和发展

　　二、非理性的东西问题,反理性主义

　　三、对科学技术理性的崇拜及其反对者

　　四、世界中的人和人的世界

　　五、20世纪的宗教哲学：墨守成规与更新的尝试。

　　六、哲学的特点和命运。知识和语言问题

第五章　存在

　　一、存在问题的生活根源和哲学含义

　　二、哲学上的存在范畴

　　三、存在的基本形式和存在的辩证法

第六章　物质

　　一、列宁的物质定义

　　二、现代科学关于物质构造,世界的物质统一性

　　三、运动

　　四、空间与时间

第七章　辩证法

　　一、辩证法的含义

　　二、存在的普遍联系

　　三、结构联系,系统性原则

　　四、决定性联系,决定性原则

　　五、量变和质变的辩证法

　　六、存在和认识的矛盾性,辩证的否定

　　七、发展和进步

第八章　自然界

　　一、作为哲学思考对象的自然界

　　二、生态问题：科学的、社会—哲学的和伦理—人道的方面。

　　三、生物界与非生物界,人与生物界的关系,作为价值的生命。

第九章　人

　　一、人是什么？人类社会起源的奥秘

　　二、生物因素与社会因素的统一

三、人的精神体验中的生死问题

　　四、作为世界共同体的人类和进步的人道主义尺度问题

第十章　实践

　　一、实践是人类对待世界的特殊方式

　　二、实践是人的社会生命活动全部形式的基础

　　三、实践活动的结构及其基本形式

第十一章　意识

　　一、意识问题在哲学中是怎样提出来的

　　二、反映形式的发展是意识的发生前提

　　三、人类意识的产生,意识是人类文化再生产的必要条件

　　四、自我意识

第十二章　认识

　　一、认识是哲学分析的对象。

　　二、知识的结构,理性认识与感性认识

　　三、真理理论

第十三章　科学

　　一、现代世界的科学

　　二、科学认识及其特征

　　三、科学知识的结构及其动力学

　　四、哲学和科学的发展

　　五、科学认识的逻辑、方法论和方法

　　六、科学伦理学

第十四章　社会

　　一、唯物主义是分析社会的初始方法原理

　　二、基础和上层建筑

　　三、社会意识的结构

　　四、社会的历史类型和分析现实历史过程的方法论

　　五、历史过程的动力和主体

第十五章　进步

　　一、生产力和生产关系的辩证法

　　二、社会进步的客观标准和类型

三、世界历史的统一性和多样性

第十六章 文化

一、文化是人的发展的尺度

二、社会与文化

第十七章 个性

一、个人、个人特性、个性

二、人同社会的相互关系的历史类型

三、历史的必然与个性自由

第十八章 未来

一、最近的、不远的和遥远的未来：认识方法和认识手段

二、科学技术和未来的选择

三、人类面临全球性问题：核时代的新思维

四、人类的未来和现实的历史过程

第七章

辩证唯物主义与历史唯物主义体系在中国的形成与确立

1919年,李大钊发表了《我的马克思主义观》,首先向中国人介绍了唯物主义历史观,即历史唯物主义。1924年,瞿秋白出版了《社会哲学概论》,首先向中国人介绍了辩证唯物主义。与李大钊的《我的马克思主义观》不同,瞿秋白的《社会哲学概论》是教科书,是以教科书的形式来阐述马克思主义哲学原理、建构马克思主义哲学体系的,并由此拉开了中国学者建构马克思主义哲学体系的序幕。在当代中国,要重建马克思主义哲学体系,就要深入考察和把握中国马克思主义哲学史,就要深入考察和分析辩证唯物主义与历史唯物主义体系在中国形成的历史进程,并把握其中的规律。

一、辩证唯物主义和历史唯物主义体系在中国的初步形成

在中国,首先较为系统阐述马克思主义哲学的是瞿秋白。1924年,瞿秋白出版了《社会哲学概论》,在中国开启了探索和建构马克思主义哲学体系的先河。

研读《社会哲学概论》可以看出,《社会哲学概论》展示了这样一条逻辑线索:"(一)先从哲学上之宇宙根本问题研究起;(二)继之社会现象的秘密之分析;(三)再进于社会主

之解说。"①制定了这样一个理论框架：哲学中之唯心唯物论；唯物哲学与社会现象；宇宙之起源；生命之发展；细胞——生命之历程；实质与意识；永久的真理——善与恶；平等；自由与必然；互变律；数与质——否定之否定；社会的物质——经济；原始的共产主义及私产之起源；阶级之发生及发展；分工；价值的理论；简单的与复杂的劳动；资本及剩余价值。《社会哲学概论》在阐释"唯物哲学之历史观"的同时，阐述了"唯物主义的，互辩律的哲学"，包括矛盾规律、质量互变规律和否定之否定规律，"宇宙的根本是物质的动，动的根本性质是矛盾——是否定之否定，是数量质量的互变"②。这样，《社会哲学概论》就较为系统地初步阐述了马克思主义哲学原理，自觉不自觉地初步建构了辩证唯物主义和历史唯物主义体系。

按照瞿秋白的观点，马克思主义是对宇宙、自然、社会的统一观点和方法，是由辩证唯物论、唯物主义历史观、经济学说和科学社会主义四个部分综合而成的理论体系，其中，辩证唯物论是根本的理论基础，是总的宇宙观和方法论；在这种"新的宇宙观"中，"唯物主义的，互辩律的哲学"，即辩证唯物主义"是一切社会科学的方法论"，"唯物哲学之历史观"，即历史唯物主义乃是研究人类社会及其一切现象，研究社会形式变迁之规律的科学，其方法就是"唯物主义的互变律的哲学"。但是，瞿秋白对辩证唯物主义和历史唯物主义的内在联系缺乏深刻理解，甚至把辩证唯物主义和历史唯物主义看作是两个各自独立的部分。

从体系的内容上看，《社会哲学概论》主要是依据恩格斯的《反杜林论》、普列汉诺夫的《马克思主义的基本问题》、布哈林的《历史唯物主义理论——马克思主义社会学通俗教材》来阐述马克思主义哲学的；从体系的结构上看，《社会哲学概论》主要是依据布哈林的《历史唯物主义理论——马克思主义社会学通俗教材》和戈列夫编写、瞿秋白翻译的《新哲学——唯物论》来展示马克思主义哲学的，在第一部分阐述辩证唯物主义，在第二部分阐述历史唯物主义。换言之，辩证唯物主义和历史唯物主义的"二分结构"在《社会哲学概论》中已初见端倪。这标志着中国马克思主义哲学体系的建构一开始就是沿着辩证唯物主义和历史唯物主义"二分结构"这个方向展开的。

---

① 《瞿秋白文集：政治理论编》第二卷，人民出版社1988年版，第340页。
② 《瞿秋白文集：政治理论编》第二卷，人民出版社1988年版，第357页。

二、辩证唯物主义和历史唯物主义体系在中国的基本形成

1937年,李达出版了《社会学大纲》。这是一部以社会学的名义阐述哲学的著作,实际上是一部系统阐述马克思主义哲学原理的教科书。《社会学大纲》以马克思的《〈黑格尔法哲学批判〉导言》《1844年经济学哲学手稿》《神圣家族》《关于费尔巴哈的提纲》《德意志意识形态》《共产党宣言》《资本论》,恩格斯的《反杜林论》《路德维希·费尔巴哈和德国古典哲学的终结》,列宁的《唯物主义和经验批判主义》《哲学笔记》等著作为基本依据,以思维与存在的关系问题及其科学解答为基本线索,以辩证法、认识论和逻辑学三者同一为基本原则,建构了这样一个马克思主义哲学体系:当作人类的认识史的综合看的唯物辩证法;当作哲学的科学看的唯物辩证法;唯物辩证法的诸法则;当作认识论和论理学看的唯物辩证法;当作科学看的历史唯物论(历史唯物论序说);资产阶级社会学及历史哲学批判;社会的经济构造,即生产力和生产关系;经济构造之历史的形态;社会的政治建筑,即阶级和国家;社会的意识形态,即意识形态的一般概念和意识形态的发展。

可以看出,《社会学大纲》在马克思主义体系的安排上仍然实行辩证唯物主义与历史唯物主义的"二分结构",在整体结构和理论体系上,《社会学大纲》没有超出同一时期的苏联马克思主义哲学体系。之所以如此,是因为李达当时认为历史唯物主义是辩证唯物主义在历史领域的"应用"与"扩张":"所谓辩证唯物论与历史唯物论的关联,这句话的本来的意义,就是彻底的把辩证唯物论应用并扩张于历史的领域。"①

但是,我注意到,同瞿秋白的《社会哲学概论》以及同一时期的苏联马克思主义哲学教科书相比,李达的《社会学大纲》不仅具有列宁、恩格斯的"元素",而且具有更多的马克思的"元素",尤其是阐述了《1844年经济学哲学手稿》的一些重要观点。《社会学大纲》高度评价了《1844年经济学哲学手稿》,认为它为"马克思的彻底的哲学唯物论"奠定了基础,其中,根本契机就是把黑格尔辩证法中的实践概念"放在唯物论的基础上展开出来,引入于唯物论之中,给唯物论以新的内容、新的性质",正是基于对实践的正确理解,马克思"建立了实

---

① 《李达文集》第2卷,人民出版社1981年版,第283页。

践的唯物论",达到唯物辩证法这一"统一的世界观"①。因此,《社会学大纲》明确提出了"当作实践的唯物论看的唯物辩证法"②这一重要命题。这一见解正确而深刻,更重要的是,这一见解在20世纪30年代难能可贵,富有前瞻性,至今仍然具有重要的理论意义。

以此为前提,《社会学大纲》明确提出了三个重要观点。

其一,"辩证法的唯物论,以劳动的概念为媒介,由自然认识的领域扩张于历史认识的领域,使唯物论发生了本质的变化,变成了实践的唯物论"。

其二,"实践唯物论,把实践当作历史的——社会的范畴,解释为感性的现实的人类的活动……所以能够在其与社会生活的关联上去理解人类认识的全部发展史,因而克服观念论哲学的抽象性与思辨性,而到达于唯物辩证法"。

其三,马克思"首先阐明了历史领域中的辩证法,其次由历史的辩证法进到自然辩证法,而在社会的实践上统一两者以创出科学的世界观的唯物辩证法"。这就是说,正是基于对实践的正确理解,马克思主义发现了"人与自然相结合的媒介",在把辩证法从历史领域"贯彻"到自然领域的同时,又把唯物论从自然领域"扩张"到历史领域,从而"建立彻底的唯物论、统一的世界观"③。

由此,《社会学大纲》得出结论:"实践的唯物论,由于把实践的契机导入于唯物论,使从来的哲学的内容起了本质的变革。"④

显然,《社会学大纲》已经在一定程度上意识到实践的观点是马克思主义哲学的理论基础,意识到实践唯物主义、历史唯物主义、辩证唯物主义存在着内在联系,意识到实践唯物主义的创立是哲学史上革命变革的契机。所以,在马克思主义哲学体系的安排上,《社会学大纲》力图用劳动——实践范畴连接辩证唯物主义和历史唯物主义。当然,《社会学大纲》并没有真正实现用实践范畴连接辩证唯物主义和历史唯物主义,并使二者"一体化"。

同时,《社会学大纲》对辩证唯物主义和历史唯物主义的关系也有自己独特的见解:一方面,自然辩证法是唯物辩证法的基础,历史唯物主义是辩证唯物主义在历史领域的"应用"与"扩张","辩证唯物论与历史唯物论的关联"就

---

① 《李达文集》第2卷,人民出版社1981年版,第283页。
② 《李达文集》第2卷,人民出版社1981年版,第50页。
③ 《李达文集》第2卷,人民出版社1981年版,第56、57、58页。
④ 《李达文集》第2卷,人民出版社1981年版,第60—61页。

是辩证唯物论"应用"并"扩张"于历史领域。"只有彻底的把辩证唯物论扩张于人类社会或历史的领域,才能使辩证唯物论更趋于深化和发展"①。另一方面,马克思首先阐明了历史辩证法,其次由历史辩证法进到自然辩证法,并在实践的基础上把二者统一起来,从而创立出作为科学的世界观的唯物辩证法。因此,唯物辩证法是唯物辩证的历史观和唯物辩证的自然观的"综合"和"统一",而二者综合和统一的基础则是实践观。《社会学大纲》对辩证唯物主义和历史唯物主义关系的理解既有合理性,又有明显的逻辑矛盾,即一方面认为自然辩证法是历史辩证法的理论基础,另一方面又认为马克思是从历史辩证法进到自然辩证法的。

这表明,《社会学大纲》所建构的马克思主义哲学体系既受到"打上了俄罗斯印记的列宁主义与斯大林模式"的影响,又有更多的"经典意义上的马克思主义"的内容;既受到当时苏联哲学论战,如"辩证法派"与"机械论派"、米丁与德波林论战的影响,又有对当时国内哲学论战,如关于中国社会性质、中国社会史、唯物辩证法论战的总结;更重要的是,在一定程度上反映、概括了中国革命实践的经验。因此,《社会学大纲》所建构的马克思主义哲学体系具有"中国元素",凝聚着中国学者对马克思主义哲学的独特理解,在一定程度上体现了中国学者的独创性。

《社会学大纲》在当时就产生了很大的影响,并直接影响到毛泽东写作《实践论》《矛盾论》。毛泽东后来高度评价《社会学大纲》,认为"《社会学大纲》就是中国人自己写的第一本马克思主义哲学教科书"②。毛泽东可能忽略或没有看到瞿秋白的《社会哲学概论》,所以,误把李达的《社会学大纲》看作"中国人自己写的第一本马克思主义哲学教科书"。如前所述,瞿秋白的《社会哲学概论》才是中国人自己写的第一本马克思主义哲学教科书。但是,无论是对西方哲学史的分析,还是对马克思主义哲学史的考察,无论是对马克思主义哲学经典著作把握的广度,还是对马克思主义哲学基本观点阐述的深度,无论是对马克思主义哲学范畴界定的准确性,还是对马克思主义哲学体系建构的完整性,《社会学大纲》都比《社会哲学概论》以至同一时期的苏联马克思主义哲学教科书高出一筹。应该说,《社会学大纲》是中国学者以自己的表述方式撰写的第

---

① 《李达文集》第 2 卷,人民出版社 1981 年版,第 283 页。
② 引自胡为雄:《新中国第一本马克思主义哲学教科书的编写及其经验》,载《毛泽东邓小平理论研究》2007 年第 5 期。

一部系统阐述马克思主义哲学原理的教科书,标志着具有"中国元素"的辩证唯物主义和历史唯物主义体系基本形成。

三、辩证唯物主义和历史唯物主义体系在中国主导地位的确立

新中国成立后,1950年至1959年这一时期,由于特殊的历史原因,不仅苏联的马克思主义哲学教科书被引进中国,而且苏联的马克思主义哲学家也被邀请到中国直接讲授马克思主义哲学及其经典著作。从1959年开始,遵照中共中央书记处的指示精神,中国学者开始编写马克思主义哲学教科书。1961年,艾思奇主编的马克思主义哲学教科书,即《辩证唯物主义 历史唯物主义》由人民出版社出版。

《辩证唯物主义 历史唯物主义》明确提出:"辩证唯物主义和历史唯物主义是马克思主义哲学,是马克思主义的全部学说的哲学基础,是革命的工人阶级的世界观";作为世界观的学问,"哲学观点就是人们对于世界上的一切事物、对于整个世界的最根本的观点"[①]。这是《辩证唯物主义 历史唯物主义》的指导思想。以此为前提,《辩证唯物主义 历史唯物主义》对马克思主义哲学的对象、任务、性质,以及辩证唯物主义和历史唯物主义的关系都作出了明确规定:一是马克思主义哲学是科学的世界观和方法论,它在对"全部科学知识及历史材料加以概括和总结"的基础上,研究自然、社会和思维运动的一般规律;二是马克思主义哲学是无产阶级的世界观,其主要任务是改变世界,因而是革命性和科学性的高度统一;三是"马克思主义哲学——辩证唯物主义和历史唯物主义","历史唯物主义和辩证唯物主义是不可分割的有机统一的整体",历史唯物主义就是"把辩证唯物主义推广到对人类社会的认识"。[②]

正是在这一思想的指导下,《辩证唯物主义 历史唯物主义》对马克思主义哲学体系作了这样的安排:"上篇 辩证唯物主义",包括世界的物质性、物质和意识、对立统一规律、质量互变规律、否定之否定规律、唯物辩证法的基本范畴、认识和实践、真理;"下篇 历史唯物主义",包括历史唯物主义和历史唯心主义的根本对立、生产力和生产关系、经济基础和上层建筑、阶级和国家、社

---

① 艾思奇:《辩证唯物主义 历史唯物主义》,人民出版社1961年版,第1、2页。
② 艾思奇:《辩证唯物主义 历史唯物主义》,人民出版社1961年版,第19、200页。

会革命、社会意识及其形成、人民群众和个人在历史上的作用。

显然,《辩证唯物主义 历史唯物主义》所建构的马克思主义哲学体系深受康斯坦丁诺夫的《马克思主义哲学原理》的影响,在总体上没有超出苏联马克思主义哲学体系。当然,我注意到,《辩证唯物主义 历史唯物主义》又不是苏联马克思主义哲学体系的"翻版",在某些方面比苏联马克思主义哲学体系具有更高的水平,并具有特创性:一是结合中国新民主主义革命和社会主义建设的实际来阐述马克思主义哲学基本观点;二是结合中国传统哲学,尤其是古代唯物主义和辩证法思想来阐述马克思主义哲学基本观点;三是充分反映了毛泽东哲学思想对马克思主义哲学的丰富和发展,对对立统一规律、认识和实践的阐述,基本上采用了《矛盾论》《实践论》的体例。

按照主编艾思奇的观点,《辩证唯物主义 历史唯物主义》"力求比较准确、简练地阐明马克思列宁主义哲学的一般原理;同时又在阐明马克思列宁主义的一般原理的基础上,说明毛泽东同志对马克思列宁主义哲学的发展。把阐明马克思列宁主义的一般哲学原理和说明毛泽东同志对马克思列宁主义哲学的发展,两方面结合起来。我们的中心任务是结合中国革命和中国社会主义建设的实践来阐明马克思列宁主义哲学的发展。毛泽东思想就是马克思列宁主义,就是马克思列宁主义与中国革命实践的结合;毛泽东哲学思想就是马克思列宁主义哲学思想"。既要反对"只注重谈马克思列宁主义哲学的一般原理,而忽视毛泽东同志对马克思列宁主义哲学的贡献"的倾向,又要反对"脱离马克思列宁主义哲学的一般原理,或对马克思列宁主义的一般原理还没有搞清楚,就任意用贴标签的方式,空谈毛泽东同志对它的发展"的倾向。[①] 实际上,这就是编写《辩证唯物主义 历史唯物主义》的指导思想和基本原则,《辩证唯物主义 历史唯物主义》也的确贯彻、体现了这一指导思想和基本原则。因此,尽管《辩证唯物主义 历史唯物主义》在理论体系上没有突破苏联马克思主义哲学体系,但它在理论内容上具有"中国内涵"。

《辩证唯物主义 历史唯物主义》是由中共中央书记处决定并组织编写的,同时,由于编写者都是国内一流专家、学者,代表着当时国内马克思主义哲学研究的最高水平,因而无论是在政治上,还是在学术上,都具有极高的权威性。《辩证唯物主义 历史唯物主义》在马克思主义哲学体系发展史上的地位

[①]《艾思奇文集》第 2 卷,人民出版社 1983 年版,第 824 页。

就在于,它标志着具有"中国内涵"的辩证唯物主义和历史唯物主义体系在中国主导地位的确立,并产生了广泛而深远的影响。

1981年、1983年,肖前、李秀林、汪永祥主编的《辩证唯物主义原理》《历史唯物主义原理》由人民出版社出版。《辩证唯物主义原理》和《历史唯物主义原理》进一步深化了《辩证唯物主义 历史唯物主义》所阐述的马克思主义哲学基本观点,进一步完善了《辩证唯物主义 历史唯物主义》所建构的马克思主义哲学理论体系。

在关于马克思主义哲学的对象、性质和内容的规定,以及辩证唯物主义和历史唯物主义的关系上,《辩证唯物主义原理》《历史唯物主义原理》从总体上继承了《辩证唯物主义 历史唯物主义》的观点,同时,又深化了这些观点。其一,马克思主义哲学是科学的世界观和方法论,其任务就是"揭示贯穿在自然、社会和思维的一切领域中的最普遍的规律"①。其二,马克思主义哲学是"唯物主义和辩证法高度统一、唯物辩证的自然观和唯物辩证的历史观高度统一的完整严密的理论体系",其中,"辩证主义和辩证法的统一是普遍的原则","唯物辩证的自然观和唯物辩证的历史观的统一,具有特殊意义"②。其三,"马克思主义哲学是辩证唯物主义和历史唯物主义",辩证唯物主义是"一般宇宙观",历史唯物主义是"社会历史观","只有当包括自然观在内的一般宇宙观体现为社会历史观,并且真正付诸实践的时候,一般宇宙观才能在实际生活中真正发生作用"。③

上述三点实际上构成了《辩证唯物主义原理》《历史唯物主义原理》的基本原则。正是在这三条基本原则的指导下,《辩证唯物主义原理》《历史唯物主义原理》建构了以"世界的物质性"为起点、辩证唯物主义和历史唯物主义"二分结构"的马克思主义哲学体系。《辩证唯物主义原理》包括世界的物质性、意识的起源、本质和作用、唯物辩证法是关于联系和发展的科学、质量互变规律、对立统一规律、否定之否定规律、唯物辩证法诸范畴、实践及其在认识中的作用、认识的辩证运动、真理、辩证思维的形式和方法。《历史唯物主义原理》包括历史唯物主义是科学的历史观、人类社会和自然界、生产力和生产关系、经济基础和上层建筑、阶级、国家、革命、社会意识、科学及其在社会历史中的地位和

---

① 肖前等:《辩证唯物主义原理》,人民出版社1981年版,第40页。
② 肖前等:《辩证唯物主义原理》,人民出版社1981年版,第36页。
③ 肖前等:《历史唯物主义原理》,人民出版社1983年版,第8页。

作用、人民群众和个人在历史中的作用、社会有机体及其发展和进步。

无疑，在概括自然科学的新成果，总结社会实践的新经验，吸收哲学研究的新思想，以及在解读马克思主义哲学文本的深度和广度上，《辩证唯物主义原理》《历史唯物主义原理》远远超出了《辩证唯物主义　历史唯物主义》，达到了新的水平。但是，就基本观点、基本原则和基本结构而言，《辩证唯物主义原理》《历史唯物主义原理》同《辩证唯物主义　历史唯物主义》本质一致、总体相同，并没有超出《辩证唯物主义　历史唯物主义》，也没有超出同一时期的苏联马克思主义哲学教科书，如康斯坦丁诺夫的《马克思主义哲学原理》、斯坦尼斯的《辩证唯物主义概论》、苏联科学院哲学教研室编写的《历史唯物主义概论》，从总体上看，并没有超出苏联马克思主义哲学体系。即使是1991年由人民出版社出版的《辩证唯物主义原理》修订本、《历史唯物主义原理》修订本，在总体上也是如此。

同《辩证唯物主义原理》第1版、《历史唯物主义原理》第1版相比，《辩证唯物主义原理》修订本、《历史唯物主义原理》修订本的确提出了一些具有重要意义的观点，其中，最重要的，就是实践唯物主义的观点。按照《辩证唯物主义原理》修订本、《历史唯物主义原理》修订本的观点，马克思主义哲学是从实践出发，从主体与客体双重视角来理解"对象、现实、感性"，"从实践出发来理解人本身及人的全部社会生活"的，所以，实践的观点不仅是马克思主义认识论的首要的、基本的观点，而且是唯物主义历史观的首要的、基本的观点，是整个马克思主义哲学"赖以建立、赖以发展的首要的、基本的观点"[1]。因此，"马克思主义哲学的新唯物主义，同时可以说是实践的唯物主义"[2]。

这不乏真知灼见。如果把这一精神彻底贯彻下去，必将从根本上、总体上突破苏联马克思主义哲学体系。然而，令人遗憾的是，《辩证唯物主义原理》修订本、《历史唯物主义原理》修订本并没有把这一精神真正贯彻下去。《辩证唯物主义原理》修订本、《历史唯物主义原理》修订本只是在辩证唯物主义中的辩证法和认识论之间增加了专门阐述实践的一章，对实践的主要特征、内在结构和活动过程作了较为全面的阐述，但在总体上仍然"保持原来的基本理论格局"[3]，即仍然保持以"物质"为起点的辩证唯物主义与历史唯物主义的"二分结构"。

---

[1] 肖前等：《辩证唯物主义原理》（修订本），人民出版社1991年版，第44页。
[2] 肖前等：《辩证唯物主义原理》（修订本），人民出版社1991年版，第44页。
[3] 肖前等：《辩证唯物主义原理》（修订本），人民出版社1991年版，"修订本前言"，第1页。

第八章

《社会学大纲》与马克思主义哲学体系*

马克思和恩格斯，在1844—1845年，已经创立了唯物辩证法。这是可以从《经济学的—哲学的草稿》(1844年)、《神圣家族》(1845年)、《费尔巴哈论纲》(1845年)以及《德意志意识形态》(1845—1846年)诸书去理解的。我们必须注意的事情，就是：唯物辩证法，并不是费尔巴哈唯物论与黑格尔辩证法之机械的综合。辩证法的唯物论，是克服了从来一切形而上学的唯物论，特别是费尔巴哈唯物论的缺陷，并由自然领域扩张于历史领域的唯物论；唯物论的辩证法，是批判地摄取了从来一切哲学中的辩证法，特别是黑格尔辩证法的成果，并综合了现代社会科学与自然科学的诸结论的辩证法。所以费尔巴哈唯物论与黑格尔辩证法虽是唯物辩证法之哲学的直接的先导，而唯物辩证法却并不是两者之机械的综合。

一、唯物辩证法的生成

关于黑格尔辩证法的批判之展开，首先是1843年的《黑

---

* 本章第一、第二节内容选自李达《社会学大纲》(笔耕堂书店1937年出版)第一篇第一章第二节和第二篇第一章第一节，并略作删改。文中标题由我所加。

格尔法律哲学批判》,其次是1844年的《黑格尔法律哲学批判·序论》和《经济学的—哲学的草稿》,以及1845年的《神圣家族》。如亚多拉次基所说,马克思在《经济学的—哲学的草稿》中,已经出现为"完全的辩证法的唯物论者"了。至于1845—1846年发表的创始者们合著的《德意志意识形态》,已经完全地展开了唯物辩证法。

辩证法的唯物论是费尔巴哈唯物论的克服,并不是费尔巴哈唯物论的原形;同样,唯物论的辩证法是黑格尔辩证法的改造,并不是黑格尔的辩证法的原形。崭新的科学的哲学——唯物辩证法,具有其新的质、新的生命、新的内容和新的历史使命。唯物辩证法是科学的历史观与科学的自然观的统一,而两者统一的基础,是社会的—生产的实践。我们在前段的说明中,可以看出创始者们之哲学的实践的活动,首先是从社会的—历史的领域,即政治的—实践的领域中开始的。我们可以说,创始者们首先阐明了历史领域中的辩证法,其次由历史的辩证法进到自然辩证法,而在社会的实践上统一两者以创出科学的世界观的唯物辩证法。在这种处所,我们可以理解新哲学的新生命、新内容和新的历史使命。以下我们就创始者们初期的哲学的著作,来说明唯物辩证法的生成过程。

马克思从《莱茵新闻》时代决定成为唯物论者以后,就在唯物论的基础上应用辩证的方法研究政治问题、经济问题及各种历史事实,特别是关于当时法国的劳动者运动与英国劳动者的宪章运动。这些研究的结果,归着于下述的结论:"法律关系与国家形态",以社会的经济构造为基础。这是科学的历史观——历史唯物论的重要思想。这个重要思想之更深刻更具体的开展,便是经济学的研究。

经济学的研究,大约是1843年11月间开始的。这种研究的成果,是1844年的《经济学的—哲学的草稿》(以下简称《草稿》)。这部《草稿》中,阐明了劳动者与资本家、地主的阶级关系,提起了货币、资本、工资、地租等分析的经济问题,并且批判了黑格尔的辩证法。其中最根本的契机,是黑格尔辩证法中实践的概念之批判的展开。黑格尔辩证法最伟大的特色,是人类的劳动、活动、实践的意义的重视。但黑格尔是唯心论者,只把劳动当作抽象的精神的劳动去理解。马克思把黑格尔辩证法中这个生动的实践的概念,拿来放在唯物论的基础上展开出来,引入于唯物论之中,给唯物论以新的内容、新的性质。他从人类与自然的关系去说明劳动,这与从来的唯物论和唯心论关于劳动的理解，是完全不同的。唯心论把人类从自然分离出来，使人类转化为自我意识；旧唯物论把自然从人类分离出来，使人类转化为生物学的范畴。因此，这样的劳动、实践的概念，变为抽象的东西，不能正确地说明人类的社会。在马克思看来，劳动是人类与自然的结合。在劳动过程中，人类与自然相结合，自然对于人类发生具体的联系。因而劳动是当作社会的人类看的人类的本质。只有社会的人类的这种劳动——实践能够指导自然的认识，才是认识的基础。

马克思基于劳动——实践的意义之正确理解，所以超出旧唯物论的界限，建立了实践的唯物论。正因为劳动是人与自然相结合的媒介，所以由于劳动的概念之唯物论的把捉，就能够理解人类社会所依以树立的物质的基础，理解基础与上层建筑的关系，因而建立历史观之唯物论的根据。基于这种理解，唯物论就从自然的领域扩张至历史的领域，从下方完成到上方，建立彻底的唯物论、统一的世界观。

马克思的彻底的哲学唯物论，在《经济学的—哲学的草稿》中，已经完成了它的基础。在这部《草稿》之中，我们可以看出下列三大特征。

第一个特征，是历史，特别是法国革命史的研究。由于这种研究，阐明了社会的基础与上层建筑、"市民的社会"与"政治的国家"的关系，指出了阶级拮抗的作用与无产阶级的历史使命。并且，《草稿》的著者已由激进的民主主义者变为社会主义者了。

第二个特征，是经济学的研究。由于这种研究，准备了《资本论》的雏形，同时给予了把历史唯物论当作哲学唯物论的一构成部分确立的可能性。而历史唯物论的基础，是由劳动的概念所成就的。这劳动的概念，不是精神的劳动、自我意识的抽象的行为，而是物质的生产的劳动，是当作经济学的范畴看的劳动。

第三个特征，是法国劳动运动与法国社会主义的研究。这种研究的结果，在《草稿》以后所写的《神圣家族》中，表现了积极的意义。

所以马克思的哲学的唯物论之形成，与历史学、经济学、社会主义等的研究，有不可分离的关系。由于这类的研究，暴露了历史的发展法则，预见了资产阶级社会的发生发展及消灭的倾向，指示了否定这种社会的主体是无产阶级。换句话说，历史唯物论——科学的历史观之树立，是唯物辩证法这种哲学的一个最重要的契机。

如上面所述，唯物辩证法生成的社会的基础，是资产阶级社会的自我批判的开始与无产阶级的生长,而其意识形态的条件是先行的哲学与社会科学。但唯物辩证法,除了唯物辩证的历史观以外,还有一个方面,这就是唯物辩证法的自然观。所以唯物辩证法的生成,与当时的自然科学的水准有深刻的关系,这是不容忽视的。

自然是辩证法的证明。自然是社会的前提。自然在认识论上,是意识、思维的本源,是辩证法之唯物论的探究的基础。所以自然领域中的唯物辩证法的理解,是唯物辩证法的基础。唯物辩证法,必须从历史—社会的领域贯彻于历史—社会的基础之自然领域,它才成为统一的世界观,成为一般的方法论。所以唯物辩证法必须是唯物辩证法的历史观与自然观的综合。

前面已经说过,在黑格尔的时代,自然科学上的发展的观点,随处都是暴露着。黑格尔对于辩证法的研究,不但从历史科学的领域,而且从自然科学的领域,采取了很多的材料。他常常从唯心论的外衣窥视自然世界的客观的辩证法。但因为当时自然科学的知识还不充分,而他的哲学又是唯心论的,所以他只能在头脑中构想那为当时自然科学所不曾阐明的世界之现实的关联,因而演出他的体系与方法的矛盾。但到了创始者们的时代,自然科学就发展到比较高级的水准了。先就天文学的领域来说,康德在1775年发表了《天体的一般史与一般理论》,建立了太阳系由星云状态演进的假说,指出了宇宙的发展是物质变动的过程。其次,地质学证明了地球中互相继起而层叠的地层的存在,并且在这类地层中发现了原始动植物的遗物。这些动植物的遗物的研究,变为古生物学的端绪。于是科学逐渐接近于关于生物界发展之历史的观点。于是生物学、生理学、胎生学等科学都发展起来了。

自然科学上许多伟大的发见,或在唯物辩证法的创立以前出现,或者同时出现。第一个发见,是细胞——动植物从它发展起来的生动有机体最简单的构成部分——的发见。第二个发见,是能力转换的法则的发见。这个发见,说明了力学的力、热、光、辐射热、电气、磁气、化学的能力等,并不是各自孤立、互相分离而存在的东西,而是单一的普遍运动的种种形式,是互相推移转变的运动形式。这个法则的发见,表示了自然界的一切运动都由一种运动形态转变为他种运动形态。第三个发见,是达尔文的理论。这个理论,证明了地上存在的有机体是少数最简单有机体的长期发展过程的结果。

以上那些发见以及19世纪中叶以来的自然科学的发展,使人们能够到达于自然世界之唯物辩证法的理解。所以马克思与恩格斯,能够把自然科学的诸成果普遍化，建立唯物辩证法的自然观，扬弃了自然科学的思辨的概括之自然哲学，克服了机械唯物论的自然观。因而为唯物辩证法造出由历史贯彻于自然的可能性。

唯物辩证法是唯物辩证法的历史观与自然观的统一，两者统一的基础是社会的实践。如上面所见，辩证法的唯物论，以劳动的概念为媒介，由自然认识的领域扩张于历史认识的领域，使唯物论发生了本质的变化，变成了实践的唯物论。当作劳动、物质的生产和社会斗争看的实践，规定着表象、概念等等之精神的生产。在这种见解之下，实践不单是社会科学的范畴，并且是哲学的认识论的范畴。要懂得实践优于理论的见解，就必须理解实践是认识的出发点和源泉，是认识的真理性的规准。所以实践的唯物论，由于把实践的契机导入于唯物论，从来的哲学的内容起了本质的变革。

从来形而上学唯物论的认识论，只知道认识是客观实在在我们头脑中的反映，却不能理解认识的发生发展过程中的实践的契机。因此，这种旧唯物论，不知道实践是认识的发展的原动力，所以不能说明认识的发展、认识的相对性与绝对的客观的真理的关系，即不能理解认识发展的辩证法。至于实践的唯物论，把实践作为认识的发展的杠杆，解释为历史上发展的物质的生产及社会斗争，并主张实践是认识的源泉、认识发展的契机和真理性的规准，阐明了认识过程的辩证法，因而克服了旧唯物论的缺陷。所以实践唯物论的认识论，实是辩证唯物论的认识论。

其次，实践唯物论，由于在唯物论的基础上展开了实践的契机，又克服了唯心论的弱点。唯心论展开了旧唯物论所忽视的实践的契机，很注重实践的概念。但唯心论把实践解释为抽象的精神的东西，不知道实践原是社会的—历史的范畴。例如康德，虽提倡"实践理性的优位"，却分离"实践理性"与"理论理性"，不承认实践是认识的源泉和真理性的规准。黑格尔虽然主张实践是认识过程的契机和推动力，但他把实践解释为意识的劳动或活动，这纯粹是唯心论的。至于实践唯物论，把实践当作历史的—社会的范畴，解释为感性的现实的人类的活动，并把它作为认识论的契机，所以能够在其与社会生活的关联上去理解人类认识的全部发展史，因而克服唯心论哲学的抽象性与思辨性，而到达于唯物辩证法。

唯物辩证法，当作哲学的科学看，原是认识论，它的更进一步的具体化，是唯物辩证法的历史观与自然观。反过来说，当作认识论看的唯物辩证法的内容,又是唯物辩证法的历史观与自然观之普遍化的概括。所以唯物辩证法是关于发展的最深刻的学说。

二、辩证唯物论和历史唯物论的关系

唯物辩证法的大体的内容,在前篇之中已经说明了。从本章起,我们着手研究历史唯物论。但在研究历史唯物论的各种根本问题以前,我们先要解明下面三个问题:(一)辩证唯物论与历史唯物论的关系的问题,(二)历史唯物论的对象的问题,(三)关于形而上学及唯心论的社会学说或历史理论的批判的问题。本节先说明辩证唯物论与历史唯物论的关系的问题。

根据前篇的研究,我们已经知道,辩证唯物论是世界观与方法的统一、理论与实践的统一。这个哲学的对象,是自然、社会及人类思维的一般发展法则。而在唯物论的认识论上,思维的一般发展法则是自然与社会的一般发展法则之反映,两者在其内容上是一致的。所以在认识论或论理学上研究的思维的一般发展法则,是自然诸科学与社会诸科学的成果之普遍化的概括。因而辩证唯物论是"从人类的历史的发展之考察抽象出来的最一般的诸结论之概括",是人类一切知识的历史之总计、总和与结论。

当作世界观看的唯物辩证法,当作自然科学与社会科学的成果之普遍化的概括看的唯物辩证法,其中包含着两个部分,两个领域,即唯物论的自然观(自然辩证法)与唯物论的历史观(历史辩证法)。唯物论的自然观,以自然现象的发展法则为对象,因而它是自然诸科学的成果的概括;唯物论的历史观,以社会现象的发展法则为对象,因而它是社会诸科学的成果的概括。在这种意义上,唯物论的自然观与唯物论的历史观,是唯物辩证法与自然诸科学及社会诸科学之间的媒介的环。所以唯物辩证法与唯物论的自然观及唯物论的社会观,具有密切的不可分离的关联。德波林说:"如没有唯物论的自然观及唯物论的社会观,就没有辩证法;如没有辩证法就没有近代的科学的唯物论。"这句话是很正确的(这句话与他的哲学的偏向无关)。所以,历史唯物论与自然辩证法,同是唯物辩证法之必然的构成部分。

当作认识方法看的唯物辩证法,其一般的法则、原理和范畴,都是从一切个别科学抽象出来的东西,都具有极普遍的性质,所以它不但适合于任何特殊现象的领域,并且适合于一切现象的领域。唯物辩证法在自然领域中具体地适用起来,就成为自然辩证法;在历史领域中具体地适用起来,就成为历史唯物论。所以唯物辩证法,是一切科学的方法论。一切科学只有依据唯物辩证法,才能正确地把握客观的真理。

基于上述的见解,辩证唯物论与历史唯物论之间,具有极密切的关联。历史唯物论如没有辩证唯物论,它本身就不能成立;辩证唯物论如没有历史唯物论,也不能成为统一的世界观。

所谓辩证唯物论与历史唯物论的关联,这句话的本来的意义,就是彻底地把辩证唯物论应用并扩张于历史的领域。只有彻底地把辩证唯物论扩张于人类社会或历史的领域,才能使辩证唯物论更趋于深化和发展,人们才能在世界变动的过程中去认识世界,改造世界。

"历史唯物论是科学的思想之最大的收获。"它给予进步的阶级以正确的历史观—社会观,以理论斗争的武器,使他们能够积极地担负起改造社会的使命。

历史唯物论之积极的意义,"只有阐明在辩证唯物论与历史唯物论之间的内在的不可分的联系与统一",才能得到正确的理解。从前,一切形而上学的唯物论者(连费尔巴哈包括在内),根本上不知道唯物辩证法与历史唯物论,也不知道两者之间的关联和统一;他们的唯物论,只是自然科学的唯物论,不知道把唯物论扩张到历史的领域,反而在历史领域中变成唯心论的俘虏。

恩格斯说:"费尔巴哈说,单纯的自然科学的唯物论,'确是人类知识建筑的基础,不是建筑物的本身',这句话完全是正确的。因为我们不单是生活于自然之中,并且生活于人类社会之中,后者也具有不亚于前者的自己特有的发展史和科学。所以,最重要的事情,是要使社会科学,即所谓历史哲学的科学总体,与唯物论的基础相调和,并在这个基础上重新建筑。但这件事情,不能期望于费尔巴哈,因为他在这方面尽管具有基础,却依然被束缚在传统的唯心论的圈子里。这种事实,他自己也承认,他说:'退后说,我与唯物论者一致,但向前说,却不与他一致。'"

这段说明,是指出费尔巴哈的唯物论的缺陷,及其在历史领域中的唯心论的性质,同时主张把唯物论彻底地扩张于历史领域的重要性。所以,辩证唯物论创始者们当时最大的注意,是向着历史的唯物论,在他们的著作中,"特别强调的是辩证唯物主义,而不是辩证唯物主义,特别坚持的是历史唯物主义,而不是历史唯物主义"。

历史唯物论是进步的阶级的实践的理论斗争的武器,同时又是资产阶级的最大的敌人,所以资产阶级不能不集中注意云攻击历史唯物论。他们或者在认识论的领域中,赤裸裸地站在唯心论的立场,从根本上去否认辩证唯物论,因而否认历史唯物论;或者用唯心论的哲学去修正历史唯物论,把它改造为历史唯心论。这种修正主义的策略,在战斗的唯物论者看来,比较从根本上否认历史唯物论的倾向更为险恶,而必须与它做无假借的斗争。例如修正主义柏伦斯泰因一派,否认辩证唯物论的意义,而用新康德主义来修正历史唯物论。他极力主张历史过程中的精神的契机的意义,否定了历史唯物论所主张的"历史的发展之物质的规定性";用逐渐的和平的进化的理论,代替历史的飞跃的辩证法。

又如波格达诺夫,自称是历史唯物论的信徒,却用马哈主义代替辩证唯物论,因而毁坏历史唯物论。玛克时亚德拉也自称是历史唯物论的信徒,却用新康德主义代替辩证唯物论,因而修正历史唯物论。

还有,被称为"现代社会法西斯的罗马法皇"的考茨基,也努力表示着拥护哲学的唯物论与历史唯物论,承认"历史唯物论是适用于历史领域的唯物论"。可是他把哲学的唯物论当作认识的方法,因而"从哲学的世界观切离历史认识的方法",而到达于"唯物史观与唯物论哲学无关"的结论。这种结论,引导他站立在分离世界观与方法、分离理论与实践的机会主义的立场。

现代机械唯物论者们,也不能理解辩证唯物论与历史唯物论的统一。他们主张用自然科学代替辩证唯物论的哲学,并用自然科学的法则和范畴,来解释历史,造出了社会的自然生长性的历史理论。

上述唯心论者与机械唯物论者对于历史唯物论的曲解修正,是拥护历史唯物论的人们的攻击的目标。

历史唯物论是把辩证唯物论适用于社会的认识的理论,这在上文已经说明了。辩证唯物论怎样地适用于社会的认识呢?关于这一层,列宁这样说明着:"唯物论一般承认离人类的意识、感觉、经验及其他而独立的客观的实在的存在(物质)。历史唯物论承认离人类之社会的意识而独立的社会的存在。意识无论在哪一方面,只是存在的反映,至多也只是存在之近似的忠实的(适应的、观念上正确的)反映。"他又说:"唯物论总是由存在说明意识的东西。如果不是相反,那么,在人类的社会生活的应用上,唯物论要求由社会的存在说明社会的意识。"列宁这几句话,是简单地解释"社会的存在规定社会意识"这个论纲的。这个论纲,是历史唯物论的根本论纲,历史唯物论的全部内容,都是这个根本论纲的说明。

所谓社会的存在,是人类社会的现实的生活过程,是人与人在生活资料的生产过程中发生的相互关系。简单点说,社会的存在,即是社会经济的构造。所谓社会的意识,是一定的社会、阶级或职业等集团所具有的、非组织的、或稍稍组织化了的感情、情绪、思想或学说。简单点说,社会意识即是在意识中被反映了的社会的存在。

所谓社会的存在规定社会的意识,就是说:我们人类生活在社会之中,第一件重要的事情,是取得物质的生活资料来维持自身的存在。所以人们在从事政治生活及其他各种精神生活之前,必须先满足衣食住等项的需要。这类生活资料的生产,以及一个时代的经济发展的阶段,就形成了社会的基础。其他国家机关、法律见解、艺术及宗教表象等,都是在这个基础之上发展起来的上层建筑。这些上层建筑都是要受那个基础所规定、所说明的。

三、《社会学大纲》建构的马克思主义哲学体系

第一篇 唯物辩证法

第一章 当作人类认识史的综合看的唯物辩证法
　第一节 唯物辩证法的前史
　　一、原始时代的人类的认识
本书的根本论纲之提起　原始的思维　原始的宗教的世界观
　　二、古代自然哲学中的辩证法
古代哲学发生的历史根据　塔列斯与赫拉克里图的自然哲学中的辩证法　德谟克里特的唯物论
　　三、古代观念论哲学中的辩证法
苏格拉底与柏拉图的哲学中的论理学　亚里士多德的论理学
　　四、中世纪哲学中积极的成分
中世纪阿拉伯哲学中的唯物论　唯名论与二重真理论的积极的意义
　　五、近代初期的唯物论
近代初期唯物论的历史根据　十六—十七世纪英国的唯物论　十七世纪大陆各国的哲学　十八世纪法国唯物论

六、德国古典哲学中的辩证法

德国古典哲学的历史根据　康德哲学中的辩证法　黑格尔哲学中的辩证法

第二节　唯物辩证法的生成及发展

一、唯物辩证法的历史根据

十九世纪前半期资本主义经济上的矛盾　十九世纪前半期资本主义社会的、政治上的矛盾　十九世纪前半期意识形态上的矛盾

二、费尔巴哈唯物论与黑格尔辩证法之批判的摄取

黑格尔学派的崩溃与费尔巴哈唯物论的出现　创始者们思想的演进与社会的实践　费尔巴哈唯物论的克服　黑格尔辩证法之批判的摄取

三、唯物辩证法的生成

唯物辩证法的历史观　唯物辩证法的自然观　当作实践的唯物论看的唯物辩证法

四、唯物辩证法的发展

理论斗争中哲学的锻炼　伊里奇的阶段　伊里奇的唯物辩证法　哲学的现阶段　人类知识史的综合

第二章　当作哲学的科学看的唯物辩证法

第一节　辩证唯物论的一般特征

一、哲学的根本问题之解决

哲学上根本问题　唯物论的根本论纲　观念论的根本论纲　折衷论或二元论　哲学的阶级性

二、观念论的克服与辩证唯物论

观念论之社会的根源　观念论之认识论的根源　观念论与宗教的关系　观念论之扬弃与现代唯物论　辩证唯物论与旧唯物论的差异

三、物质的概念

物质　运动　时间与空间

第二节　唯物辩证法的对象

一、当作世界观与方法的统一看的唯物辩证法

当作世界观看的唯物辩证法　当作方法看的唯物辩证法

二、辩证法、认识论与论理学的同一性

三者的同一性问题之提起

创始者们对于这一问题的解决　伊里奇对于这一问题的展开　这一问题的概括

第三节　世界的发展及世界认识史的概观

一、世界的统一及其发展

物质的构造的领域之研究　物质世界的统一　太阳系生成的原理　地球生成的原理　生命生成的原理

二、世界认识史的概观

世界认识的发展　世界认识史之直观的阶段　世界认识史之形而上学的阶段　世界认识史之辩证法的阶段

第三章　唯物辩证法的诸法则

第一节　对立统一的法则

一、对立物的统一及斗争

形而上学的发展观与辩证法的发展观　当作自己运动的源泉看的对立物的统一及斗争　对立物的同一或互相渗透　矛盾与敌对

二、当作辩证法的核心看的对立统一的法则

对立统一的法则是辩证法的根本法则　对立统一法则应用的范例

第二节　由量到质及由质到量的转变的法则

一、质、量、质量

质　质的相对性与事物的一般联系　质与属性　量　质量

二、由量到质及由质到量的转变

由量到质的转变　由质到量的推移

三、飞跃论

飞跃的辩证法　关于飞跃论的各种曲解

第三节　否定之否定的法则

一、否定之否定的法则的意义

这个法则的意义实例

二、否定与否定之否定

否定之本质　否定之否定的本质

三、关于这个法则的曲解

黑格尔的三段法　机械论者与形式论者的曲解

第四节　本质与现象、内容与形式

一、本质与现象

从现象到本质的认识之推进　哲学史上关于本质与现象的范畴的理解之

演进　现象与本质的辩证法　本质与假象的关系

　　二、根据与条件

根据与条件的辩证法　关于根据与条件的范畴的曲解

　　三、内容与形式

内容与形式的辩证法　分离内容与形式的形式主义与机械论

　第五节　必然性与偶然性、现实性与可能性、法则与因果性

　　一、必然性与偶然性

哲学史上关于必然性与偶然性的理解之演进　必然性与偶然性的辩证法　现代机械论与少数派观念论关于必然与偶然的问题之曲解

　　二、法则与因果性

法则　法则与因果性　目的的概念之科学的说明

　　三、可能性与现实性

可能性与现实性的两个概念的意义　可能性转变为现实性的三个契机——对象、条件与运动

　第四章　当作认识论和论理学看的唯物辩证法

　第一节　认识过程考察的根据、意识的生成

　　一、当作反映论看的认识论

认识过程展开的论纲　认识主体与认识客体的统一之基础

　　二、意识与人类肉体的关系

精神活动与神经系统的关系　精神活动与脑髓及分泌腺

　　三、动物的意识的生成过程

下等动物的反作用　高等动物的意识、无条件的反射运动与条件的反射运动

　　四、人类的意识的生成过程

条件的反射运动与人类的精神活动　人类意识高出于动物意识的特征　意识的生成之概括

　第二节　感觉

　　一、当作认识的源泉看的感觉

感觉的形成　感觉的发展与实践　当作认识的出发点看的感觉　关于反映论的曲解之批判

　　二、感觉与思维

感觉与思维的关系　由感觉到思维的推移及其与实践的关系　关于感性与思维的关系的问题的许多异论

　　第三节　概念

　　　一、表象

表象的意义　表象之形成与实践

　　　二、概念

概念的意义　概念的构成过程　概念之发展与实践

　　第四节　判断与推理、分析与综合、归纳与演绎

　　　一、判断

黑格尔判断论的评价　恩格斯的判断论　判断论的概要

　　　二、推理

推理形式的检讨　推理论的概要

　　　三、分析与综合、归纳与演绎

分析与综合的统一　归纳与演绎的统一　认识之圆运动的发展

　　第五节　形式论理学的批判

　　　一、形式论理学的总批判

形式论理学的思维原理　形式论理学的总批判

　　　二、关于形式论理学的批判的问题

辩证法论理学扬弃形式论理学的解释　形式论理学只是抽象的思维的论理学　普列哈诺夫调停两种论理学的错误　分离理论与实践而调停两种论理学的错误　形式论理学所能适用的范围

第二篇　当作科学看的历史唯物论

第一章　历史唯物论序说

　　第一节　历史唯物论的对象

　　　一、辩证唯物论与历史唯物论的关系

辩证唯物论与历史唯物论的关系　关于分离辩证唯物论与历史唯物论的见解之批判　社会的存在与社会的意识之关系

　　　二、社会的基础

生产力　生产关系　生产方法与生产关系　社会的经济构造

　　　三、社会的上层建筑

政治的法律的上层建筑　意识形态的上层建筑　上层建筑对于基础的作用

　　四、社会的发展法则

社会的构成形态及其发展　社会发展的意义　特定社会内部发展法则的特殊性　社会形态由低级到高级的转变法则的特殊性　历史唯物论的对象之规定

　　第二节　当作历史观与方法、理论与实践的统一看的历史唯物论

　　　一、历史唯物论是社会发展理论与社会认识方法之统一

机械论者主张历史唯物论是社会及其发展法则一般的学说　形式论者主张历史唯物论是社会的方法论　上述两种见解的异同　科学的理论与科学的方法之统一

　　　二、历史唯物论是社会的理论与社会的实践之统一

理论与实践的统一　由历史的必然到历史的自由　当作理论、方法及实践指导看的历史唯物论

　　第二章　资产阶级社会学及历史哲学之批判

　　第一节　资产阶级社会学之批判

　　　一、资产阶级社会学之先驱

社会契约说的社会观　地理学的唯物论的社会观　旧派机械唯物论的社会观　空想主义的社会观

　　　二、资产阶级社会学及其变迁的趋势

实证主义社会学　生物学主义的社会学　心理学的社会学与形式社会学　知识社会学与文化社会学　资产阶级社会学的总批判

　　第二节　资产阶级历史哲学的批判

　　　　康德与黑格尔的历史哲学

康德的历史哲学　黑格尔的历史哲学　新康德主义的历史哲学　新黑格尔主义的历史哲学

社会的经济构造

　　第一章　生产力与生产关系

　　　第一节　劳动过程　自然与社会

　　　　一、劳动

劳动是人类与自然间的物质代谢过程　劳动过程是社会与自然之对立的统一

二、劳动过程的三个要素

有意识的劳动　劳动手段　劳动对象

三、劳动过程之社会性

纯抽象的劳动过程　劳动过程之自然的方面与社会的方面　劳动过程的社会方面之积极性

四、社会发展法则必须在社会内部去探求

社会与自然之差异　自然环境对于人类社会的意义　社会发展的原因存在于社会之中

五、各派社会学说对于自然与社会的关系之谬论及其批判

旧派社会学的谬见及其批判　新派社会学说的见解及其批判

第二节　生产力

一、当作社会发展的原动力看的生产力

生产　单纯的再生产　扩大的再生产　社会发展的原动力——生产力　生产力不能离开生产关系去考察

二、生产力的社会性

生产力与生产诸力的意义　生产的生产力的两个方面　劳动手段的社会劳动　对象的社会性　劳动力的社会性　劳动力与生产手段之关系

三、生产力发展过程中技术与科学的作用

技术对于生产力的发达的作用　技术是历史的范畴　科学对于生产力发展上的作用　科学与技术之关系　科学与技术的成果对于社会的关系

第三节　生产诸关系

一、生产诸关系之形成

生产关系　分配关系　消费关系　交换关系　生产诸关系与生产关系

二、生产诸关系的物质性与社会性

生产诸关系的物质性　生产诸关系的社会性

三、生产关系与生产方法

生产力与生产方法　生产方法是生产诸关系的基础　生产关系之历史的形态　生产关系与阶级关系

第四节　生产力与生产关系的统一

一、生产力是生产关系运动的内容

　　当作内容与形式的统一看的生产力与生产关系的统一　生产力是生产关系的内容　生产关系适应于生产力的发展

　　　二、生产关系是生产力发展的形式

　　生产关系促进生产力的发展　生产关系也阻碍生产力的发展　特定生产关系的能动性与特定生产方法的内容

　　　三、生产力与生产关系的矛盾与经济构造的变革

　　生产力与生产关系的矛盾是社会发展的原动力　现代社会的生产力与生产关系的冲突　关于经济构造变革的普遍性与特殊性

第二章　经济构造之历史的形态

　　第一节　现代社会以前的各种社会的经济构造

　　　一、先阶级社会的经济构造

　　研究经济构造的历史形态的重要性　先氏族社会的经济构造　氏族社会的经济构造　原始社会之崩坏

　　　二、奴隶制社会的经济构造

　　阶级社会之共通的特性　奴隶制的经济构造之发生及发展　奴隶制的经济构造之崩溃

　　　三、封建社会的经济构造

　　封建的生产关系之根本特征　封建的手工业、商业与商业资本　农奴制与封建制的同一，变相的封建的生产方法——"亚细亚的生产方法"封建的经济构造之崩溃

　　第二节　资本主义的经济体系

　　　一、资本主义的成立及发展的过程

　　工场手工业时期　机械的大工业　机械之资本主义的使用与劳动者阶级　当作生产关系看的资本占据支配地位

　　　二、资本主义的内在矛盾及其发展倾向

　　资本主义的基本矛盾　无产阶级与资产阶级的对立

　　工场的有计划组织与生产的无政府状态　都市与农村的对立　恐慌的必然性

　　　三、帝国主义

　　生产的集积与独占　银行的新作用与金融资本　资本之输出　国际的独

占与世界分割　生产力与生产关系冲突的尖锐化

  第三节　社会主义的经济体系

   一、过渡期经济的特征

过渡期经济的一般特征　过渡期经济的根本法则　资本主义经济的范畴不适用于过渡期经济　过渡期的扩大再生产的意义

   二、过渡期经济的发展

战时共产主义　新经济政策时代——复兴期　第一个五年计划——改造期

   三、苏联经济的现阶段

社会主义经济基础的建设之完成　社会主义经济建设的前提条件　第二个五年计划的任务　社会主义经济的将来

社会的政治建筑

第一章　阶级

  第一节　科学的阶级观

   一、阶级的概念

当作生产力与生产关系的矛盾的表现看的阶级对立
阶级的定义　关于阶级的错误观点之辩正

   二、阶级的发生及其发展

阶级的发生　奴隶制社会的阶级　封建社会的阶级

  第二节　现代社会的各阶级

   一、现代社会的主要阶级及其历史的发展

两个主要阶级的发生　两个主要阶级的发展

   二、现代社会中的过渡阶级

大地主,小所有者阶级,农民的分化　知识分子——及其他社会集团　过渡期社会的诸阶级

   三、现代社会中的阶级颉颃

经济斗争　政治斗争　理论斗争

第二章　国家

  第一节　国家的理论

   一、科学的国家观

当作社会发展产物看的国家　当作社会上层建筑看的国家　当作阶级统治机关看的国家　当作公权力的组织看的国家

　　二、超越的国家观的批判

资产阶级的超越的国家观之批判　关于科学的国家观的曲解之批判

　第二节　国家之起源及其发展

　　一、国家之起源

无国家社会的氏族组织　氏族组织之崩溃与国家之发生　国家发生的几个实例

　　二、奴隶制社会的国家与封建国家

奴隶所有者的国家　封建国家

　第三节　近代国家

　　一、由绝对主义国家到近代国家的转变过程

近代国家之先驱——绝对主义国家　绝对主义国家之历史的使命　发展了的资产阶级的利益与绝对主义国家之矛盾

　　二、近代国家构成的原理

资产阶级革命　资产阶级的民主主义

　　三、近代国家机关的构造

近代国家的国家机关与政府形态　议会制与普通选举

　　四、资产阶级国家的法西斯化

资产阶级国家与法西斯主义　法西斯主义形态的两个方面　从民主主义到法西斯主义独裁

　第四节　过渡期的国家

　　一、过渡期国家的本质——无产阶级专政

过渡期国家的特征　苏维埃政权的民主性　社会主义建设期的苏维埃政权

　　二、无产阶级专政的任务

镇压资产阶级的反抗　领导农民大众走上社会主义的道路　消灭榨取与阶级差别以建设社会主义

　　三、过渡期国家制度的特征

苏联宪法的特征　过渡期国家机构的特征

　　四、国家死灭的过程

过渡期国家死灭的前提条件　国家死灭过程的两个阶段

第五篇　社会的意识形态

第一章　意识形态的一般概念

　　第一节　当作上部构造看的意识形态

　　　一、意识形态的形成

个人意识与社会意识　社会心理与社会意识

　　　二、社会意识与社会的存在

社会的存在离社会意识而独立　社会意识依存于社会的存在　社会意识是社会存在的反映　社会意识对于社会的存在之作用

　　第二节　意识形态的一般特性

　　　一、意识形态的相对的独立性

意识形态的相对的独立性　阶级社会中意识形态的歪曲性

　　　二、意识形态的阶级性

意识形态的阶级性是阶级社会的反映　意识形态的斗争性

第二章　意识形态的发展

　　第一节　先资本主义社会的意识形态

　　　一、原始社会的意识形态

言语的发生　原始的思维　宗教的起源及其形态　原始社会的艺术

　　　二、奴隶制社会的意识形态

古代宗教的特征及基督教的起源　古代的哲学思潮及科学的发达　古代的艺术和文学

　　　三、封建社会的意识形态

封建时代的哲学、科学与基督教　封建时代的文学和艺术

　　第二节　资本主义社会的意识形态

　　　一、资本主义社会意识形态的一般特征

资产阶级的个人主义　资产阶级意识形态的拜物教

　　　二、资本主义社会的诸意识形态

资产阶级的科学　资产阶级的法律和道德　资产阶级的艺术和文学　近代哲学思潮的发展　宗教在现代社会中的作用

　　第三节　社会主义社会的意识形态

　　　　一、文化革命
文化革命的意义　文化革命与社会主义建设
　　　　二、新文化的创造与反宗教运动
新文化的基本特征　社会主义建设与宗教的斗争

第九章

《辩证唯物主义 历史唯物主义》与马克思主义哲学体系[*]

辩证唯物主义和历史唯物主义是马克思主义哲学,是马克思主义的全部学说的哲学基础,是革命的工人阶级的世界观。马克思主义及其哲学产生在十九世纪中叶。由于当时欧洲许多国家的社会经济情况进到了资本主义高度发展的阶段,生产力、阶级斗争和科学技术都达到了过去历史上未曾有过的水平,工业无产阶级作为历史发展的最伟大的动力在政治舞台上出现了。辩证唯物主义和历史唯物主义就是产生在这样的历史基础上的。

一、马克思主义哲学是辩证唯物主义和历史唯物主义

马克思主义哲学的产生,是哲学史上的一个革命的变革。马克思主义哲学不仅是过去一切哲学中的优秀传统的继承和发展,它和过去的哲学比较起来,在性质上也有根本的不同,它使人类哲学思想的发展进入了一个完全新的更高的阶段。

马克思主义哲学和以前哲学的不同,首先在于它使哲学

---

[*] 本章第一、第二节内容选自艾思奇《辩证唯物主义 历史唯物主义》(人民出版社 1961 年出版)第一章第三节和第十章,并作了删改。文中标题由我所加。

获得了真正科学的性质,使它成为科学的世界观和方法论。以前的哲学,是产生在科学发展比较低级的阶段。自然科学还不能阐明自然界现象各方面的相互联系,至于社会科学,最多也只是处于萌芽状态。因此,那时科学的全部成就,还远不能给世界发展的全貌提供出一幅完整的图画。以认识世界的总体作为自己的任务的哲学,即使是唯物主义哲学,在那时虽然也力图利用每一个时代科学的最大成就,但终究不能完全依靠科学的成果来完成它的任务。为着描绘世界的全体,那时哲学家就必须在许多方面,凭借自己的逻辑方法来进行推演,以补科学所提供的材料之不足。这些哲学家往往企图站在科学之上,独立地创造一套包罗万象的知识体系。他们中间有的人就把这种哲学叫作"科学的科学",他们认为在自己的哲学体系中应该,而且已经穷尽了世界的一切知识,他们往往把自己的体系看作人类认识发展的顶峰。实际上,这样的体系,虽然也对当时的科学成就有所概括,但都包含着大量的主观臆测的成分,其中虽然也有许多有价值的天才的臆测,对于人类思想的发展和科学的发展有过重大的贡献,但同样也包含着许多不明确、不合理的,甚至于荒谬可笑的东西。总的来说,这样的哲学体系,终究经不起科学和实践的进一步发展的考验,它本身并不具有真正科学的性质。这是马克思主义以前一切哲学思想在不同程度上存在的共同弱点。

马克思主义哲学产生在人类科学发展的完全新的阶段。自然科学的成就,已经开始能够用确实可靠的知识来为人们描画出关于自然界发展的全貌。由于资本主义工业生产的发展引起的整个社会的迅速变化,无产阶级反对资产阶级斗争的开展,以及社会历史研究领域里材料的积累,在社会生活领域里也像在自然领域里一样,已有可能发现真实的联系,排除臆造的、人为的联系。由于这些原因,以前那种大部分要依靠主观的逻辑推演来构成包罗万象的体系的哲学,那种所谓"科学的科学",就没有存在的余地了。这时哲学的任务,只需要对已获得的全部科学知识及历史材料加以概括和总结,这样就能够对世界上一切事物的运动发展的基本过程和基本规律获得一个全面的了解,就能够建立一个不同于过去任何哲学体系的崭新的科学的世界观。

马克思主义哲学——辩证唯物主义和历史唯物主义,就是在这样的条件下产生出来的真正科学的世界观。它是完全从科学的研究成果中概括出来的,因此它反过来又成为指导科学研究和实践的普遍原理,成为科学的方法论。以前的哲学只是代表不同阶级的哲学家们用自己的方式来对世界给予各种各样说明的思想体系,而马克思主义哲学则是科学的世界观和方法论。

马克思主义哲学和以前哲学的不同,还在于它是革命的无产阶级的世界观,是无产阶级用来领导广大人民群众为改造旧世界和建立社会主义社会、共产主义社会而斗争的精神武器。马克思主义以前的哲学,绝大部分是属于剥削阶级的世界观,个别的哲学学说表现着同情劳动人民的倾向,甚至在某种程度上代表劳动人民的利益,但它们都不能指导人民来为根本改变旧世界而进行坚持不懈的斗争,使人民得到真正的彻底的解放。马克思主义哲学则把变革世界作为自己的主要任务。马克思说:"哲学家们只是用不同的方式解释世界,而问题在于改变世界。"①

马克思主义以前的哲学家都不承认自己的哲学思想的阶级性,把它说成是代表全人类的。在实际上他们的哲学思想绝大多数都只是反映着少数剥削者的利益,并从属于这个阶级的政治任务,真正人民群众的思想要求和这些哲学是不相干的。马克思主义哲学则公然地承认自己的阶级性和党性,公开宣布辩证唯物主义和历史唯物主义哲学要为无产阶级的政治服务,为广大人民的解放事业服务,为反对人剥削人和人压迫人的罪恶制度服务。马克思主义者坚决反对在阶级剥削制度还存在的情形下,硬把某一种哲学思想说成是全人类的思想。马克思主义认为,隐蔽自己的哲学的阶级性,不但违背了客观事实,而且会模糊无产阶级哲学的实践任务,因此是非常有害的。马克思说:"哲学把无产阶级当做自己的物质武器,同样,无产阶级也把哲学当做自己的精神武器。"②马克思主义者要求把自己的哲学和无产阶级的革命斗争的实践密切结合起来,和广大人民群众的解放事业密切结合起来。马克思主义者决不空谈什么全人类的哲学,但无产阶级的哲学的确是从来未有过的真正广大人民群众的哲学。这也正是马克思主义哲学在人类哲学历史上所实现的一个革命的变革。

马克思主义的哲学既有高度的革命性,又有严格的科学性。列宁指出:"这一理论对世界各国社会主义者所具有的不可遏止的吸引力,就在于它把严格的和高度的科学性(它是社会科学的最新成就)同革命性结合起来,并且不仅仅是因为学说的创始人兼有学者和革命家的品质而偶然地结合起来,而是

---

① 《马克思恩格斯选集》第1卷,人民出版社1956年版,第57页。
② 《马克思恩格斯选集》第1卷,人民出版社1956年版,第15页。

把二者内在地和不可分割地结合在这个理论本身中。"①

上述这些特点,使马克思主义哲学成为唯物主义哲学发展的最高形式,成为最彻底的唯物主义。马克思主义哲学把唯物主义的观点和辩证法密切地结合起来,克服了形而上学唯物主义的不彻底性。它把唯物主义观点贯彻到一切知识领域,特别是社会历史研究的领域。在社会历史领域里,以前的唯物主义都不曾真正解决如何坚持唯物主义观点的问题,只是由于马克思主义哲学创立了历史唯物主义理论之后,才彻底解决了这个问题。马克思主义哲学成为指导人们对一切事物进行科学研究的思想工具,成为无产阶级和广大人民群众的革命行动的指南。

马克思主义哲学的创立,完成了哲学上的革命变革,但它并没有结束哲学的发展,相反地,它是在更高的基础上为哲学的发展开辟了广阔的道路。马克思主义哲学不像以前的哲学那样把自己看成包罗万象的绝对完成的知识体系,它是科学的哲学,它的思想体系的建立,是严格地依据着各种科学成就,依据着人类的历史斗争经验和无产阶级改造世界的斗争经验的。因此,随着科学的发展,随着无产阶级阶级斗争的发展,随着社会主义建设的发展,马克思主义哲学本身也要不断地丰富起来,不断地向前发展。

马克思和恩格斯不但创立了马克思主义及其哲学,而且在他们战斗的一生中,使马克思主义及其哲学在越来越广泛的范围内和工人运动相结合。马克思主义及其哲学本身是在斗争中发展的。马克思和恩格斯在同各种唯心主义和形而上学观点进行的斗争中,在同各色各样的机会主义思想进行的斗争中,不断地概括了当时的科学成就和工人运动的经验,从各方面阐发了他们的理论,从而使马克思主义及其哲学在工人阶级中得到了广泛的传播,逐渐在工人运动中取得了统治的地位。

列宁在帝国主义和无产阶级革命时代的新的历史条件下,在和第二国际机会主义以及它在俄国的变种(经济派、孟什维克等)的斗争中,恢复了被第二国际机会主义者所阉割了的马克思主义的革命内容,并且根据新的历史经验和自然科学的新成就,全面地发展了马克思主义,把马克思主义及其哲学推向了新的阶段——列宁主义阶段。列宁在哲学上和帝国主义时期资产阶级的最腐朽的哲学潮流——以马赫主义为主的主观唯心主义潮流进行了不可调和的

---

① 《列宁选集》第 1 卷,人民出版社 1995 年版,第 83 页。

斗争,并且深刻地批判了工人运动内部机会主义者、修正主义者的唯心主义和形而上学观点。列宁写了许多哲学著作(如《唯物主义和经验批判主义》《哲学笔记》等),对马克思主义的理论基础——辩证唯物主义和历史唯物主义,作了天才的论述和创造性的发展。列宁的所有著作都深刻地发挥了辩证唯物主义和历史唯物主义思想。列宁的全部思想是同国际的和俄国的工人运动相结合的。俄国工人阶级在列宁所创立的新型的马克思主义政党——共产党的领导下,取得了十月革命的伟大胜利,建立了世界上第一个社会主义国家。列宁主义的伟大思想,给全世界的无产阶级和一切被压迫人民,照亮了争取解放的道路。

列宁逝世以后,列宁主义的思想继续在世界工人运动的实践中向前发展。马克思列宁主义者斯大林,在捍卫和发展马克思列宁主义哲学方面,作出了重大的贡献。

中国人民找到马克思列宁主义这个思想武器,是十月革命以后的事情。毛泽东同志指出:"十月革命一声炮响,给我们送来了马克思列宁主义。十月革命帮助了全世界的也帮助了中国的先进分子,用无产阶级的宇宙观作为观察国家命运的工具,重新考虑自己的问题。走俄国人的路——这就是结论。"[①]

中国共产党在领导我国人民进行长期的革命斗争和社会主义建设的活动中,遵循着毛泽东同志所提出的马克思列宁主义普遍真理和中国革命具体实践相结合的原则。毛泽东同志从这个原则出发,进行了反对各种右倾和"左"倾机会主义的斗争,制定了中国革命和建设的正确路线、方针和政策,创造性地运用并发展了马克思列宁主义。毛泽东同志的《实践论》《矛盾论》《关于正确处理人民内部矛盾的问题》等哲学著作,概括了新的历史经验,使马克思列宁主义哲学得到进一步的发展。毛泽东同志的全部著作,运用辩证唯物主义和历史唯物主义解决了我国革命和建设中的一系列问题。

毛泽东同志是当代最伟大的马克思列宁主义者。毛泽东同志把马克思列宁主义的普遍真理和革命的具体实践相结合,在反对帝国主义和国内反动阶级的斗争中,在反对党内右的和"左"的机会主义路线的斗争中,在反对国际现代修正主义的斗争中,继承、捍卫和发展了马克思列宁主义。毛泽东思想是中国人民进行新民主主义革命、社会主义革命和社会主义建设的指针,是反对帝

[①]《毛泽东选集》第四卷,人民出版社1991年版,第1471页。

国主义的强大的思想武器,是反对修正主义,反对教条主义和经验主义的强大的思想武器。在毛泽东思想的旗帜下,在中国共产党的领导下,中国人民已经取得了民主革命的彻底的胜利、社会主义革命和社会主义建设的伟大胜利,这是马克思列宁主义发展史上的大事。

通过一百多年来的国际共产主义运动的实践,证明马克思列宁主义哲学是工人阶级手中战无不胜的理论武器。全世界工人阶级在这个思想的指导下,为团结一切进步力量,最后彻底埋葬资本帝国主义制度,实现共产主义的伟大理想而斗争。新的历史实践必将越来越证明马克思列宁主义及其哲学的正确性,并将使它得到更大的发展。

二、历史唯物主义:辩证唯物主义在社会领域中的推广

马克思和恩格斯把辩证唯物主义推广到对人类社会的认识,从而把唯心主义从社会历史领域中驱逐出去,建立了完备的、彻底的唯物主义哲学。

马克思主义的历史唯物主义为社会科学提供了唯一正确的理论和方法,使得社会历史的研究第一次有可能克服人们过去对于历史和政治所持的混乱和武断的见解,而成为真正的科学。

历史唯物主义是马克思主义哲学中不可缺少的一部分,历史唯物主义和辩证唯物主义是不可分割的有机统一的整体。列宁指出:"这个由一整块钢铸成的马克思主义哲学中,决不可去掉任何一个基本前提、任何一个重要部分,不然就会离开客观真理,就会落入资产阶级反动谬论的怀抱。"[①]意识和存在的关系问题是哲学的根本问题。意识和存在何者是第一性的问题,是划分唯物主义哲学和唯心主义哲学的唯一标准。社会意识和社会存在何者是第一性的问题,是划分历史唯物主义和历史唯心主义的唯一标准。历史唯物主义和历史唯心主义的根本对立,归根到底就在于对这个问题给予了不同的解答。历史唯物主义坚持社会存在决定社会意识的原则,历史唯心主义则认为社会意识决定社会存在。

此前已阐明辩证唯物主义各方面的基本原理。这些原理告诉我们,世界是物质的世界,这个物质世界,是按照辩证法的规律,由低级到高级,由简单到

---

① 《列宁选集》第 2 卷,人民出版社 1995 年版,第 221、222 页。

复杂,曲折地向前发展的永无止境的客观过程。马克思列宁主义哲学指出,这个过程不仅仅存在于自然界,而且也存在于人类社会。这就是说,不论对自然界或对人类社会,都应该用唯物主义的原理来加以理解。自然界是不以人的主观意识为转移的客观存在,同样,人类社会历史也是不以人的主观意志为转移的、按照本身所固有的必然规律而发展的客观过程。

列宁指出,在马克思以前,一切历史理论有两个主要缺点。"第一,以往的历史理论至多只是考察了人们历史活动的思想动机,而没有研究产生这些动机的原因,没有探索社会关系体系发展的客观规律性,没有把物质生产的发展程度看做这些关系的根源;第二,以往的理论从来忽视居民群众的活动,只有历史唯物主义才第一次使我们能以自然科学的精确性去研究群众生活的社会条件以及这些条件的变更。"[1]列宁的这段话深刻地说明了历史唯心主义观点的致命的弱点。

许多抱着历史唯心主义观点的理论家都把社会发展的原因归结为人们的思想动机,归结为个别英雄人物的思想动机。他们不能发现物质生产的发展是决定社会发展的最终原因,抹杀或忽视物质生活资料的生产者——广大的劳动群众在社会历史上的决定作用;他们不能揭示社会发展的客观规律,把社会发展看成是一些偶然事件的杂乱的堆积。按照这种理论,生活在黑暗中的人们,只能等待某一杰出人物的偶然的出现,等待他头脑中偶然迸发的明亮的思想火花照亮黑暗的大地。这些理论对人民群众是精神的桎梏,叫他们安于困苦不堪的生活,最好也只是叫人们把希望寄托在幸运的偶然性上。

历史上各个时期的进步思想家,曾经在对社会历史问题的解释上提出了某些有价值的论点和推测,有些唯物主义者力图用唯物主义的观点来解释某些社会历史现象,但他们的社会历史观在整体上仍然是唯心主义的。

在中国,例如春秋时代的管仲提出了"仓廪实则知礼节,衣食足则知荣辱"的观点。东汉的王充发挥了管仲的这个观点。王充认为,人们的善恶行为,并不在于人的性质,而在于人们的物质生活,在于农业生产的丰歉,而农业生产的丰歉则由于自然界的原因(风调雨顺或水旱成灾)。由此,王充得出结论说:"世之治乱,在时不在政。国之安危,在数不在教。"王充把社会治乱的原因归结到自然条件是错误的,但是他的观点在反对主观唯心主义的历史观方面是

---

[1]《列宁选集》第2卷,人民出版社1995年版,第425页。

有一定意义的,在运用唯物主义对社会历史的探索上也是一个有价值的尝试。明末清初的王船山认为,社会是进化的,并肯定社会发展有其自身的因果联系,他否定意志决定论,认为人们的思想意识和行为是由其生活环境所决定的。

在欧洲,例如希腊的唯物主义哲学家德谟克利特曾对于社会生活的起源和发展提出下面的看法,他认为,原始社会的人过着群居生活,他们没有住所、衣服和工具,他们以偶然获得的食料充饥。他们"受到需要的教训",逐渐改变自己的生活方式。在需要的影响下,"双手、智慧、机灵"就引导他们走向文明的生活。18世纪的法国唯物主义者,对于社会历史,提出了"环境决定意见"的观点。例如爱尔维修认为,不良的社会风气是恶劣环境的结果,因此要改变这种风气就必须改变环境。但是,他们在提出这种观点的同时,又提出了"意见支配世界"这个公式。这两个观点是直接对立的。这些法国唯物主义者就使自己陷入了不可解决的矛盾循环,他们仍然不得不把历史进步的希望寄托在某些能够以自己的意见代表理性和真理的先知先觉的人物的身上。

客观唯心主义者黑格尔认为社会历史是绝对精神发展的高级阶段,但他曾试图把人类历史说成是具有某种必然性的过程。列宁曾认为在黑格尔的某些关于历史的见解中具有历史唯物主义的萌芽。

在马克思以前,对自然界的解释曾出现过很多的唯物主义派别;而在关于社会历史的理论领域内,唯心主义却占着完全统治的地位,因而不能产生真正的历史科学,这不是偶然的。

毛泽东同志说:"在很长的历史时期内,大家对于社会的历史只能限于片面的了解,这一方面是由于剥削阶级的偏见经常歪曲社会的历史,另方面,则由于生产规模的狭小,限制了人们的眼界。人们能够对于社会历史的发展作全面的历史的了解,把对于社会的认识变成了科学,这只是到了伴随巨大生产力——大工业而出现近代无产阶级的时候,这就是马克思主义的科学。"①

关于社会历史的解释直接同各阶级的利害有关,它不能不更多地受到剥削阶级偏见的歪曲。在任何剥削者占统治地位的社会中,剥削者拥有从事精神劳动的特权,被剥削者承担从事体力劳动的沉重义务。一切剥削者总是夸大精神的作用,贬低物质生产的意义。不同的剥削阶级以及同一剥削阶级在

---

① 《毛泽东选集》第一卷,人民出版社1991年版,第283、284页。

不同的历史时期,情况虽然各不相同,但是,它们总是或多或少地抹杀被剥削者——劳动群众在历史上的作用。剥削阶级为了维护其剥削的特权,总是把某种剥削制度说成是永恒的,把这种制度看成是神的意志或某种永恒的正义、人类的理性所决定的,而否认社会现象的暂时性、历史性。因此,剥削阶级总是竭力在社会历史问题上坚持唯心主义的阵地。只有现代无产阶级这个彻底革命的阶级才能够摆脱剥削阶级的一切偏见,只有这个阶级的思想家才能够创立真正科学的社会历史的理论。

历史唯物主义的理论在19世纪40年代以前不可能产生,还有其社会历史的原因。只有发达的资本主义社会和大机器生产才提供了科学地理解社会历史及其发展规律的可能。恩格斯说:"在以前的各个时期,对历史的这些动因的探究几乎是不可能的,因为它们和自己的结果的联系是混乱而隐蔽的,在我们今天这个时期,这种联系已经简化了,以致人们有可能揭开这个谜了。从采用大工业以来,就是说,至少从1815年签订欧洲和约以来,在英国,谁都知道,土地贵族(landed aristocracy)和资产阶级(middle class)这两个阶级争夺统治的要求,是英国全部政治斗争的中心。在法国,随着波旁王室的返国,同样的事实也被人们意识到了……而从1830年起,在这两个国家里,工人阶级即无产阶级,已被承认是为争夺统治而斗争的第三个战士。当时关系已经非常简化,只有故意闭起眼睛的人才看不见,这三大阶级的斗争和它们的利益冲突是现代历史的动力,至少是这两个最先进国家的现代历史的动力。但是,这些阶级是怎样产生的呢?初看起来,那种大的、曾经是封建的土地占有制的起源,还可以(至少首先)归于政治原因,归于暴力掠夺,但是对于资产阶级和无产阶级,这就说不通了。在这里,显而易见,这两大阶级的起源和发展是由于纯粹经济的原因。而同样明显的是,土地占有制和资产阶级之间的斗争,正如资产阶级和无产阶级之间的斗争一样,首先是为了经济利益而进行的,政治权力不过是用来实现经济利益的手段。"[①]这就是说,资本主义的发生和发展使得社会阶级关系简单化,明朗化,把社会发展的经济根源明显地暴露了出来。而且资本主义的大机器生产打破了地方和民族的闭塞状态,扩大了人们的眼界,使人们有可能把各国各民族联系起来加以比较研究,发现其共同性、重复性,从中找出一般的规律。

---

① 《马克思恩格斯选集》第4卷,人民出版社1995年版,第249—250页。

马克思以前的思想家之所以不能够在根本上摆脱历史唯心主义的观点,建立历史唯物主义的理论,除了阶级立场和社会历史条件的限制外,还因为历史唯心主义观点有它的特殊的认识根源。

人类社会历史发展过程和自然界的发展过程有一个根本不同之点:在自然界中起作用的是各种盲目的、不自觉的力量。天体运动和微粒子的运动,声、光、热、电、化学变化,以至于生物的生存演变等等,这些物质的运动变化,都没有自觉地预期要达到的目的,只是由于它们相互作用的结果,而表现为一定的有规律的客观过程。社会历史的情况却不同,在这里起作用的是人,"是具有意识的、经过思虑或凭激情行动的、追求某种目的的人;任何事情的发生都不是没有自觉的意图,没有预期的目的的"①。这是人类社会历史发展的特殊形式。这个特殊的形式很容易使人产生迷惑:如果人们只看事情的表面现象,而不深入研究事情的本质,就会以为社会历史的发展似乎是决定于人的主观意识,而不是遵循着历史的客观规律。历史唯心主义者就是利用了和片面夸大了这个表面现象,把人的思想、人的主观意志说成是社会历史发展的决定力量,特别是把英雄人物个人的思想和意志说成是历史发展的主要决定力量。社会历史是通过具体历史人物所参与的具体历史事件所构成的。每个具体历史人物的性格、才智、意志都各不相同。由于不同的人物和许多其他复杂条件的影响,各个历史事件的具体状况是不会完全同样地重复出现的。被这种现象所迷惑的人,就会否认在社会历史领域中存在着规律性,把社会历史看成由个人意志所支配的一些偶然事件的堆积。

为了确立历史唯物主义的观点,就必须冲破笼罩在对社会历史的认识上的这种迷雾。

在社会历史领域里,一切人的一切活动固然都有其自觉的意图和预期的目的,但各个人的意图和目的,并不是一样的,而是多种多样的,它们常常是互相冲突、互相矛盾的。这些互相矛盾、互相冲突的意图和目的,在实际生活中并不都能够成为现实。历史上,在人们还没有认识社会历史发展规律,并应用这样的认识来指导自己的行动的情形下,人们的主观意向,在大多数的场合下所引起的结果,都不是所预期的,甚至是和预期相反的;只在很少的场合下,人们的期望能够如愿以偿。资产阶级的革命家曾经在"自由、平等、博爱"的口号

---

① 《马克思恩格斯选集》第4卷,人民出版社1995年版,第247页。

下进行反封建的斗争,他们声称这个口号将引导人们去建立起永远合理的社会制度,但在实际上所得到的结果,只是一个人剥削人的资本主义制度。这里就有两个问题必须解答:第一,为什么同一个社会里,人们的主观意向会有种种不同甚至于互相矛盾、冲突?是什么原因使得人们中间发生这样的矛盾?第二,为什么各种不同的主观意向,有的能够得到实现,有的不能实现,有的似乎实现了,但实际的结果和所预期的并不一样?很明显,这些问题,绝不是在人的主观意识本身中可以找到解答的。认为"意见支配世界"的唯心主义观点,把社会历史发展的根本原因归结于人们的思想动机和主观意图,结果就只能在对社会历史的认识上陷入一团混乱。如果不能弄清楚隐藏在人们的思想动机背后的动力是什么,就不能科学地说明社会历史。

唯心主义者黑格尔曾经试图有系统地答复这个问题。他认为,历史人物所标榜的动机以及真实的动机,都根本不是历史事变的最终原因,认为这些动机后面还有别的动力,而这种动力是应当加以研究的。黑格尔的这个思想无疑是深刻的,但是他不能正确地回答这个问题。黑格尔虽然批判了"意见支配世界"的观点,但他不是从历史本身去寻找这种动力,而是从历史外面,从自己的哲学思想体系里把这种动力输入到历史中去。在他看来,支配人类历史的"民族精神"无非是支配整个宇宙的神秘的"绝对精神"的一个发展阶段。

只有马克思主义的历史唯物主义才真正揭示了历史发展的最终原因。

恩格斯指出,在研究历史人物的动机背后的动力、研究历史发展的真正的动力的时候,所应注意的,与其说是个别杰出人物的动机,不如说是推动整个阶级、整个民族行动起来的动机。马克思主义证明了,人类全部历史(指阶级社会),是阶级斗争的历史,阶级斗争的根源是各阶级之间经济利益的冲突,阶级的产生和发展是物质生产发展的结果。物质生活资料生产发展的状况决定整个社会的面貌和社会意识,这是存在决定意识这个唯物主义根本原则在社会历史领域内的贯彻。人类的历史,归根到底是社会物质生活资料的生产发展的历史,是物质生活资料生产者——劳动人民的历史。

恩格斯对历史唯物主义的根本观点做了一个经典的说明:"(而我们那些历史编纂学家当然完全没有这种认识)的条件下,一切历史现象都可以用最简单的方法来说明,同样每一历史时期的观念和思想也可以极其简单地由这一时期的经济的生活条件以及由这些条件决定的社会关系和政治关系来说明。历史破天荒第一次被置于它的真正基础上;一个很明显的而以前完全被人忽略的事实,即人们首先必须吃、喝、住、穿,就是说首先必须劳动,然后才能争取统治,从事政治、宗教和哲学等等。"①

社会存在决定社会意识的原理,提供了客观地研究社会历史发展规律的基础,它可以使我们不为形形色色的复杂的、偶然的社会现象所迷惑,从社会历史发展过程中找出它的最深刻的根源。因而它就完全打破了以往某些历史家否认社会历史领域中存在着任何重复性的观点。的确,社会现象的完全重复是没有的,但是在不同的社会现象中却存在着共同的本质,这里就表现着社会发展规律的重复性。列宁指出,当人们"还局限于思想的社会关系(即通过人们的意识而形成的社会关系)时,他们不能发现各国社会现象中的重复性和常规性"②。因为这样就不能区分社会中哪些现象是本质的、重要的,哪些现象是非本质的、次要的。"一分析物质的社会关系……立刻就有可能看出重复性和常规性,把各国制度概括为社会形态这个基本概念。只有这种概括才使人有可能从记载(和从理想的观点来评价)社会现象进而以严格的科学态度去分析社会现象。"③

社会历史告诉我们,尽管各个民族具有不同的历史,但从根本上说来,除了由于特殊的历史原因之外,一般都经过原始社会、奴隶制社会、封建社会和资本主义社会四种历史形态。凡是奴隶制社会,不管其民族特点如何不同,都充满着奴隶和奴隶主的斗争。无论是东方或西方的封建社会,它的基本矛盾都是农民和地主的矛盾。一切资本主义国家的基本矛盾都是无产阶级和资产阶级的矛盾。这说明社会中各种现象之间存在着必然的、普遍的和不断重复的联系。

马克思主义坚持社会存在决定社会意识的原理,但它决不像资产阶级学者所污蔑的那样,似乎低估和轻视社会意识在社会历史中的作用。马克思主义科学地说明了社会意识是社会存在的反映。同时,又同样科学地指出了社会意识对社会存在的重大影响。这种影响就在于:腐朽反动的社会意识如果支配了人们的头脑,它就能够对社会历史的发展起阻碍的作用,新的进步的社会意识如果得到广泛的传播,并掌握了群众时,它就能够对于社会历史的发展起极大的推动作用。在一定的条件下,进步的社会意识甚至成为推动社会前进的决定因素。毛泽东同志说:"我们承认总的历史发展中是物质的东西决定精神的东西,是社会的存在决定社会的意识;但是同时又承认而且必须承认精

---

① 《马克思恩格斯选集》第3卷,人民出版社1995年版,第335—336页。
② 《列宁选集》第1卷,人民出版社1995年版,第8页。
③ 《列宁选集》第1卷,人民出版社1995年版,第8页。

神的东西的反作用,社会意识对于社会存在的反作用……"他又指出:"当着如同列宁所说'没有革命的理论,就不会有革命的运动'的时候,革命理论的创立和提倡就起了主要的决定的作用。当着某一件事情(任何事情都是一样)要做,但是还没有方针、方法、计划或政策的时候,确定方针、方法、计划或政策,也就是主要的决定的东西。当着政治文化等等上层建筑阻碍着经济基础的发展的时候,对于政治上和文化上的革新就成为主要的决定的东西了。"①

社会意识的重大作用是必须充分估计到的,但是,它不是社会历史发展的最后决定的原因。因为,当着它成为某一历史事变的原因之前,它的产生是另一更深刻的原因的结果。这一更深刻的、更根本的原因就是社会存在,社会存在最基本的是物质资料的生产方式,而社会意识本身只是这个社会存在的反映。进步的社会意识,是社会中的新生的进步势力的要求的反映;腐朽反动的社会意识,是社会中腐朽落后的势力的要求的反映。例如中国革命没有马克思列宁主义的指导是不能取得胜利的,就这一点来说它有着某种决定的意义;但是引起中国革命的根本原因是中国社会的矛盾。马克思主义之所以成为中国革命胜利的思想武器,只是由于它适合于中国人民进行革命斗争的客观需要,由于它反映了中国无产阶级和广大劳动人民的需要。

对社会存在和社会意识关系问题的正确解决,宣告了历史唯心主义的彻底破产。恩格斯说:"人们的意识决定于人们的存在而不是相反,这个原理看来很简单,但是仔细考察一下也会立即发现,这个原理的最初结论就给一切唯心主义,甚至给最隐蔽的唯心主义当头一棒。关于一切历史的东西的全部传统的和习惯的观点都被这个原理否定了。政治论证的全部传统方式崩溃了。"②

反动的现代资产阶级社会学都以反对马克思主义、反对历史唯物主义、反对共产主义作为自己的首要任务。如果说,在资本主义上升时期,资产阶级思想家还能够提出一些有价值的思想,那么,到了腐朽的帝国主义时代,资产阶级社会学家对社会历史就只能提出极其反动的解释。他们或者用新的形式重复那些早已破产了的历史唯心主义的老调,按照生物机体的结构来解释社会现象,把自然规律和社会规律混为一谈。他们或者只注意社会生活中的枝节问题,回避对社会发展中本质问题的研究。而根本否认历史过程的客观规律

---

① 《毛泽东选集》第一卷,人民出版社1991年版,第326页。
② 《马克思恩格斯选集》第2卷,人民出版社1995年版,第39页。

性,用各种形式宣扬非理性主义,则是现代资产阶级社会学的主要倾向。大多数资产阶级社会学家热衷于研究个人的心理状态,企图从心理状态方面对社会生活作主观的任意解释,所有这些都是为粉饰资本主义日益混乱的秩序,为医治资本主义的不可解救的痼疾提供药方。

唯物主义的历史观对社会主义由空想到科学的发展,有极为重要的意义。这种历史观自然而合理地解释了以往历史中阶级统治、阶级剥削的存在是和生产力发展的一定水平相适应的,从而说明了,阶级统治、阶级剥削的现象在生产得到巨大发展以后必然会逐步消灭,生产资料私有制必然为社会主义的生产资料公有制所代替。马克思、恩格斯根据唯物史观研究了资本主义社会,指出,阶级斗争必然引导到无产阶级专政,而这个专政本身是进到消灭任何阶级和进到无阶级社会的过渡,从而建立了科学的社会主义的理论。在今天,社会主义已不再单纯是一个科学的理想,在各个社会主义国家已成为光辉的现实。这一事实是对唯物主义历史观的科学性的无可辩驳的证明。

历史唯物主义的创立,使研究社会生活方面的各门学问能够成为科学。社会科学的各部门,如经济学、政治学、美学、伦理学等,分别地研究人类社会生活各个方面的发展过程的具体规律。历史唯物主义和各个部门的社会科学有所不同,它所研究的是全部人类社会历史发展的最基本的过程和最一般的规律,而不是社会生活各个方面的具体规律。历史唯物主义所揭示的社会发展的基本过程和一般的规律,是在社会生活各个方面都起作用的,因此历史唯物主义的理论能适用于社会科学各部门,为这些科学部门提供方法论和理论基础。但是历史唯物主义和辩证唯物主义一样,并不是科学之科学,它不能代替各门具体的科学,不能把它作为标签硬贴在实际社会生活之上。19世纪90年代德国曾出现过把历史唯物主义庸俗化的现象,恩格斯在批判这种现象时写道:"对德国的许多青年著作家来说,'唯物主义'这个词大体上只是一个套语,他们把这个套语当作标签贴到各种事物上去,再不作进一步的研究,就是说,他们一把这个标签贴上去,就以为问题已经解决了。但是我们的历史观首先是进行研究工作的指南,并不是按照黑格尔学派的方式构造体系的诀窍。必须重新研究全部历史,必须详细研究各种社会形态存在的条件,然后设法从这些条件中找出相应的政治、私法、美学、哲学、宗教等等的观点。"[①]

[①]《马克思恩格斯选集》第4卷,人民出版社1995年版,第691—692页。

在历史唯物主义理论指导下，人类社会的全部历史都成为完全可以用科学的方法透彻地理解的事情。依靠这种科学的认识，人们不但能够了解今天发生的事情，而且能够获得关于社会发展趋势的科学预见。历史唯物主义使一切为争取解放而斗争，为建设社会主义和共产主义而斗争的人民看出了明确的前途，增强了胜利的信心，并且能够有把握地进行自己的活动。历史唯物主义是领导人民创造自己的历史的共产党的可靠的理论武器。

三、《辩证唯物主义　历史唯物主义》建构的马克思主义哲学体系

第一章　绪论
　一、唯物主义和唯心主义
　二、哲学史上的两军对战
　三、马克思主义哲学的产生是哲学上的革命变革
　四、学习马克思主义哲学的目的和方法

辩证唯物主义

第二章　世界的物质性
　一、世界是物质的世界
　二、运动是物质的根本属性
　三、空间和时间是运动着的物质的存在形式
　四、物质运动有它自己的规律性

第三章　物质和意识
　一、意识是物质高度发展的产物
　二、意识是存在的反映
　三、意识对存在的反作用

第四章　对立统一规律
　一、唯物辩证法是关于普遍联系的科学
　二、两种发展观
　三、矛盾的普遍性和特殊性
　四、主要的矛盾和主要的矛盾方面
　五、矛盾诸方面的同一性和斗争性

六、对抗性矛盾和非对抗性矛盾

第五章　质量互变规律

　　一、质和量

　　二、量变和质变

　　三、总的量变过程中的部分质变

　　四、飞跃形式的多样性

第六章　否定之否定规律

　　一、辩证的否定是发展的环节

　　二、否定之否定，发展的螺旋式或波浪式运动

　　三、新事物是不可战胜的

第七章　唯物辩证法的基本范畴

　　一、本质和现象

　　二、形式和内容

　　三、原因和结果

　　四、必然性和偶然性

　　五、可能性和现实性

第八章　认识和实践

　　一、马克思主义的认识论是能动的革命的反映论

　　二、实践是认识的基础

　　三、认识的辩证过程

第九章　真　理

　　一、客观真理

　　二、真理发展的辩证过程

　　三、实践是真理的标准

　　四、认识世界和改造世界

历史唯物主义

第十章　历史唯物主义和历史唯心主义的根本对立

第十一章　生产力和生产关系

　　一、生产方式是社会发展的决定力量

　　二、生产力和生产关系的矛盾运动

三、从原始社会到资本主义社会的生产力和生产关系

四、社会主义社会的生产力和生产关系

第十二章　经济基础和上层建筑

一、社会形态是经济基础和上层建筑的统一

二、经济基础和上层建筑的辩证关系

三、社会主义社会的经济基础和上层建筑

四、家庭、民族

第十三章　阶级和国家

一、阶级斗争是阶级社会发展的动力

二、国家是阶级统治的工具

三、资本主义社会中无产阶级反对资产阶级的斗争

四、阶级的消灭和国家的消亡

第十四章　社会革命

一、社会形态的更替必须通过革命的变革

二、民主主义革命

三、社会主义革命和无产阶级专政

四、革命发展阶段论和不断革命论

第十五章　社会意识及其形式

一、社会意识的一般特点

二、社会意识的各种形式

　　（一）政治思想和法权思想

　　（二）道德

　　（三）科学和哲学

　　（四）艺术

　　（五）宗教

第十六章　人民群众和个人在历史上的作用

一、人民群众是历史的创造者

二、杰出人物在历史上的作用

三、无产阶级政党领导下的群众运动和党的群众路线

第十章

《辩证唯物主义原理》《历史唯物主义原理》与马克思主义哲学体系[*]

马克思主义哲学的创立在人类认识史、哲学史上所实现的革命变革，主要表现为相互联系的三个方面：以唯物主义和辩证法高度统一、唯物辩证的自然观和历史观高度统一的完整严密的理论体系，代替了唯心主义和形而上学；以关于自然、社会和思维发展普遍规律的科学，代替了那些企图包罗万象的所谓"科学之科学"；以建立在实践基础上的科学性和革命性相统一的无产阶级哲学，否定了剥削阶级的旧哲学。这些，也就是马克思主义哲学在内容、对象、作用方面区别于一切其他哲学的本质特征，就是这一科学世界观和方法论的主要优点。

一、马克思主义哲学：唯物主义和辩证法、唯物辩证自然观和历史观高度统一的理论体系

列宁曾把马克思主义哲学比作一块整钢。他说："在这个

---

[*] 本章第一至第五节的内容选自肖前等《辩证唯物主义原理》（人民出版社1981年出版）第一章第四节，《历史唯物主义原理》（人民出版社1983年出版）第一章第一、第三节，并略作删改。文中标题由我所加。

由一整块钢铸成的马克思主义哲学中,决不可去掉任何一个基本前提、任何一个重要部分,不然就会离开客观真理,就会落入资产阶级反动谬论的怀抱。"①这块整钢,体现着多方面的统一,而唯物主义和辩证法的统一、唯物辩证法自然观和历史观的统一,则是这个统一的基本内容。

如前所述,在古代曾经有过唯物主义和辩证法的朴素的结合。往后,朴素的唯物主义被形而上学唯物主义所代替;朴素的辩证法演变为唯心主义辩证法。由前者向后者的发展,无疑是哲学思想史的重大进步,然而这个进步是以牺牲唯物主义和辩证法的统一为代价的。由于社会阶级的和科学水平的局限,在形而上学唯物主义和唯心主义辩证法哲学中,唯物主义和辩证法的分离与矛盾,曾经达到了相当尖锐的程度。形而上学限制着唯物主义,唯心主义窒息着辩证法,使得唯物主义和辩证法都得不到彻底的贯彻,都不能具有真正的科学形态。哲学发展的内在逻辑,要求克服这个矛盾。正是马克思主义哲学克服了这个矛盾,把唯物主义和辩证法有机地、高度地统一起来,建立了既唯物又辩证的科学世界观。

唯物主义和辩证法的统一贯穿于马克思主义哲学的整个体系之中,体现在对于客观世界、对于主观世界、对于二者关系的理解之中。在马克思主义哲学看来,现实世界是物质的世界,同时它又处在相互联系、运动发展之中;人的思想、认识是高度复杂的物质——人脑的机能和客观存在的反映,又是一个矛盾的、发展的过程;客观决定着主观,主观又具有能动的反作用。对所有这些问题的理解,都是既唯物又辩证的。

唯物主义和辩证法的统一,表现为唯物主义、辩证法本身的相互渗透、彼此贯通。马克思主义的唯物主义,在解决世界本质的问题时就内在地包含着辩证法:它把物质世界的统一看作相互联系和无限发展的多样性的统一;把意识看作物质世界长期发展的派生物,把意识对存在的反映看作是在实践基础上主观和客观之间矛盾不断产生又不断克服的、万古常新的辩证过程。马克思主义辩证法,在解释世界状况"怎么样"的问题时又始终贯穿着唯物主义:它把辩证法的规律看作客观世界所固有的规律;把主观辩证法看作客观辩证法在思维中的反映;把"考察的客观性(不是实例,不是枝节之论,而是自在之

---

① 《列宁选集》第 2 卷,人民出版社 1995 年版,第 221—222 页。

物本身）"①，看作辩证法的首要的要素。马克思主义唯物主义，是辩证的唯物主义；马克思主义辩证法，是唯物的辩证法。在马克思主义哲学中，唯物主义和辩证法水乳交融，血肉相连。

唯物主义和辩证法的统一，体现在马克思主义哲学的每一项原理之中。不仅马克思主义哲学的整个"机体"要靠唯物主义和辩证法的统一来维系，而且它的每一个"细胞"都是由唯物主义和辩证法这两个"元素"化合而成的。可以说，马克思主义哲学的任何一个前提、任何一个部分、任何一项原理、任何一个论断、任何一个命题，都不可能只有唯物主义或者只有辩证法（当然这并不妨碍它侧重于某一方面）；如果只有一面，那就可以断定，它不是或不完全是马克思主义的。既然唯物主义和辩证法的统一是一个普遍的原则，那么它就既是马克思主义的一般宇宙观、世界观，也是它的自然观、历史观和思维观。同旧哲学相比较，其中唯物辩证的自然观和唯物辩证的历史观的统一，具有特殊的意义。

把唯物辩证的自然观和唯物辩证的历史观统一起来，是马克思主义哲学的独创。在马克思主义以前的哲学史上，不少思想家在社会历史观上具有一定程度的辩证法的观点和唯物主义因素，但对社会作系统的唯物的解释的哲学是根本没有的。唯心主义者当然不可能做到这一点，就是旧唯物主义者也没有做到。有的唯物主义者曾经企图唯物地解释某些社会现象，提出了一些有价值的思想。例如中国明末清初的王船山，就认为人们的思想和行动是由生活环境决定的。法国十八世纪唯物主义者以及继承了他们唯物主义学说的一些空想社会主义者，更是反复论证和宣传了这种观点。他们反对关于人的思想和行为是由上帝和命运来主宰的神秘主义和宿命论，认为人是环境和教育的产物，而改变了的人则是另一种环境和改变了的教育的产物。他们看到环境（教育也是一种环境）对人的作用，这是应当肯定的。但是，环境又是由什么决定的呢？他们回答说：是由人决定的。于是，他们就陷于环境决定人、人又决定环境的循环之中。为了摆脱这个困境，他们又提出人们先天固有的理性决定了环境，而最初懂得按理性而行动的只是少数先知先觉的人物，由他们来启发理性受了蒙蔽的多数人，来教育后知后觉、不知不觉的"群氓"，所以，他们主张要开展一场启蒙运动。历史上的启蒙运动，在冲破封建的、宗教的黑暗

---

① 《列宁选集》第 2 卷，人民出版社 1995 年版，第 411 页。

统治的斗争中,曾经起过进步的作用,但是用来指导这场运动的社会历史观点却是唯心主义的。法国十八世纪唯物主义者的观点很具有典型意义,它使我们看到,一种在自然观上相当坚定(当然也不是很彻底)的唯物主义,一旦进入社会领域,是怎样不可避免地背叛了自己,陷入了唯心主义。

为什么旧的社会历史观从总体上看都是唯心主义的呢?这同社会现象具有不同于自然现象的特点有着密切的联系。很明显,无须人的参与,太阳照样发光,地球照样转动,就是说,离开人和人的活动,自然界照样存在,自然规律照样发生作用。社会历史则不同。社会是由人组成的,历史是人的活动的结果,离开人和人的活动,也就无所谓社会和社会历史的发展;而人则是有思想的,人的活动是由思想支配的。这种浮在历史表面的现象,长期地掩盖着历史的本质,使得在社会历史领域坚持唯物主义较之自然领域更加困难。唯心主义在社会领域的独占统治,除了认识上的原因而外,还有历史的局限和阶级的根源。正如毛泽东所说,"在很长的历史时期内,大家对于社会的历史只能限于片面的了解,这一方面是由于剥削阶级的偏见经常歪曲社会的历史,另方面,则由于生产规模的狭小,限制了人们的眼界"[1]。

既然社会历史是人活动的结果,而人的思想、目的、动机等等又是人们行动的精神动力,那么关键的问题在于找出人们思想动机背后的客观的物质的动因,也就是恩格斯所说的"动力的动力"[2],这是发现在"历史中起支配作用的规律的唯一途径"[3]。寻找这种动因必须超出人的思想领域之外,不然仍旧摆脱不了用精神解释历史的窠臼;同时又必须在社会领域之内来寻找,否则仍然说明不了人类社会本身的客观性。这个动因终于被马克思和恩格斯发现了,这就是社会的物质生产方式。社会物质生产方式虽然同人的有意识的活动相联系,但它本身却是一种物质的活动和在物质活动过程中所结成的物质的(经济的)关系,它是不以人的意识为转移的客观的社会存在,是一个自然历史过程,有着自己所固有的客观规律。把社会物质生产方式作为整个社会历史存在和发展的基础,就克服了用精神的原因来解释社会历史的唯心主义观点,同时也排除了用社会以外的原因来解释社会历史的形而上学主张。由于这个伟大的发现,才破天荒第一次把唯物主义一般世界观彻底贯彻于社会历

---

[1]《毛泽东选集》第一卷,人民出版社 1991 年版,第 283 页。
[2]《马克思恩格斯选集》第 4 卷,人民出版社 1995 年版,第 249 页。
[3]《马克思恩格斯选集》第 4 卷,人民出版社 1995 年版,第 249 页。

史领域,这就是历史唯物主义。这个唯物主义历史观,是对社会发展的一般辩证规律的科学概括,因而它也是彻底地辩证的。

总之,在马克思主义哲学这一完整严密的、彻底一元论的理论体系中,唯物主义和辩证法,自然观和社会历史观,是紧密结合,高度统一,珠联璧合,相得益彰的。

二、关于自然、社会和思维发展的普遍规律的科学

马克思主义哲学把唯物主义辩证法或辩证唯物主义"归结为关于外部世界和人类思维的运动的一般规律的科学"①,正确解决了哲学的对象、哲学和具体科学的关系问题。

在马克思主义看来,哲学和具体科学之间是既相联系又相区别的。这种同中有异的关系,可从它们对实践经验的概括和对客观规律的反映两个方面来说明。

哲学和其他科学一样,都是实践经验的总结,离开实践的基础,就不可能有正确的哲学知识和其他科学知识。这是它们的共同点。然而,在总结实践经验的基础上所建立的知识体系,又具有复杂的层次。人们在实践中所获得的关于自然、社会和思维的各种知识,经过加工整理,归入不同层次的各门具体科学。这些知识又成为哲学加工制作的材料,哲学思想、哲学理论正是依靠这些材料作进一步的抽象概括而得出的最一般的结论。所以,就具体科学和哲学这两个大的知识层次(其中还有一系列复杂的层次)来看,相对地说,在它们同实践的关系上,前者比较直接、具体,后者比较间接、概括。这就是它们的同中之异。

奠基于社会实践的科学认识的任务在于,透过现象揭示本质,从外部的联系深入到内部的联系,从偶然性中发现必然的规律。科学是主观随意性的敌人。不以客观事物所固有的规律为对象、为内容的理论和学说,算不得真正的科学。马克思主义哲学作为一门科学,同其他科学一样,都是客观规律的正确反映,都是关于客观规律的科学。这是它们的共同点。然而,任何一个科学领域中的矛盾及其规律,不但包含了特殊性,而且包含了普遍性,都是普遍和特

---

① 《马克思恩格斯选集》第 4 卷,人民出版社 1995 年版,第 243 页。

殊、共性和个性的对立统一。揭示贯穿在自然、社会和思维的一切领域中的最普遍的规律,就是哲学这门科学的任务。所以,哲学和其他科学虽然同样是研究事物的规律,但它们的对象和内容则有普遍和特殊之别,这又是它们之间的同中之异。

从对哲学和具体科学的既同又异、同中有异的分析中,可以进一步认识到它们之间的相互作用。

个别和一般的对立统一,既是客观事物的辩证关系,也是人们的认识规律。毛泽东指出:就人类认识的秩序说来,总是由认识个别的和特殊的事物开始,这是"我们认识事物的基础的东西"。只有认识了许多事物的特殊的本质,才能从中概括出它们的共同的本质。然后,又以"这种共同的认识为指导,继续地向着尚未研究过的或者尚未深入地研究过的各种具体的事物进行研究,找出其特殊的本质,这样才可以补充、丰富和发展这种共同的本质的认识"①。如此循环往复,使人类的认识不断提高,不断深化。具体科学和哲学科学的发展也是遵循着这一认识规律的。前者是后者的基础,后者是前者的指导,它们互相作用,互相促进,汇合成人类认识真理的长河。

在哲学和其他科学的相互关系中,首先是哲学依赖于科学,是科学的进步推动了哲学。这个关系是不能颠倒的。从我们对马克思主义哲学的产生和发展的历史考察中可以看到,这一宏伟的哲学大厦,从基础到整个建筑,它的一砖一石,都是由科学的材料铸炼而成的,这也是它之所以颠扑不破、坚不可摧的原因所在。列宁说过:"在马克思和恩格斯看来,哲学没有任何单独存在的权利,它的材料分布在实证科学的各个不同部门。"②马克思主义哲学是科学的哲学,它的生命力就在于它根植于科学的土壤,尊重科学的事实,总结科学的成果,用以丰富自己。离开具体科学,马克思主义哲学既不可能产生,也不可能发展;就成为无源之水,无本之木,就会干涸和枯萎下去。

同时,以具体科学为基础的哲学科学,反过来又给予具体科学以世界观和一般方法论的指导。马克思主义哲学对现代自然科学的指导意义在于,它以关于客观世界和人类思维的一般规律的知识,为科学的研究提供了正确的思维方法和研究方法。

---

① 《毛泽东选集》第一卷,人民出版社 1991 年版,第 310 页。
② 《列宁全集》第 1 卷,人民出版社 1984 年版,第 379 页。

马克思主义哲学所揭示的一般规律和基本范畴,是从各门具体科学所提供的大量知识材料中总结出来的,它普遍地存在于各门具体科学的特殊规律和范畴之中,贯穿于和支配着一切科学的领域,因而就为各门科学的研究提供了可靠的理论指南。譬如,辩证唯物主义关于世界的统一性在于它的物质性,物质和运动不可分割,世界上的各种事物、现象都是程度不同的复杂的矛盾体系,主观和客观、理论和实践的具体的历史的统一,实践是检验真理的标准,真理发展过程中相对性和绝对性的辩证统一等原理,作为一般方法论,对于任何科学的研究,对于科学研究的每一个环节和步骤,从搜集材料到整理材料,从提出假设到进行检验,从引出结论到实际运用,都是绝对必需的。

人类认识史表明,自然科学的产生和发展,主要由社会实践,特别是生产实践所推动,同时也受着哲学思想的深刻影响。历史上许多有重大成就的科学家都比较重视哲学的理论思维,自觉地思考认识论以至宇宙观的问题。普列斯特列、达尔文、巴斯德、麦克斯韦、门捷列夫、普朗克、爱因斯坦等,就是这种科学家的代表。普朗克明确指出:"研究人员的世界观将永远决定着他的工作方向。"爱因斯坦则说:"认识论要是不同科学接触,就会成为一个空架子。科学要是没有认识论——要是这真是可以设想的——就是原始的混乱的东西。"不可否认,过去和现在都有不少这样的科学家,他们并不是辩证唯物主义者,但却能在科学上作出自己的贡献。这个事实,并不说明唯物主义和辩证法在他们的科学中不起作用;恰恰相反,凡是他们作出成就的地方都是自发地遵循了唯物主义和辩证法,并且是对唯物主义和辩证法的新的验证。自发的唯物主义和辩证法是自然科学研究本身所固有的。古往今来一切有所创造发明的科学家虽然各有自己的特色,或不畏宗教迫害,或敢于向权威挑战,或勇于探索可能危及生命的领域,或敏于想象和分析,但共同的一点是刻苦勤奋和实事求是。科学发明家是老实人,他们即便没有读过哲学专著,也可以通过自己脚踏实地的钻研得出合乎唯物主义的结论。由于现代科学实验日益揭示出各个物质运动形式之间的转化和物质的各个层次之间的联系,科学家要认真研究自然,就不能不用理论思维去综合地把握这种联系,不能不考虑到各门科学之间的渗透和结合,因而迫使他们自发地倾向于辩证法。因此我们有理由说,在任何有成果的科学思维中,根本不存在唯物主义和辩证法的有无问题,存在的只是自觉和不自觉、彻底和不彻底的区别。

现代科学的发展,一方面,分工愈来愈细;同时,与此相辅而行的是,各门科学之间的结合和渗透的趋势,即所谓整体化的趋势,也在加强。科学整体化趋势的重要表现是,控制论、信息论、系统论等等综合性科学的建立和发展。科学发展的这种新特点,绝不是如有的人所设想的那样,意味着哲学的存在已无必要,可以由这些综合性科学来代替。事实恰恰相反。早在一百年前恩格斯就说过:"对于现今的自然科学来说,辩证法恰好是最重要的思维形式,因为只有辩证法才为自然界中出现的发展过程,为各种普遍的联系,为从一个研究领域向另一个研究领域过渡,提供了模式,从而提供了说明方法。"[1]在现代,在从一个研究领域到另一个研究领域过渡的趋势以空前的规模、速度向前发展的情况下,不是更加显示出科学的理论思维和方法论指导的重要性和迫切性吗?

马克思主义哲学对自然科学作用的另一个表现在于,它是排除唯心主义和形而上学对科学事业干扰的武器,是端正科学发展方向的罗盘。全部科学史证明,在科学的领域从来就存在唯物主义和唯心主义、辩证法和形而上学的斗争。在当代,两种世界观的斗争更是渗透在一切科学部门和几乎一切重大的研究领域。现代自然科学的各个领域,已经和正在发生着深刻的革命变革,一方面发展很快,另一方面也遇到很多新的困难。辩证唯物主义者应当从新的科学成就中作出新的哲学概括,并指出尚未解决的困难问题和进一步解决它们的方向;而现代资产阶级哲学则从科学成就和困难问题中得出唯心主义、不可知主义和神秘主义的结论。这种情况,在天体物理、生命的起源和本质、思维的模拟等领域中,就表现得相当明显而尖锐。越是在这样的情况下,自然科学越是要自觉地接受辩证唯物主义世界观的指导。单靠自发的唯物主义和辩证法是摆脱不了唯心主义和形而上学的束缚和干扰的。正如列宁所指出的,任何自然科学,"如果没有坚实的哲学论据,是无法对资产阶级思想的侵袭和资产阶级世界观的复辟坚持斗争的。为了坚持这个斗争,为了把它进行到底并取得完全胜利,自然科学家就应该做一个现代唯物主义者,做一个以马克思为代表的唯物主义的自觉拥护者,也就是说,应当做一个辩证唯物主义者"[2]。

要坚持哲学对具体科学的正确指导,就必须批判歪曲哲学和具体科学相

---

[1]《马克思恩格斯选集》第4卷,人民出版社1995年版,第284页。
[2]《列宁选集》第4卷,人民出版社1995年版,第652页。

互关系的种种错误观点。

现代西方哲学中有许多流派公开把哲学看成是凌驾于自然科学之上的东西。例如现象学就认为,自然科学是一种低级知识,是包含错误的相对知识,而哲学则是一种高级知识,并只有现象学才配称这样的哲学。现象学的创始人胡塞尔认为,只有追求"永久性哲学理想"的现象学才是"严格的科学",其他的哲学,首先是唯物主义哲学,经验自然科学,都不是严格的科学,不是真正的科学。因此,哲学不能以自然科学为依据,自然科学无权干预和批评哲学;相反,自然科学却应以哲学为基础,哲学是驱使人们"超越其特殊的周围世界而朝向无限世界的内心冲动"。这种主张,显然是十分荒唐的。这种"严格科学"宣扬"现象学就是对意识的研究",必须抛弃对"事实存在"的关切而去分析意识本身,只有在主观意识中才有绝对的客观性。这样,它就既不严格更不科学,而是彻头彻尾反科学的主观唯心主义。这样颠倒哲学和科学的关系,既是为着抗拒自然科学对唯心主义的打击,又会把自然科学的发展引向唯心主义的邪路。再如新托马斯主义的最主要代表马利坦认为,哲学"有权对每一门其他科学作出判断,把与它自己的结论相抵触的任何科学假设都斥之为错误"。这实际上就意味着要科学服从神学。可见,现象学、新托马斯主义等流派的出现是一种哲学上和科学上的倒退和反动。

类似这种开倒车的行为,我国在"四人帮"横行期间也表现得特别猖狂。"四人帮"抛出过一个臭名昭著的"代替论",鼓吹"马克思主义哲学"、"自然辩证法"就是自然科学的基础理论。因此,哲学就可以包罗、包办、代替自然科学的研究。在这种"代替论"盛行之时,哲学套语、政治口号成了判断科学是非的最高标准,大话、空话、假话代替了资料积累、刻苦研究和科学实验。在所谓"马克思主义哲学指导作用"的旗号下,唯心主义横行,形而上学猖獗,使我国的科学事业遭受了一场空前的浩劫。事实证明,"四人帮"的"代替论"既是取消科学研究、摧毁科学事业的大棒,又是扼杀马克思主义哲学、否定哲学指导作用的诡计。为了摆正哲学和具体科学的相互关系,必须彻底批判这种谬论,不断肃清它的流毒和影响。

现代唯心主义哲学歪曲哲学和具体科学的另一种形式,是从科学的发展中得出取消哲学的结论。在这方面,那些打着科学招牌的哲学流派,特别是逻辑实证主义者表现得非常露骨。他们认为,现代科学的发展证明研究思维和存在、意识和物质关系的传统哲学已经失去意义。逻辑实证主义者卡尔纳普说,"哲学研究的新的、科学的方法",就是"对经验科学的命题和概念进行逻辑分析",哲学的作用仅仅"在于使经验科学的命题明晰"。逻辑实证主义者莱辛巴赫说:"哲学家的道路是由科学家的道路指出来的:哲学家所能够做的一切便是分析科学的成果,注释这些成果的意义和标出它们的正确性的界限。认识论就是科学的分析。"在他看来,现代自然科学为哲学问题提供了答案,无须求助于哲学;而哲学中的世界观问题则是虚构的,无法证实的,毫无科学价值的。按照他们这种观点,哲学除了作科学的注脚外,已无独立存在的价值。这种哲学"无用论""取消论"的悲观论调,不仅是毫无根据的,而且是极端虚伪的。如前所述,任何科学研究都离不开抽象思维,要思维就必须有一定的思维方法,它或者是正确的即唯物的辩证的,或者是错误的即唯心的形而上学的,或者是二者的混杂,不受任何哲学观点支配是根本不可能的。恩格斯尖锐地指出,那些相信只有忽视或侮辱哲学才能使科学从哲学的束缚中解放出来的人,"遗憾的是大多做了最蹩脚的哲学的奴隶,而那些辱骂哲学家骂得最厉害的人恰好成了最蹩脚的哲学家的最蹩脚的庸俗残渣的奴隶"①。上述谬论,就属于最坏的哲学之列。"取消哲学"的鼓吹者们,自己并没有真的取消了哲学,而是在贩卖着他们的唯心主义和形而上学的哲学。所以,他们的那种宣传,完全是一种自相矛盾的欺骗宣传。以此为戒,在我们的科学研究和实际工作中,任何忽视马克思主义及其哲学指导作用的倾向,都是应当注意防止和努力克服的。

从哲学和具体科学相互关系的原理中应当得出的一个主要实践结论,就是要努力贯彻列宁的哲学遗嘱,使马克思主义哲学同具体科学、哲学家同科学家结成联盟,使哲学和科学在相互学习、密切合作中,共同地发展和繁荣起来。

三、实践基础上的科学性和革命性的统一

马克思主义以前的一切哲学理论,总的来说不懂得实践,特别是人民群众的革命实践的意义。马克思说,以往的"哲学家们只是用不同的方式解释世界,问题在于改变世界"②。当然这绝不是说,旧的哲学在社会实践中不发生什

---

① 《马克思恩格斯选集》第4卷,人民出版社1995年版,第308页。
② 《马克思恩格斯选集》第1卷,人民出版社1995年版,第57页。

么作用,任何哲学,都是适应一定的实践任务而产生的,它一经产生,必定会在实践中发挥自己的作用;在阶级社会中,哲学总是一定阶级的哲学,总要为本阶级的利益服务。但是,旧哲学在理论上否认客观实践是认识的基础,把实践排斥在哲学之外,因此也就提不出用实践,特别是广大群众的革命实践去改造世界的哲学主张。例如,十八世纪法国的唯物主义者就是这样。他们当然是要用自己的世界观去改造封建社会、建立资本主义社会的,但是他们公开宣称的哲学主张则认为,达到这一目的的途径只在于对封建制度进行理性的批判,对"愚昧"的群众进行"启蒙",即把封建的神学的黑暗统治加在人们思想上的蒙蔽物"启"开,使人们恢复天然的"理性",这样资本主义的"理性王国"就会到来,这实际上是把改造世界的任务归结为对世界的说明。黑格尔的哲学也是如此。虽然在黑格尔哲学中有许多关于实践及其同认识关系的深刻论述,但他把实践看作"绝对观念"的体现,也就只能在思辨王国里翱翔,终究没有超出只限于解释世界的窠臼。只有马克思主义的奠基人才第一次把科学的实践观点引入哲学,当作全部认识论的基础。实践性是马克思主义哲学区别于其他一切哲学的最主要、最显著的特征。

马克思主义哲学的实践性,包含相互联系的两层意思:第一,它在理论上全面地、科学地论证了实践,论证了实践在认识中的决定作用和在哲学中的基础地位,把实践的观点看作马克思主义认识论的首要的、基本的观点。第二,马克思主义哲学的全部理论都要付诸实践,指导实践,变为群众的行动,化作改造世界的物质力量。

马克思主义哲学消除了千百年来哲学同实践特别是同劳动群众实践的对立,打破了把哲学封闭在少数思想家书斋和讲坛里的局面,找到了哲学通向生活,从哲学家的圈子走到广大人民群众中间去的现实道路。在马克思主义看来,哲学理论之所以重要,正是,也仅仅是因为它能够指导实践。如果它同实践割断了联系,就不能保持它的正确,推动它的发展,更不能发挥它的力量。脱离实践的思想理论,根本实现不了什么东西,只能空谈一阵了事。马克思有句名言:"批判的武器当然不能代替武器的批判,物质力量只能用物质力量来摧毁;但是理论一经掌握群众,也会变成物质力量。"[1]这是对马克思主义哲学实践性的最好的说明。

---

[1]《马克思恩格斯全集》第 1 卷,人民出版社 1956 年版,第 460 页。

马克思关于"问题在于改变世界"的主张,并不意味着反对用不同方式解释世界,它丝毫也不否认科学地解释世界的必要性和重要性;相反地却认为正是这种科学的解释,才为改造世界提供了思想武器和理论指南。不是别人,正是马克思和恩格斯,为了革命地改造世界,在科学地解释世界即建立马克思主义及其哲学的工作中,贡献了自己毕生的精力,从而"把伟大的认识工具给了人类,特别是给了工人阶级"①。

马克思主义哲学正由于它具有实践性的鲜明特点,它才具有严格的科学性。如前所述,马克思主义哲学是唯物主义和辩证法、自然观和历史观相统一的完整体系,是自然、社会和思维发展普遍规律的正确反映,都说明了它的科学性,而这一切都是以实践为基础的。马克思主义哲学的实践性表明,它是同那些脱离实践的抽象教条截然不同的哲学,是在实践中产生又经过实践检验并随着实践的发展而发展的科学真理。马克思主义的创始人和继承者,从来都把自己的哲学当作科学。马克思把自己的战斗生涯看作是在永无止境的科学的道路上攀登,恩格斯把马克思称为"科学巨匠",列宁多次强调马克思和恩格斯的著作是"科学著作",斯大林和毛泽东都直接讲到马克思主义及其哲学就是科学,是老老实实的学问。有了实践性就必然具有科学性。科学性是马克思主义及其哲学的本性和灵魂。离开科学性就没有马克思主义及其哲学,不管在什么名义和旗号下,违背了科学就是违背了唯物主义和辩证法。

马克思主义哲学正因为它具有实践性的鲜明特点,它也就具有彻底的革命性。它不是抽象的教条而是实践的指南,不是供人赏玩的古董而是人们用以"改变世界"的武器,因而它决不像美酒佳肴那样可以为站在任何阶级立场、抱有任何政治倾向的人所享用。而只有不囿于私利、具有彻底革命精神的阶级即无产阶级才能够掌握和运用它。正如马克思所说,"哲学把无产阶级当作自己的物质武器,同样,无产阶级也把哲学当作自己的精神武器"②。马克思主义以外的其他哲学,多数属于剥削阶级的意识形态,代表少数剥削者的利益,为剥削制度作论证,这就决定了它的程度不同的狭隘性和虚伪性。它把本来只是为一个阶级的利益服务的哲学标榜为"全民"的哲学。与此相反,马克思主义哲学则公开宣布自己代表无产阶级从而也代表全体劳动人民的根本利

---

① 《列宁选集》第 2 卷,人民出版社 1995 年版,第 311 页。
② 《马克思恩格斯选集》第 1 卷,人民出版社 1995 年版,第 15 页。

益,是为消灭资本主义和一切剥削制度、建设社会主义和共产主义这一最革命、最进步的事业提供理论武器。马克思主义哲学越是广泛地掌握无产阶级和劳动群众,越是化为广大群众的革命实践,就越是呈现出它的彻底的革命性。

马克思主义的公开敌人经常攻击说,坚持了革命性就不能有科学性。林彪、"四人帮"之流则更加狡猾地打着革命性的旗号,肆意扼杀、败坏马克思主义哲学的科学性。这种把马克思主义哲学的革命性同科学性、阶级性、客观性对立起来的论点,是根本站不住脚的。

马克思主义哲学之所以具有彻底的革命性,正因为它是正确地揭示了自然、社会和人类思维的一般规律的科学真理。所谓马克思主义哲学的革命性,就在于,它不把任何现存的事物看成是永恒的、神圣不可侵犯的东西,不同唯心主义和形而上学世界观作任何妥协,不同一切迷信和谬误作任何妥协;就在于,它要把自己的理论彻底地付诸人民群众改造世界的革命实践。显然,只有具备严格科学性的哲学,具备理论的彻底性的哲学,才能具备这样的性质。反过来说,马克思主义哲学也正因为它是具有彻底革命性的哲学,是不同一切迷信和谬误妥协的哲学,才真正体现出它的科学性。在马克思主义哲学中,科学性和革命性是完全统一的。正如列宁所深刻指出的,马克思主义的"理论对世界各国社会主义者所具有的不可遏止的吸引力,就在于它把严格的和高度的科学性(它是社会科学的最新成就)同革命性结合起来,并且不仅仅是因为学说的创始人兼有学者和革命家的品质而偶然地结合起来,而是把二者内在地和不可分割地结合在这个理论本身中"[①]。总起来说,马克思主义哲学最显著的特点就是它的实践性。正因为它不脱离实践这个坚实的基础,它才具有科学性和革命性的高度统一。

四、辩证唯物主义和历史唯物主义的关系

马克思主义哲学的重大成就,不仅在于它实现了唯物主义和辩证法的结合,而且还在于它把这种结合贯彻到了包括社会历史在内的一切领域之中。历史唯物主义就是在社会历史领域中运用唯物主义和辩证法探讨社会发展的

[①] 《列宁选集》第1卷,人民出版社1995年版,第83页。

一般规律的科学理论。它是马克思主义的独创,是研究社会历史的唯一科学的观点和方法。恩格斯认为,历史唯物主义和剩余价值学说,是马克思一生中的两项最重大的发现。

一切较为完整的哲学,在其一般宇宙观中,都包含着自己的历史观。不过,在马克思以前的旧哲学中,历史观和宇宙观始终不曾得到过科学的统一:或者两者统一于精神,这就是纯粹的唯心主义的宇宙观;或者对自然的唯物主义观点和对社会的唯心主义观点相混合,在宇宙观上呈现出矛盾的状况,因而不能形成彻底唯物主义的宇宙观。马克思主义哲学则不同。马克思主义哲学是辩证唯物主义和历史唯物主义,前者是它的一般宇宙观,后者是它的社会历史观。二者相互贯通、紧密结合,第一次实现了一般宇宙观和社会历史观在唯物主义基础上的统一。

由于历史环境和斗争的需要,特别是针对旧唯物主义在社会历史领域中的失足,马克思、恩格斯在完成他们世界观的转变时,特别注意对社会历史规律的研究,把着重点放在历史的唯物主义上面。这并不是说马克思主义哲学的创立过程是历史唯物主义在先,辩证唯物主义在后;而只能合理地理解为,唯物史观的发现对于辩证唯物主义的统一的宇宙观的形成显得特别重要。因此,把历史唯物主义看作是先于辩证唯物主义而产生,如同把辩证唯物主义看作先于历史唯物主义而产生,而后才推广和运用于社会历史领域一样,都是不正确的。

诚然,列宁也讲过历史唯物主义是唯物主义的"推广"这样的话,但列宁是针对旧唯物主义的不彻底性和片面性来讲的。既然旧唯物主义是"半截子"唯物主义,它只做到了唯物地解释自然,却不能进而对历史也作出唯物主义的解释,那么当然就有把唯物主义对自然界的认识推广到对人类社会的认识之必要。很显然,这里讲的"推广",就是把唯物主义贯彻到底的意思。而对于本来就已经把社会历史看作物质运动的一种形式的辩证唯物主义来说,就不存在克服不彻底性的问题。当然,这并不排斥在实际生活中要用辩证唯物主义观点去观察和分析包括社会历史在内的各种现象。但这是世界观在实际问题上的运用,同作为整体的世界观和作为这个世界观的构成要素的某个部分的关系问题,是性质完全不同的两回事。

辩证唯物主义和历史唯物主义的统一,表现在它们在理论上的相互贯通、相互渗透,没有辩证唯物主义就没有历史唯物主义,没有历史唯物主义也没有辩证唯物主义。所谓没有辩证唯物主义就没有历史唯物主义,是说辩证唯物主义的内容中本来就包含着历史唯物主义,这是题中应有之义。辩证唯物主义之所以是彻底的唯物主义,不仅是因为它唯物地解释了自然,包含有唯物主义的自然观,而且特别是因为它唯物地解释了社会生活,包含有唯物主义的历史观。因而没有辩证唯物主义,就意味着社会生活还未得到科学的解释,唯物主义的历史观还没有形成。反过来看,所谓没有历史唯物主义就没有辩证唯物主义,是说历史唯物主义是彻底的唯物主义的标志,如果没有这个标志,就意味着彻底的唯物主义即辩证唯物主义还没有创立。

历史唯物主义作为彻底的唯物主义的基本标志的意义在于:

第一,历史唯物主义揭露了唯心主义的社会根源。唯心主义的观点无疑是错误的,但是,这种错误理论作为一种社会现象,它的产生、存在和发展绝不是偶然的,它有着深刻的原因。唯物主义要彻底战胜唯心主义,就不能只是简单地宣布它是胡说,而要找出产生它的社会根源,对它作出科学的分析,并指出克服的途径。没有历史唯物主义,这个任务是不能解决的。

第二,历史唯物主义使辩证唯物主义的基本原理真正获得了全面的巩固的基础。这首先表现在对哲学基本问题的彻底解决上。哲学的基本问题是思维和存在、意识和物质的关系问题,特别是思维和存在、意识和物质何者为第一性的问题。但是,如果没有历史唯物主义从社会产生和发展史上说明意识的起源和本质,并且说明在社会这个物质世界的特殊领域中社会存在和社会意识的关系,那么,要彻底唯物地解决哲学的基本问题是不可能的。其次,历史唯物主义对于辩证唯物主义认识论即能动的革命的反映论的创立也起着决定的作用。由于它正确地说明了社会生活在本质上是实践的,人类的实践是社会的实践,是历史地发展着的实践,生产劳动是人类最基本的实践活动和认识的最基本的来源,人民群众是实践的主体也是认识的主体,这才使得马克思主义认识论的首要的基本的观点——实践观点得到了科学的论证。最后,历史唯物主义发现并科学地说明了社会赖以存在和得以发展的物质基础和物质力量——生产力,从而揭示了社会发展的客观规律,才最终地、有说服力地论证了世界物质统一性的原理,建立起完备的唯物主义理论。

辩证唯物主义和历史唯物主义的统一,表现在它们在社会作用方面的相辅相成、相得益彰,是由人类改造自然和改造社会这两重任务的内在联系决定的。人类为了生存,就必须改造自然界,以使自然界更好地满足人的需要。但是，要改造自然界就必须改造社会。因为人类只有结成一定的社会关系才能向大自然开战，这种社会关系的性质和状况，直接地影响着同自然界的斗争。可见，改造自然界和改造社会的斗争是紧密联系、不可分割的。一般地说来，人们在改造自然界的斗争中形成自然观，在改造社会的斗争中形成社会历史观。但是由于改造自然界和改造社会的任务本身的内在联系，自然观和社会历史观也是不能截然分开的。从实践的观点来看，无论是改造自然界的活动还是改造社会的活动，都是人的有目的的活动，是通过人类的实践来完成的，所以它们归根到底是属于社会的历史的活动。这就是说，自然观和历史观不仅是密切联系、不可分割的，而且都是要通过社会历史观来体现的。只有当包括自然观在内的一般宇宙观体现为社会历史观，并且真正付诸实践的时候，一般宇宙观才能在实际生活中真正发生作用。在这个意义上可以说，历史唯物主义最集中地体现了整个马克思主义哲学的社会作用。

马克思主义哲学即辩证唯物主义和历史唯物主义的社会作用在于，它给人类指出了事物发展的一般规律和方向，为人们在改造客观世界的活动中充分发挥自己的能动作用提供了可能。特别重要的是，马克思、恩格斯运用辩证唯物主义和历史唯物主义，分析资本主义社会的发展规律，创立了科学社会主义或共产主义理论，给人类社会的发展指出了明确的方向。按照这个共产主义的理论，经过无产阶级革命斗争的胜利，资产阶级专政必然被无产阶级专政所代替，资本主义社会必然被改造为生产资料公有、消灭剥削、各尽所能、按劳分配的社会主义社会；社会主义社会经过生产力的巨大发展和科学思想、文化的巨大进步，最后必然发展为各尽所能、按需分配的共产主义社会。这个共产主义的理论，绝不是从头脑中突然产生出来的，而是以社会发展的客观规律和人类的全部实践经验为依据，特别是以资本主义社会的发展规律和工人阶级这一崭新的社会力量的出现为依据提出来的，并且是要经过共产主义的一系列实际运动去实现的，它有着充分的根据，经过严密的论证，因而是真正的科学理论。

五、历史唯物主义是关于社会发展一般规律的科学

为了从总体上把握唯物史观这一科学的社会历史学说，在弄懂历史观的基本问题和对这一问题的正确立场的基础上，还需要进一步对它的研究对象

作出明确的、科学的规定。从这个角度考察,历史唯物主义就是关于社会发展一般规律的科学,它的任务是从总体上研究社会生活,研究社会现象的一般联系和关系,揭示社会生活的本质,阐明社会发展的一般规律。

在马克思主义出现以前,关于社会生活中是否存在客观规律以及什么是社会生活规律的问题,并没有得到解决。如果说,人类经过了长久的、艰难的途程,才懂得了在自然界的运动、变化和发展中存在着规律的话,那么人类发现社会生活也存在着客观规律,所经历的途程就要长久得多和困难得多。在旧的哲学家和社会历史学家面前,社会生活或者是一幅杂乱无章的、由偶然事件堆积起来的图画,或者是由某种神秘的精神赋予了某种联系和发展秩序的奇怪现象。正像自然哲学只能用理想的、幻想的联系来代替自然界尚未知道的现实的联系一样,"历史哲学、法哲学、宗教哲学等等也都是以哲学家头脑中臆造的联系来代替应当在事变中去证实的现实的联系,把全部历史及其各个部分都看作观念的逐渐实现,而且当然始终只是哲学家本人所喜爱的那些观念的逐渐实现"①。这种否认社会生活中的联系,或者以臆造的联系代替真实的联系的情况,是任何旧哲学派别都未曾彻底改变,也绝不可能改变的。只有马克思和恩格斯将唯物论和辩证法彻底地运用于社会历史,对社会作了深入的考察,并且总结了历史经验,批判地吸收了前人的优秀思想成果,才终于排除迷雾,找到了社会生活中真实的联系,发现了社会生活的客观规律性。

马克思在《〈政治经济学批判〉序言》一文中,对社会历史一般过程的性质及其内在规律作了极其精辟的完整论述。马克思说:"我所得到的、并且一经得到就用于指导我的研究工作的总的结果,可以简要地表述如下:人们在自己生活的社会生产中发生一定的、必然的、不以他们的意志为转移的关系,即同他们的物质生产力的一定发展阶段相适合的生产关系。这些生产关系的总和构成社会的经济结构,即有法律的和政治的上层建筑竖立其上并有一定的社会意识形式与之相适应的现实基础。物质生活的生产方式制约着整个社会生活、政治生活和精神生活的过程。不是人们的意识决定人们的存在,相反,是人们的社会存在决定人们的意识。社会的物质生产力发展到一定阶段,便同它们一直在其中运动的现存生产关系或财产关系(这只是生产关系的法律用语)发生矛盾。于是这些关系便由生产力的发展形式变成生产力的桎梏。那

---

① 《马克思恩格斯选集》第4卷,人民出版社1995年版,第246页。

时社会革命的时代就到来了。随着经济基础的变更,全部庞大的上层建筑也或慢或快地发生变革。在考察这些变革时,必须时刻把下面两者区别开来:一种是生产的经济条件方面所发生的物质的、可以用自然科学的精确性指明的变革,一种是人们借以意识到这个冲突并力求把它克服的那些法律的、政治的、宗教的、艺术的或哲学的,简言之,意识形态的形式。我们判断一个人不能以他对自己的看法为根据,同样,我们判断这样一个变革时代也不能以它的意识为根据;相反,这个意识必须从物质生活的矛盾中,从社会生产力和生产关系之间的现存冲突中去解释。无论哪一个社会形态,在它们所能容纳的全部生产力发挥出来以前,是决不会灭亡的;而新的更高的生产关系,在它存在的物质条件在旧社会的胎胞里成熟以前,是决不会出现的。所以人类始终只提出自己能够解决的任务,因为只要仔细考察就可以发现,任务本身,只有在解决它的物质条件已经存在或者至少是在形成过程中的时候,才会产生。大体说来,亚细亚的、古代的、封建的和现代资产阶级的生产方式可以看作是经济的社会形态演进的几个时代。资产阶级的生产关系是社会生产过程的最后一个对抗形式,这里所说的对抗,不是指个人的对抗,而是指从个人的社会生活条件中生长出来的对抗;但是,在资产阶级社会的胎胞里发展的生产力,同时又创造着解决这种对抗的物质条件。因此,人类社会的史前时期就以这种社会形态而告终。"①

这里,对人类社会及其发展从基础和结构、存在和意识、矛盾和矛盾的解决、一般过程和具体形态等各个方面都作出了全面而深刻的概括。不仅描述了整个人类历史的总画面,而且揭示了其中的内在逻辑。不仅确立和显示了科学历史观理论体系的"骨骼"和"框架",而且提供了历史唯物主义的科学方法论基础。它既是对社会发展一般过程的高度总结,也是对唯物主义的科学历史观的经典的表述。这里贯穿始终的一个基本思想,就是把社会及其发展看作是自然历史过程。

所谓自然历史过程,是指社会同自然界一样也是有规律的发展过程,社会规律也是客观的、必然的、不以人的意志为转移的。当然,社会这个自然过程同纯粹自然界有着明显的区别。自然过程完全是盲目的,不自觉的,根本无须人的参与。而社会则不然。社会离不开人,"在社会历史领域内进行活动的,

---

① 《马克思恩格斯选集》第 2 卷,人民出版社 1995 年版,第 32—33 页。

是具有意识的、经过思虑或凭激情行动的、追求某种目的的人;任何事情的发生都不是没有自觉的意图,没有预期的目的的"①。如果不注意社会生活是由具有理性和意志的人所创造的这样一个重要特点,而把它看成同自然界的力学过程、物理过程、化学过程、生物过程完全一样,把社会规律和自然规律混为一谈,那就会忽视人的作用,背离社会的现实,这显然是不正确的。但是,如果因为社会生活中存在着人的理性和意志的作用,就否认社会规律的客观性,那就不仅是错误的,而且也是十分危险的,终究会导致唯心主义。因为,在社会生活中,人们虽然都是有目的、有意识地进行活动,但人们预期的目的是彼此冲突、互相矛盾的,而无数个别愿望和个别行动发生冲突的结果,就"在历史领域内造成了一种同没有意识的自然界中占统治地位的状况完全相似的状况"②。就是说,行动的目的是预期的,但却受着不以人的意志为转移的客观规律的支配。在这里,承认历史过程的规律性和规律的客观性,并没有抹杀人在社会生活中的作用。相反,正是因为正确地指出了人同客观规律的关系,确定了人的能动性的作用范围,从而才使得人在社会生活中的作用得到了真正科学的评价。所以,问题不在于用人的有意识的活动来抹杀社会的客观规律,而在于从有意识的人的活动背后发现这些规律。

发现社会规律,就是要发现社会生活中的重复性和常规性。要做到这点,就必须从单纯对思想关系的探讨中摆脱出来。列宁说:"当他们还局限于思想的社会关系(即通过人们的意识而形成的社会关系)时,他们不能发现各国社会现象中的重复性和常规性,他们的科学至多不过是记载这些现象,收集素材。一分析物质的社会关系(即不通过人们的意识而形成的社会关系:人们在交换产品时彼此发生生产关系,甚至都没有意识到这里存在着社会生产关系),立刻就有可能看出重复性和常规性,把各国制度概括为社会形态这个基本概念。"③而发现社会生活的重复性和常规性即发现社会规律的唯一正确的途径,就是如恩格斯指出的,要探究隐藏在群众及其领袖行动的动机背后的客观动因。

当马克思、恩格斯透过人们的思想动机寻找它的更深刻的根源时,便发现了一个简单的、但却长期被人忽视的事实,无论在哪一个社会当中,人们都必

---

① 《马克思恩格斯选集》第 4 卷,人民出版社 1995 年版,第 247 页。
② 《马克思恩格斯选集》第 4 卷,人民出版社 1995 年版,第 247 页。
③ 《列宁选集》第 1 卷,人民出版社 1995 年版,第 8 页。

须首先解决了吃、喝、住、穿的问题,然后才能从事政治、科学、艺术、哲学、宗教等活动,没有物质生活资料的生产,就不可能有其他种种社会活动,也不会有社会历史。原来,决定人们的思想动机的,乃是社会的经济关系,即人们为解决物质生活问题而从事的生产和生产中结成的关系。在这里,经济关系直接表现为人们的物质利益。争取和维护民族、国家、阶级、阶层、家庭和个人经济利益的动机,是人们积极地参加生产和社会活动的决定性原因。人们活动的思想动机总是这样或那样地、直接或间接(哪怕是间接又间接)地受人们的物质生活利益所制约、所决定。不同的阶级、不同的人的物质利益都要受他们在生产关系中的地位所制约,而生产关系归根到底又是由生产力所决定的。所以列宁指出:"只有把社会关系归结于生产关系,把生产关系归结于生产力的水平,才能有可靠的根据把社会形态的发展看作自然历史过程。不言而喻,没有这种观点,也就不会有社会科学。"[1]由于马克思主义的这个重大发现,对社会的研究才可以像自然科学那样以精确的眼光进行考察,从而把对社会历史的研究变为科学。

把社会历史看作一种自然历史过程的观点,体现了马克思主义科学历史观的唯物的和辩证的性质。它表明社会的历史本质上是物质资料生产方式的历史,是社会矛盾首先是社会基本矛盾合乎规律地运动发展的过程。生产方式的变化首先是从生产力的提高开始的。生产力是最活跃的因素。人类在物质生产活动中,总要不断解决自己同无限多样复杂的自然界之间的矛盾,用以满足自己日益增长的需要,这样,生产工具就会不断改进,劳动者的技术熟练程度也会不断得到提高,从而促使生产的水平和效率不断提高,生产的规模和领域不断扩大。生产力的不断量变,积累到一定限度就会发生质变,形成新的生产力。随着新的生产力的获得,旧的生产关系便不能再同它适应了,于是人们便要改变自己的生产关系。生产关系的变革意味着整个生产方式的变革,同时又引起整个上层建筑的变革,使全部社会关系、社会生活和社会意识形态发生相应的改变。生产力的发展是由低级到高级的前进运动,由它而引起的生产关系以至整个社会形态的发展,也是从低级到高级的前进运动。人类自产生以来的全部历史,首先就是这样一部生产发展的历史,生产方式依次更替的历史。社会形态之所以一个比一个更高级、更复杂,其根本原因和根本标

---

[1] 《列宁选集》第1卷,人民出版社1995年版,第8—9页。

志,就在于它们有较前更发达的生产力和同这个生产力相适应的生产关系,以及以这种生产关系为基础的社会组织形式和社会意识形态。这就是人类社会这一自然历史过程的最一般的轮廓。

历史唯物主义是唯一科学的历史观,它的整个体系和所有原理,都是对社会历史的唯物辩证本性的揭示,是对人类社会发展的自然历史过程的普遍本质的理论再现,是对社会的合乎客观规律的发展过程的逻辑展开。

在马克思主义发现并论证社会的发展是一种自然历史过程以后,有些资产阶级学者仍然极力否认社会规律的客观性,他们企图把"规律"的概念排除于科学之外,把规律看作是"假设"。著名的西方科学哲学家卡尔·波普尔,把主张历史发展具有规律性的理论叫作"历史循环论"。他断言,历史没有规律,历史不能预言。其根据就是:创造历史的人的行动要受意志的支配,而人的意志是自由的。在这里,波普尔虽然注意到历史活动的特点,看到了人的意志在社会发展中的作用,但由于他过分夸大了这个作用,终于导致了对社会规律的否定。可见,不承认社会规律的客观性就必然导致唯心主义的结论。

马克思关于人类社会的发展是一种自然历史过程的发现,给无产阶级和革命人民改造世界的斗争提供了客观依据。无产阶级政党的纲领、路线以至具体的方针和政策,都应该根据社会发展规律来制定,应是对社会规律的反映。社会规律是革命政党、革命人民在认识世界和改造世界的斗争中获取行动自由的客观基础。人们只有认识并且尊重规律,才能在行动中获得自由,认识得越深刻,获得的自由也就越多;反之,如果无视或者不尊重规律,那就会处于不自由的状态,以致受到规律的惩罚。但只要人们能够努力去探求并遵循客观规律,及时纠正自己行动中的错误和偏差,又可以重新获得自由。可见,对社会发展的客观的自然历史过程的把握,能够给人以关于社会发展规律的认识和改造社会的智慧、力量与信心,并可以对每个人的行为的价值作出真正客观的科学评价,即究竟是符合客观规律还是违背客观规律。

历史唯物主义研究的对象,首先是在一切社会阶段中都起作用的最普遍、最一般的规律,但同时也应包括在各阶级的社会中普遍发生作用的那些特殊规律。这是因为,一般和特殊的界限并不是绝对的。阶级划分和阶级斗争的规律相对于贯穿整个人类社会的最普遍、最一般的规律来讲,当然具有特殊性;但它们毕竟是几个社会形态共有的规律,即是说,它们在社会历史中毕竟也具有一定的普遍性,因而也应该成为历史唯物主义的研究对象。另外,整个人类社会的发展过程,不仅是社会基本矛盾的运动过程,而且也是在社会基本矛盾的推动下,由无阶级到有阶级再到无阶级的发展过程,这个最一般的规律,无疑也应是历史唯物主义的研究对象。而如果将其中有阶级的这一段舍弃,那么社会从无阶级到有阶级再到无阶级的规律性也就无从体现了。最后,历史唯物主义作为科学的历史理论,就其产生的社会历史条件来说,也是决不能同阶级斗争分开的。正是由于资本主义的发展,无产阶级和资产阶级阶级斗争的展开,社会生活的常规性和重复性,即社会生活的规律性才充分地暴露出来,社会向共产主义发展的历史必然性才逐渐被人们所看清。在这个意义上可以说,离开了阶级斗争,就不会有科学的历史唯物主义理论。因此,把阶级划分和阶级斗争的规律作为历史唯物主义的研究对象,不仅是必要的,而且是合理的。只有把最一般规律的研究和阶级划分、阶级斗争规律的研究结合起来,才能给人们提供真正可靠的认识现实社会的工具。

历史唯物主义作为人类的认识工具,它同具体社会科学的关系,是一般和个别的关系。具体的社会科学以社会生活的某一领域、某一局部为对象,从某个特定的方面去研究社会。例如:政治经济学研究人们的生产关系发展变化的规律;法学研究各种形式的国家与法产生和发展的规律;语言学研究语言这种特殊的社会现象产生和发展的规律;等等。历史唯物主义与这些具体科学不同,它不局限于社会生活的个别方面、个别现象和个别关系,而是要横跨社会生活的各领域,纵贯古今历史的全过程,从总体上、全局上来揭示社会发展的一般规律。

这里要特别注意历史唯物主义同历史学和社会学的区分。历史学和社会学都是具体的社会科学。历史学按照年代顺序来研究各个国家、各个民族的历史发展,它虽然也从总体上研究社会历史,并且着眼于贯穿在历史过程中的规律性,但它不是以抽象的、一般理论的形态来论证,而是通过具体的历史条件、历史事件、历史人物等等来反映具体的历史过程。它同历史唯物主义的区别就在于:历史学侧重在具体的历史过程,它不但不排除各种偶然历史事件,而且正是要通过充满偶然事件的具体历史过程体现和揭示历史的必然性。历史唯物主义则专门研究社会发展的一般规律,为研究具体历史过程提供科学的观点和方法。

社会学研究专门的社会问题,例如劳动、人口、就业、文化、民俗、民族、婚姻、家庭、妇女、儿童、青年、老年、城市、农村、职业、分工等问题。这些都是一些专门的社会问题,社会学就是要通过系统的调查研究工作,为解决这些专门的社会问题提供科学依据和具体方法。而历史唯物主义则提供研究社会生活的基本观点、基本方法。社会主义国家的职能部门在制定解决各种社会问题的方针政策时,既要以历史唯物主义基本原理为指导,又要吸收社会学的具体研究成果。历史唯物主义提供了研究社会现象的理论指导和根本方法,但是它并不提供关于各种社会问题的具体答案,它毕竟不能代替社会学。

总之,研究一般的历史唯物主义和研究个别的各门社会科学既有区别,又有联系。一般指导个别,但不能代替个别;个别体现一般,但不等于一般。各门具体社会科学都离不开历史唯物主义,历史唯物主义也离不开各门具体社会科学。

历史唯物主义既然是关于社会发展一般规律的科学,它也就是我们观察和研究社会历史问题的一般的方法。研究各门社会科学,从事任何革命工作,都必须以历史唯物主义的基本观点和一般原理为指导。但是,一般对个别的指导只能是运用一般所提供的观点和方法去对个别作具体的分析,根据实际情况得出具体结论,而绝不是把一般作为标签,去代替对具体情况的分析和具体的科学研究。恩格斯曾经针对19世纪90年代在德国出现的把历史唯物主义庸俗化的现象,一针见血地指出:"对德国的许多青年著作家来说,'唯物主义'这个词大体上只是一个套语,他们把这个套语当作标签贴到各种事物上去,再不作进一步的研究,就是说,他们一把这个标签贴上去,就以为问题已经解决了。但是我们的历史观首先是进行研究工作的指南,并不是按照黑格尔学派的方式构造体系的诀窍。"①把历史唯物主义作为解决社会历史问题的指南和方法,首先,就要寻求那种在人的活动中形成但又不以人的意志为转移的社会经济关系,即对产生各种社会历史现象的经济根源作具体的分析。没有这种分析,社会历史的研究就没有可靠的基础。与此同时,也要对人的作用作具体分析,因为社会历史的必然性虽然是由客观的经济关系造成的,但这种必然性的实现却一点也离不开人的努力。如果在考察社会历史问题时忽略了人的作用,就会造成重大的方法论错误,就会陷入庸俗的经济决定论。最后,要使历史唯物主义真正成为科学的认识工具,还必须对造成社会历史现象的各种条件作具体的历史的分析。列宁说:"在分析任何一个社会问题时,马克思

---

① 《马克思恩格斯选集》第4卷,人民出版社1995年版,第691—692页。

主义理论的绝对要求,就是要把问题提到一定的历史范围之内。"①所有这些都是把历史唯物主义作为方法论的最基本的要求。

历史唯物主义作为社会发展一般规律的科学,不只是从纵的方面揭示历史过程的顺序发展,同时也从横的方面揭示社会基本要素的一般结构和一般关系。它把社会如实地看作是由一定社会要素构成的、发展变化着的系统,是一个活的有机体。它在全面揭示社会发展一般规律的同时,也从理论上再现了社会有机体的普遍本质。

马克思和列宁在描绘社会的特征时,曾多次称社会为活的有机体即有机的系统。的确,在社会中每时每刻都在发生着如同在有机界中发生着的那些过程和现象。但是社会系统毕竟不同于生物系统。经典作家们常常指出它们的本质区别,并且分析这种区别,绝没有把社会同有机界等同起来。"有机的"这个概念,只是要以这个形象的用语,来描绘社会这个完整的功能系统的最一般特征。有机系统的一般特征就是:它必须以某种生存方式构成该系统的物质基础。从什么意义上来说社会是个有机体或有机系统呢?第一,从物质基础来看,社会系统是在生产方式的矛盾运动中不断地进行着新陈代谢的,在与周围自然界经常保持平衡中创造着自身生存条件的物质系统;第二,从活动的主体来看,社会有机体是在一定的物质生活生产方式基础上由人群所组成的,由人们思想意识起作用,并有一定上层建筑为之服务的充满活力的自我控制系统;第三,从各构成要素的关系来看,社会系统是一个由生产力、生产关系、上层建筑等基本要素构成的具有复杂结构的有机整体,其中各个因素相互联系、相互作用,并由于这种相互作用(以经济要素的决定作用为前提),推动着整个社会有机体的运动、变化和发展。历史唯物主义就是要从整体上来研究和把握社会系统,从理论上再现社会有机体的普遍本质,揭示社会生活的最一般的规律。

历史唯物主义所揭示的社会有机体的普遍本质,主要是它的物质性、整体性和变动性。社会有机体是有形的、现实的存在,并非是什么虚无缥缈、不可捉摸的东西,就是说,它本质上是物质的。当然,社会的物质性不能和实物意义上的物质性相等同。后者是指某种能被感觉器官感知的实体,而社会的物质性主要是指那种不以人的意志为转移的客观的物质关系,或者叫作物质的

---

① 《列宁选集》第 2 卷,人民出版社 1995 年版,第 375 页。

社会关系,例如生产力(社会与自然的关系)、生产关系、交换关系以及各阶级的经济关系,等等。同时,那些有形的、现实存在的诸社会要素,又是彼此联系、相互作用、有机统一的,它们始终在活动和发展着,而不是处于孤立的静止的状态。这就告诉人们,观察和研究社会生活必须从实际出发,着眼于各种社会要素的联系和发展。否则,要从总体上把握社会生活,并揭示其一般的发展规律,就是不可能的。

历史唯物主义揭示社会发展一般规律的过程,是由抽象上升到具体,在理论上再现社会有机体及其一般结构、一般发展规律的过程。它对社会生活的把握是具体的,但这种具体并不是停留于外表的感性的具体,而是思维中的具体。就是说它不是片面的,而是全面的;不是零碎的,而是系统的;不是枝节的,而是抓住了本质的。只有这种思维的具体,才是对于历史真理的真正把握,才能够给人类提供可靠的科学的认识工具。

六、《辩证唯物主义原理》《历史唯物主义原理》建构的马克思主义哲学体系

辩证唯物主义

第一章　绪论

　第一节　哲学的对象

　　一、哲学是理论化、系统化的世界观

　　二、哲学是自然、社会和思维知识的概括和总结

　　三、哲学在社会生活中的地位

　第二节　哲学的基本问题

　　一、物质和意识的关系问题是哲学的基本问题

　　二、唯物主义和唯心主义

　　三、辩证法和形而上学的斗争同哲学基本问题的关系

　第三节　唯物主义、辩证法思想的历史发展

　　一、马克思主义哲学的前史

　　二、马克思主义哲学的产生和发展

　第四节　马克思主义哲学是科学的世界观和方法论

　　一、完整严密的科学体系

　　二、自然、社会和思维发展的普遍规律的科学

三、实践基础上的科学性和革命性的统一

　　四、学习马克思主义哲学的意义和方法

第二章　世界的物质性

　第一节　物质

　　一、哲学物质观念的历史发展

　　二、辩证唯物主义的物质范畴

　　三、物质范畴在现代科学中的深化

　第二节　运动

　　一、运动是物质的根本属性

　　二、静止是运动的特殊状态

　第三节　时间和空间

　　一、时间和空间是运动着的物质的存在形式

　　二、时间和空间存在的绝对性和它们具体形态、特性的相对性

　　三、时间和空间的无限性

　第四节　世界的物质统一性

　　一、彻底的唯物主义一元论

　　二、世界物质统一性的科学证明

　　三、世界物质统一性的哲学论证

第三章　意识的起源、本质和作用

　第一节　意识的起源

　　一、物质的反应特性

　　二、生物的反应形式及其发展

　　三、人类意识的产生

　第二节　意识的本质

　　一、人脑是高度严密复杂的物质体系

　　二、意识是人脑的机能

　　三、意识是客观存在的反映

　　四、意识和思维模拟

　第三节　意识的作用

　　一、物质的决定性和意识的能动性

　　二、意识能动性的表现

三、实现意识能动作用的途径

第四章　唯物辩证法是关于联系和发展的科学

　第一节　唯物辩证法是关于普遍联系的科学

　　一、事物、现象的普遍联系

　　二、联系的多样性

　　三、辩证联系与科学的发展

　第二节　唯物辩证法是关于发展的科学

　　一、相互联系、相互作用构成运动

　　二、运动形式的多样性

　　三、发展是新事物的产生和旧事物的灭亡

　第三节　唯物辩证法是一系列普遍规律和范畴的科学体系

　　一、规律是事物发展的本质联系和必然趋势

　　二、唯物辩证法的规律和范畴

　　三、对立统一学说是唯物辩证法的实质和核心

第五章　质量互变规律

　第一节　质、量、度

　　一、质

　　二、量

　　三、度

　第二节　量变、质变、新的量变

　　一、量变和质变及其辩证关系

　　二、质量互变的客观普遍性

　第三节　量变、质变的复杂性

　　一、量变的复杂性

　　二、质变的复杂性

第六章　对立统一规律

　第一节　矛盾的同一性和斗争性

　　一、矛盾的同一性

　　二、矛盾的斗争性

　　三、矛盾的同一性和斗争性的相互联结

　　四、矛盾的客观性和普遍性

第二节 发展是对立面的同一和斗争

　　一、同一性在事物发展中的作用

　　二、斗争性在事物发展中的作用

　　三、对立面同一的相对性和斗争的绝对性

第三节 矛盾的特殊性及其解决形式的多样性

　　一、矛盾的复杂性

　　二、矛盾发展的不平衡性

　　三、矛盾解决形式的多样性

第七章 否定之否定规律

第一节 辩证的否定

　　一、肯定和否定的对立统一

　　二、否定的辩证含义

第二节 否定之否定

　　一、事物自己发展自己

　　二、事物发展的前进性和曲折性

第三节 螺旋式发展的普遍性和特殊性

　　一、螺旋式发展的普遍性

　　二、螺旋式发展的特殊性

第八章 唯物辩证法诸范畴

第一节 原因和结果

　　一、原因和结果及其辩证关系

　　二、因果联系的客观普遍性和多样性

第二节 必然性和偶然性

　　一、必然性和偶然性及其在事物发展中的作用

　　二、必然性和偶然性的辩证关系

第三节 可能性和现实性

　　一、可能性和现实性的含义

　　二、可能性和现实性的辩证关系

第四节 形式和内容

　　一、形式和内容是统一事物的两个侧面

　　二、形式和内容的辩证关系

第五节　现象和本质

　　一、现象和本质及其辩证关系

　　二、科学认识的任务是透过现象抓住本质

第九章　实践及其在认识中的作用

　第一节　辩证唯物主义的认识论是能动的反映论

　　一、世界是可以认识的

　　二、形而上学唯物主义反映论的根本缺陷

　　三、能动的反映论的基本观点

　第二节　实践的特点和形式

　　一、科学的实践概念

　　二、实践的主要特征

　　三、实践的基本形式

　第三节　实践是认识的基础

　　一、认识产生于实践的需要

　　二、实践提供了认识的可能

第十章　认识的辩证运动

　第一节　感性认识到理性认识

　　一、认识的感性形式和理性形式

　　二、感性认识和理性认识的辩证关系

　　三、由感性认识到理性认识的飞跃

　第二节　理性认识到实践

　　一、理性认识向实践飞跃的必要性

　　二、理性认识向实践飞跃的前提

　　三、理性认识向实践飞跃的途径

　第三节　认识的全过程

　　一、实践、认识、再实践、再认识

　　二、认识和实践的具体的历史的统一

第十一章　真理

　第一节　客观真理

　　一、真理是客观的

　　二、对唯心主义真理观的批判

第二节　绝对真理和相对真理

一、真理的绝对性和相对性

二、绝对真理和相对真理的关系

三、对绝对主义和相对主义的批判

第三节　真理和谬误

一、真理和谬误的对立

二、真理和谬误的相互转化

第四节　实践在检验真理中的作用

一、实践是检验认识的真理性的唯一标准

二、实践标准的确定和不确定

三、实践检验和逻辑证明

第十二章　辩证思维的形式和方法

第一节　辩证逻辑的对象

一、客观辩证法和主观辩证法

二、形式逻辑和辩证逻辑

第二节　思维形式的辩证法

一、概念

二、判断

三、推理

四、假说

第三节　辩证思维的方法

一、归纳和演绎

二、分析和综合

三、从抽象到具体

第四节　逻辑和历史的辩证统一

一、历史是逻辑的基础

二、逻辑和人类认识发展历史的统一

三、逻辑和客观实在发展历史的统一

四、逻辑的东西是"修正过"的历史的东西

第五节　辩证法、认识论、逻辑学的一致

一、辩证法、认识论、逻辑学统一的基础

二、辩证法和认识论的一致

三、辩证法和逻辑学的一致

四、认识论和逻辑学的一致

历史唯物主义

第一章　历史唯物主义是科学的历史观

　第一节　历史唯物主义是马克思主义哲学的组成部分

　　一、辩证唯物主义和历史唯物主义的产生和形成是统一的过程

　　二、辩证唯物主义和历史唯物主义在理论上是相互贯通的

　　三、辩证唯物主义和历史唯物主义在社会作用上是相辅相成的

　第二节　历史唯物主义和历史唯心主义的对立

　　一、社会历史观的基本问题

　　二、马克思主义以前的社会历史理论及其根本缺陷

　　三、历史唯物主义对社会历史观基本问题的正确解决

　第三节　历史唯物主义是关于社会发展一般规律的科学

　　一、社会的发展是自然历史过程

　　二、社会发展的一般规律和特殊规律

　　三、历史唯物主义是社会有机体普遍本质的理论再现

第二章　人类社会和自然界

　第一节　从自然界到人类社会

　　一、劳动在人和人类社会形成过程中的决定作用

　　二、劳动是人类的本质活动

　第二节　作为社会物质生活条件的地理环境

　　一、地理环境在社会发展中的作用

　　二、社会发展对地理环境的影响

　　三、社会发展与生态平衡

　第三节　作为社会物质生活条件的人口因素

　　一、人口的社会属性和自然属性

　　二、人口因素在社会发展中的作用

　　三、社会发展与人口调节

　第四节　作为社会生存和发展基础的物质资料生产方式

一、生产方式是社会和自然界对立统一的基础

　　二、生产方式决定社会的生存和发展

第三章　生产力和生产关系

　第一节　生产力

　　一、生产力的构成

　　二、生产力的性质和水平

　　三、生产力发展的动力

　第二节　生产关系

　　一、生产关系的构成

　　二、生产关系的类型

　　三、生产关系和物质利益

　第三节　生产力和生产关系的辩证关系

　　一、生产力和生产关系的相互作用

　　二、生产力和生产关系的矛盾运动

　　三、生产关系一定要适合生产力状况的规律

第四章　经济基础和上层建筑

　第一节　社会形态是经济基础和上层建筑的统一体

　　一、经济基础

　　二、上层建筑

　　三、社会形态

　第二节　经济基础和上层建筑的辩证关系

　　一、经济基础和上层建筑的相互作用

　　二、经济基础和上层建筑的矛盾运动

　　三、上层建筑一定要适合经济基础状况的规律

　第三节　社会形态发展过程的统一性和多样性

　　一、社会形态依次更替的普遍性和特殊性

　　二、同类社会形态的共同本质和具体特点

　　三、体现社会形态发展过程统一性和多样性之具体统一的历史时代

第五章　阶级、国家、革命

　第一节　阶级和阶级斗争

　　一、阶级的起源和实质

二、阶级斗争及其在社会发展中的作用

三、马克思主义的阶级观点和阶级分析方法

第二节　国家

一、国家的起源

二、国家的实质

三、国家的职能

四、国家的类型和形式

第三节　社会革命

一、社会革命的实质及其历史作用

二、社会革命的根源和条件

三、社会革命的类型和形式

第四节　阶级社会向无阶级社会的过渡

一、无产阶级专政是新型国家

二、社会主义时期的阶级斗争

三、阶级的消灭和国家的衰亡

第六章　社会意识

第一节　社会意识的构成

一、个人意识和群体意识

二、社会心理和社会意识形式

三、社会意识形态和其他社会意识形式

第二节　社会意识形态诸形式

一、社会意识形态诸形式的起源和分化

二、社会意识形态诸形式的特点

三、社会意识形态诸形式的联系

第三节　社会意识的相对独立性和反作用

一、社会意识的相对独立性

二、社会意识对社会存在的反作用

第四节　社会的精神文明

一、物质文明和精神文明

二、精神文明在当代的发展

第七章　科学及其在社会历史中的地位和作用

第一节　科学的一般特征

　一、科学的形成和本质

　二、自然科学和社会科学

　三、科学活动是社会总劳动的特殊部分

第二节　科学是推动历史前进的巨大杠杆

　一、科学是革命的精神力量

　二、科学向社会物质财富的转化

　三、科学进展与社会关系的变革

第三节　科学发展的社会条件

　一、社会生产制约着科学的进步

　二、社会制度和阶级关系对科学发展的影响

　三、其他社会因素对科学发展的作用

第八章　人民群众和个人在历史上的作用

第一节　人民群众是创造世界历史的动力

　一、在对待人民群众作用问题上两种对立的历史观

　二、人民群众创造历史的决定作用

　三、人民群众创造作用的社会制约性

第二节　个人在历史上的作用

　一、历史人物对社会发展的作用

　二、历史人物的作用的社会制约性

　三、无产阶级领袖及其历史作用

第三节　人民群众和个人的相互关系

　一、个人和集体的关系

　二、领袖和群众的关系

　三、无产阶级政党的群众观点和群众路线

第九章　社会有机体及其发展和进步

第一节　社会有机体中的人和人群共同体

　一、人的社会和社会的人

　二、人群共同体及其历史发展

第二节　社会进步和人的解放

　一、社会进步的历史趋势

二、人的解放程度是社会进步的重要标志
第三节　人类从必然王国进入自由王国的飞跃
一、异化劳动及其被扬弃的客观必然性
二、共产主义是人类从必然王国进入自由王国的飞跃
三、共产主义是自觉的人类历史的开端

第十一章
中国学者对马克思主义哲学体系的反思与重构

中国学者对马克思主义哲学体系的反思实际上在 20 世纪 50 年代就开始了，其标志是 1958 年出版的刘丹岩、高清海的《论辩证唯物主义与历史唯物主义的关系》。1961 年，毛泽东委托李达再编一本马克思主义哲学教科书，并对如何重构唯物辩证法、改造哲学体系提出了一系列观点。改革开放后，中国学者重启反思和建构马克思主义哲学的进程，其标志成果是高清海的《马克思主义哲学基础》、辛敬良的《马克思主义哲学导论》、肖前的《马克思主义哲学原理》。

一、《论辩证唯物主义与历史唯物主义的关系》对马克思主义哲学体系的反思

1958 年出版的刘丹岩、高清海的《论辩证唯物主义与历史唯物主义的关系》一直未受到哲学界的关注。然而，正是在这部著作中，刘丹岩、高清海明确对苏联马克思主义哲学体系提出质疑，并对重构马克思主义哲学体系提出了一系列深刻而富有启示意义的观点。

第一，明确提出马克思主义哲学是辩证唯物主义，辩证唯物主义就是关于自然、社会和思维运动的普遍规律的科学；历

史唯物主义是"科学的社会学",是关于社会生活发展规律的科学。按照《论辩证唯物主义与历史唯物主义的关系》的观点,辩证唯物主义与历史唯物主义的关系"一般地说,是一个哲学与科学的关系问题,特殊地说,则是哲学与社会学的关系问题",归根结底,是"一般与个别的关系问题"。这就是辩证唯物主义与历史唯物主义的"实质关系或内在联系"①。把辩证唯物主义与历史唯物主义放在一起统称为马克思主义哲学,混淆了二者之间的真正关系,即混淆了哲学与科学、哲学与社会学的关系。

第二,明确提出辩证唯物主义与历史唯物主义的统一不是指结构上的彼此连接,而是指二者"有着一个同一的思想作为共同的基础"②,这个"同一的思想""共同的基础"就是科学的存在决定意识的观点。按照《论辩证唯物主义与历史唯物主义的关系》的观点,"作为辩证唯物主义中心内容的关于存在决定意识的基本观点,这是历史唯物主义全部理论体系的哲学出发点,是它全部科学内容借以建立的基石;而作为历史唯物主义中心内容的社会存在决定社会意识的原理,又成了辩证唯物主义存在决定意识原理能够形成的科学基础和基本内容"③。这就是说,没有历史唯物主义,就不可能形成辩证唯物主义;同时,由于把历史观的唯物主义基础内在地概括在唯物主义世界观的内容之中,这就使辩证唯物主义成为真正意义上的、以世界的整体性为研究对象的世界观。

第三,明确提出辩证唯物主义与历史唯物主义是在相互适应中形成的,同时,又是在各自的发展过程中分化的,即辩证唯物主义成为马克思主义哲学,历史唯物主义则成为马克思主义社会学。按照《论辩证唯物主义与历史唯物主义的关系》的观点,历史唯物主义的创立完成了"双重的任务",即一方面科学地解答了历史观的唯物主义基础的问题,从而把社会学推上了科学的发展道路;另一方面,在变革历史观的同时,又把哲学推上了科学的发展道路。这种双重变革的实质就在于,"历史唯物主义与辩证唯物主义在相互适应的统一中的形成,同时,也就是它们在科学部门彼此分化的开始"④。由于辩证唯物主

---

① 刘丹岩等:《论辩证唯物主义与历史唯物主义的关系》,上海人民出版社1958年版,第8页。
② 刘丹岩等:《论辩证唯物主义与历史唯物主义的关系》,上海人民出版社1958年版,第97页。
③ 刘丹岩等:《论辩证唯物主义与历史唯物主义的关系》,上海人民出版社1958年版,第97—98页。
④ 刘丹岩等:《论辩证唯物主义与历史唯物主义的关系》,上海人民出版社1958年版,第79页。

义与历史唯物主义在形成之后各自确定了不同的研究对象,因而必然走上不同的科学发展道路,具有不同的科学内容。一言以蔽之,作为关于社会发展规律的科学,历史唯物主义具有特殊的理论内容和独立的科学地位。具体地说,历史唯物主义虽然是为了完成哲学变革,并作为哲学本身的发展而产生的,但历史唯物主义在解决哲学问题时所确定的自身的研究对象——社会发展规律又远远超出了哲学的范围;而辩证唯物主义所确定的研究对象——自然、社会和思维运动的普遍规律,又把历史唯物主义"排斥"在哲学的范围之外;辩证唯物主义只是在存在决定意识的原理关系到社会存在决定社会意识的原理这一限度内,才是包含历史唯物主义的,反过来,历史唯物主义只是在社会存在决定社会意识的原理关系到存在决定意识这一哲学的基础理论问题上,才被包括在辩证唯物主义之中的。"无论辩证唯物主义与历史唯物主义,除了这种共同的互为基础的联系外,又都有着各自不同的科学内容。"①一言以蔽之,历史唯物主义具有特殊的理论内容和独立的科学地位。

第四,明确提出马克思主义哲学是实践哲学。按照《论辩证唯物主义与历史唯物主义的关系》的观点,人是存在于实践活动中的生命现象。人之所以成为人,首先是和人的生产实践这个存在条件直接同一的,实践因此成为人的存在方式。只有马克思主义哲学才找到了能够把人与动物从根本上区别开来,并能够产生人的意识、思维的真实基础,才找到了社会生活的真实本质,这就是人的实践活动。只有从这一前提出发,才能够科学地说明人的思维活动的本质和基础、社会生活的本质和基础,从而赋予人的一切活动均源自人的"本性"这一公式以历史唯物主义的内容;同时,意识是特殊的物质——人脑的属性,思维是对存在的反映,这一唯物主义的基本原则才第一次得到了科学的说明,而辩证法要揭示自然、社会和思维运动的普遍规律,也不能"置人的实践活动于不顾"②。正因为如此,"从费尔巴哈的哲学到马克思主义哲学的发展,也就是从人本哲学向实践哲学的发展"③。

《论辩证唯物主义与历史唯物主义的关系》提出的这些观点,实际上否定了苏联马克思主义哲学体系,即辩证唯物主义与历史唯物主义"二分结构"体系,提出了新的马克思主义哲学体系建构原则,尤其是关于辩证唯物主义与历

---

① 刘丹岩等:《论辩证唯物主义与历史唯物主义的关系》,上海人民出版社1958年版,第98页。
② 刘丹岩等:《论辩证唯物主义与历史唯物主义的关系》,上海人民出版社1958年版,第13页。
③ 刘丹岩等:《论辩证唯物主义与历史唯物主义的关系》,上海人民出版社1958年版,第77页。

史唯物主义的统一不是体现在结构上,而是体现在二者"有着一个共同的思想基础",即科学的存在决定意识的观点,关于历史唯物主义的社会存在决定社会意识原理构成了辩证唯物主义的存在决定意识原理的科学基础和基本内容的观点,关于历史唯物主义的创立既把社会学推上了科学的发展道路,又把哲学推上了科学的发展道路的观点,关于实践是人的存在方式和社会生活的本质、辩证法与人的实践活动相联系、马克思主义哲学是实践哲学的观点,这在20世纪50年代具有振聋发聩的作用,对建构新的马克思主义哲学体系具有重要的启示作用,其思想的深刻性远超出同一时期的苏联马克思主义哲学和西方马克思主义哲学,体现着中国学者对马克思主义哲学独到而深刻的理解。

然而,由于历史条件的限制,《论辩证唯物主义与历史唯物主义的关系》又留下两个有待解决的难题。

其一,如何理解列宁关于历史唯物主义与社会学关系的论述。

把辩证唯物主义规定为马克思主义哲学,把历史唯物主义规定为马克思主义社会学,认为历史唯物主义是科学的社会学的"别名",主要的理论根据是《什么是"人民之友"以及他们如何攻击社会民主党人?》中的有关论述。正是在这部著作中,列宁指出,历史唯物主义,即唯物主义历史观的创立"第一次把社会学放在科学的基础之上""第一次使科学的社会学的出现成为可能""第一次把社会学提高到科学的水平"。因此,没有唯物主义历史观,"也就不会有社会科学"。[①]"在我们还没有看见另一种科学地解释某种社会形态……的活动和发展的尝试以前,没有看见另一种像唯物主义那样能把'有关事实'整理得井然有序,能对某一社会形态作出严格的科学解释并给以生动描绘的尝试以前,唯物主义历史观始终是社会科学的同义词。"[②]可见,列宁并没有把历史唯物主义本身划归社会学,而是说历史唯物主义的创立为建立"科学的社会学"奠定了理论基础;是说在历史唯物主义产生之前,没有真正意义上的社会科学,在整个社会科学在成为"科学"之前,历史唯物主义是社会科学的"同义词",即"别名"。

列宁的确说过,历史唯物主义是"社会学中的唯物主义思想",但社会学中的唯物主义思想并不等于社会学本身,就像社会学中的辩证法思想并不等于

[①]《列宁选集》第1卷,人民出版社1995年版,第10、8、8、9页。
[②]《列宁选集》第1卷,人民出版社1995年版,第10页。

社会学本身一样。列宁指出:"马克思和恩格斯称之为辩证方法(它与形而上学方法相反)的,不是别的,正是社会学中的科学方法。"①但是,列宁并没有因此把辩证法归为社会学。所以,列宁在把马克思主义哲学规定为辩证唯物主义的同时,又明确指出:"马克思和恩格斯的学说是从费尔巴哈那里产生出来的,是在与庸才们的斗争中发展起来的,自然他们所特别注意的是修盖好唯物主义哲学的上层,也就是说,他们所特别注意的不是唯物主义认识论,而是唯物主义历史观。因此,马克思和恩格斯在他们的著作中特别强调的是**辩证**唯物主义,而不是辩证**唯物主义**,特别坚持的是**历史**唯物主义,而不是历史**唯物主义**。"②这就是说,历史唯物主义属于"唯物主义哲学",用辩证唯物主义称谓马克思主义哲学,是为了凸显马克思、恩格斯"特别强调"的辩证唯物主义;与"辩证唯物主义"并列,加上"历史唯物主义"来称谓马克思主义哲学,是为了强调马克思、恩格斯"特别注意""特别坚持"历史唯物主义。这就是说,在马克思主义哲学中,"辩证"与"历史"具有内在的关联性。

其二,如何理解历史唯物主义的性质与职能。

把历史唯物主义规定为马克思主义社会学,存在着双重缺陷:一是仍用传统的哲学观来理解哲学以及历史唯物主义;二是忽视了历史唯物主义的世界观意义。按照《论辩证唯物主义与历史唯物主义的关系》的观点,"科学越是发展,分门别类的研究越细致,也就越需要把这些细致的分门别类的研究再加以综合,进行统一的研究。而把这一切科学统一起来,从整体去认识客观世界的科学,即把科学综合起来,作为对各门科学的概括和总结的这门科学,就是哲学"③。正是以此为依据,《论辩证唯物主义与历史唯物主义的关系》把研究自然、社会和思维运动普遍规律的辩证唯物主义规定为马克思主义哲学,而把研究社会发展规律的历史唯物主义排除在马克思主义哲学之外,作为马克思主义社会学。实际上,这是以传统的哲学观来规范马克思主义哲学、理解历史唯物主义。

传统哲学的最大特点就在于,以追问"世界何以可能"为主题,力图对"各门科学"进行"概括和总结",把"一切科学""综合""统一"起来,描绘世界的普遍联系或总联系。问题在于,现代科学的发展已经使这种"关于总联系的任何

---

① 《列宁选集》第 1 卷,人民出版社 1995 年版,第 32 页。
② 《列宁选集》第 2 卷,人民出版社 1995 年版,第 225 页。
③ 刘丹岩等:《论辩证唯物主义与历史唯物主义的关系》,上海人民出版社 1958 年版,第 105 页。

特殊科学"成为"多余"的了。① 与传统哲学不同,现代哲学关注的是人的生活世界和人的存在,用雅斯贝尔斯的话来说就是,"哲学所力求的目标在于领悟人的现实境况下的那个实在"②。作为现代唯物主义,马克思主义哲学以探求"人类解放何以可能"为主题,关注的是人类世界和人的社会存在。正因为如此,马克思把他所创立的新哲学称为"为历史服务的哲学"③。历史唯物主义就是这种"为历史服务的哲学"。

从表面上看,历史唯物主义研究的仅仅是社会、人与人的关系,与自然、人与自然的关系无关。实际上,社会是在人与自然之间的物质变换中形成和发展起来的,人与自然之间的物质变换构成了社会存在和发展的"永恒的自然必然性"。同时,为了实现人与自然之间的物质变换,人与人之间必须进行活动互换,并在这个过程中必然结成一定的社会关系。"人们在生产中不仅仅影响自然界,而且也互相影响。他们只有以一定的方式共同活动和互相交换其活动,才能进行生产。为了进行生产,人们相互之间便发生一定的联系和关系;只有在这些社会联系和社会关系的范围内,才会有他们对自然界的影响,才会有生产。"④"只要有人存在,自然史和人类史就彼此相互制约。"⑤这就是说,人与自然之间的物质变换和人与人之间的活动互换是相互制约的,在这个"物质变换"和"活动互换"过程中结成的人与自然之间的关系和人与人之间的关系同样是相互制约的。正是这种双重活动、双重关系构成了人类社会的本质内容。

正因为如此,历史唯物主义所关注、所要解答的基本问题,就是人的实践活动所包含、所展现出来的人与自然、人与社会的关系,即人与世界的关系问题。以实践为出发点范畴解答人与世界的关系,不仅为哲学开辟出"一条新的发展道路",而且使历史唯物主义本身呈现出一个新的哲学空间,即一个自足而又完整、唯物而又辩证的世界图景。因此,历史唯物主义不仅是"唯物主义历史观",更重要的,是"唯物主义世界观",一种内含着"否定性的辩证法"的

---

① 《马克思恩格斯选集》第 3 卷,人民出版社 1995 年版,第 364 页。
② [德]雅斯贝尔斯:《智慧之路》,柯锦华等译,中国国际广播出版社 1988 年版,第 5 页。
③ 《马克思恩格斯选集》第 1 卷,人民出版社 1995 年版,第 2 页。
④ 《马克思恩格斯选集》第 1 卷,人民出版社 1995 年版,第 344 页。
⑤ 《马克思恩格斯选集》第 1 卷,人民出版社 1995 年版,第 66 页。

"真正批判的世界观"①。把历史唯物主义从马克思主义哲学中分化出去,就会使马克思主义哲学"空心化"。

尽管有这样或那样的不足,刘丹岩、高清海的《论辩证唯物主义与历史唯物主义的关系》实际上开启了中国学者对马克思主义哲学体系的新探索。然而,由于种种历史原因,这一探索中断了。

二、毛泽东对中国化的马克思主义哲学体系的期盼

1961年,就在艾思奇的《辩证唯物主义 历史唯物主义》出版之际,毛泽东委托李达再编一本马克思主义哲学教科书。受毛泽东之托,李达开始组织编写《马克思主义哲学大纲》。1965年,李达完成了《马克思主义哲学大纲》(内部讨论稿)的唯物辩证法部分,并送毛泽东审阅。同年,毛泽东在阅读《马克思主义哲学大纲》时作了批注:"辩证法的核心是对立统一规律,其他范畴如质量互变、否定之否定、联系、发展……都可以在核心规律中予以说明。盖所谓联系就是诸对立物间在时间和空间中互相联系,所谓发展就是诸对立物(Anorises)斗争的结果。至于质量互变、否定之否定,应与现象本质、形式内容等等,在核心规〔律〕的指导下予以说明。旧哲学传下来的几个规律并列的方法不妥,这在列宁已基〔本〕上解决了,我们的任务是加以解释和发挥。至于各种范畴(可以有十几种),都要以事物的矛盾对立统一去说明。"②

毛泽东这一见解独特而深刻:不仅把物质、联系、发展与时间、空间联系起来,而且把规律与范畴联系起来了;更重要的是,明确提出在辩证法的阐述上"不必抄斯大林"③,并认为把对立统一规律、量变质变规律、否定之否定规律"并列"是"旧哲学"传下来的方法。同时,毛泽东又提出一个"任务",这就是,"解释和发挥"列宁的辩证法思想。毛泽东之所以提出这一任务,是因为苏联马克思主义哲学体系没有深刻而充分反映列宁辩证法思想的两个重要特征,即对立统一规律是辩证法的"核心规律"和辩证法、认识论、逻辑学三者一致的思想。

---

① 《马克思恩格斯全集》第3卷,人民出版社1960年版,第261页。
② 《毛泽东哲学批注集》,中央文献出版社1988年版,第505—506页。
③ 《毛泽东哲学批注集》,中央文献出版社1988年版,第507页。

实际上,在阅读李达的《马克思主义哲学大纲》之前,毛泽东就已经对对立统一规律、量变质变规律、否定之否定规律这"三个平列的基本规律"提出质疑。1964年8月,毛泽东指出:"那两个范畴质量互变、否定之否定同对立统一平行并列。这是三元论,不是一元论。就是一个对立统一。质量互变就是量和质的对立统一。对立统一也包括否定之否定。没有什么否定之否定。"①同年8月,毛泽东又提出一个重要命题,即"哲学就是认识论"②。同年12月,毛泽东再次对"辩证法过去说三大规律,斯大林说四大规律"提出质疑,认为辩证法"只有一个基本的规律,就是矛盾的规律。质和量、肯定和否定、现象和本质、内容和形式、必然和自由、可能和现实,等等,都是对立的统一,哪里有平列的三个基本规律",并明确提出"哲学研究工作,要研究中国历史和中国哲学史的历史过程",要"把哲学体系改造一下"③。

"旧哲学"传下来的几个规律并列的方法,"不必抄斯大林",辩证法的"一元论","哲学就是认识论","解释和发挥"列宁的辩证法思想、"研究中国历史和中国哲学史"、"改造哲学体系",这实际上反映了毛泽东对苏联马克思主义哲学体系的不满,对建构具有"中国作风""中国气派""中国特点"的马克思主义哲学体系,即中国化的马克思主义哲学体系的期盼。正是在这个意义上,毛泽东委托李达编写《马克思主义哲学大纲》,实际上重启了中国学者对马克思主义哲学体系的新探索。然而,由于"文化大革命",这一探索再次中断了。④

三、中国学者对马克思主义哲学体系的重构

改革开放以后,中国学者重启反思马克思主义哲学体系、重构马克思主义哲学体系的思想进程。在这个过程中,高清海主编,1985、1987年出版的《马克思主义哲学基础》上册、下册,辛敬良主编,1991年出版的《马克思主义哲学导论》,肖前主编,1994年出版的《马克思主义哲学原理》引人瞩目,具有标志性。

《马克思主义哲学基础》认为,马克思主义哲学是"关于外部世界和人类思

---

① 《毛泽东年谱(一九四九——一九七六)》第五卷,中央文献出版社2013年版,第389页。
② 《毛泽东年谱(一九四九——一九七六)》第五卷,中央文献出版社2013年版,第396页。
③ 《毛泽东年谱(一九四九——一九七六)》第五卷,中央文献出版社2013年版,第548页。
④ 由于"文化大革命",李达主编的《马克思主义哲学大纲》上册没有出版,下册没有写完。"文化大革命"结束后,陶德麟主持《马克思主义哲学大纲》上册的修改工作,1978年以《唯物辩证法大纲》为题由人民出版社出版。

维的运动的一般规律的科学",并明确提出"马克思主义哲学就是辩证唯物主义",①"'辩证的'唯物主义,标示出了马克思主义唯物主义整个理论内容与旧唯物主义不同的性质"②;历史唯物主义既是辩证唯物主义得以形成的基础,又是体现在历史观上的辩证唯物主义,就理论性质而言,辩证唯物主义与历史唯物主义是世界观和历史观的关系,作为研究自然、社会和思维运动普遍规律的一般世界观,辩证唯物主义在内容上包含着历史唯物主义的基本原则;"实践是马克思主义哲学全部理论内容的核心"③,马克思主义哲学"把实践的观点提到首要和基本观点的地位","并且把这一原则彻底贯彻到哲学全部内容之中,建立了以实践为基础、与实践内在统一的哲学体系"。④

依据这一指导思想,《马克思主义哲学基础》建构了这样一种马克思主义哲学体系:意识与存在的关系——认识的基本矛盾,即人类认识的基本矛盾及其历史发展,马克思主义哲学对存在与意识关系问题的科学解答;客体——世界的同一性和多样性,即客体的规定性,客体的规律性,世界统一于运动着的物质;主体——人作为主体的规定性及其主体能力的根据和发展,即人作为主体的基本规定性,主体能力的自然基础,主体的社会规定性;主体与客体的统一——在实践基础上真善美的统一与自由的实现,即主客体统一的规定性,实践,认识,自由。

《马克思主义哲学基础》的突出特征就在于,突破了苏联马克思主义哲学体系对实践范畴的认识论限定,明确指认实践的观点是马克思主义哲学首要的和基本的观点,并突出了"实践"在马克思主义哲学本体论、历史观和认识论中的整体性地位,力图建构以实践观点为理论基础和建构原则的马克思主义哲学体系。正因为如此,《马克思主义哲学基础》突破了辩证唯物主义与历史唯物主义"二分结构"体系,在阐述"辩证唯物主义的物质观"时就说明了社会的物质性,包括社会存在、社会发展是自然—历史过程,以及自然的物质性与社会的物质性的关系,并以意识与存在的关系这一认识活动的基本矛盾为基本线索,以客体的规定性、主体的规定性、主体与客体的统一、自由的实现为逻辑结构,建构了一种新的马克思主义哲学体系。

---

① 高清海:《马克思主义哲学基础》上册,人民出版社 1985 年版,第 94 页。
② 高清海:《马克思主义哲学基础》上册,人民出版社 1985 年版,第 95 页。
③ 高清海:《马克思主义哲学基础》上册,人民出版社 1985 年版,第 108 页。
④ 高清海:《马克思主义哲学基础》上册,人民出版社 1985 年版,第 107 页。

但是,《马克思主义哲学基础》又留下了两个理论难题。

一是明确提出实践的观点是马克思主义哲学的首要观点和理论核心,但在具体阐述马克思主义哲学基本观点时,又没有把这一首要观点、理论核心贯穿始终。相反,只是在阐述了客体规定性、主体规定性之后,才在主体与客体的统一部分对实践的观点作出阐述。更重要的是,没有把实践的观点同客体的规定性、规律性有机结合起来,辩证法仍然游离于实践观之外。

二是强调历史唯物主义对马克思主义哲学的形成具有特殊的意义,认为历史唯物主义是辩证唯物主义得以形成的基础,"关于实践的理论既是发现唯物史观的必然结果,又是唯物史观的基本内容"[1];同时,又认为在马克思主义哲学中,"基础理论"是辩证唯物主义,历史唯物主义则是辩证唯物主义在历史领域的运用,是体现在历史观上的辩证唯物主义,是从辩证唯物主义到具体的历史科学的"中介性理论"[2]。显然,这是一个逻辑矛盾。实际上,在马克思主义哲学中,并不存在一个独立的、仅仅作为理论基础的辩证唯物主义,也不存在一个独立的、仅仅具有应用性质、作为"中介性理论"的历史唯物主义。如前所述,历史唯物主义本身就是"唯物主义世界观",是"真正批判的世界观"。

《马克思主义哲学导论》向我们展示了这样一种马克思主义哲学体系:马克思主义的实践观,包括马克思主义实践观的创立及其意义,实践与主客体关系,实践是马克思主义哲学大厦的基石;以实践为中介的自然过程,包括自然的客观性及对人的优先地位,自然界的对象性及向人的呈现,自然界的历史性及其与人在社会中的统一;以实践为本质的社会历史过程,包括社会有机体,历史的主客体和历史过程,社会物质生产,人自身生产和人群共同体,社会精神生产,精神产品的两大类型——意识形态和科学,社会形态及其演进序列,人、人性和人的全面发展;以实践为基础的意识和认识过程,包括意识的发生和结构,认识过程,实践与真理,思维的规律和方法。显然,这是一种新的马克思主义哲学体系。

《马克思主义哲学导论》明确提出马克思主义哲学就是实践唯物主义,并力图用实践唯物主义精神改造原有的马克思主义哲学体系,或者说,以实践观点为原则重构马克思主义哲学体系。正因为如此,《马克思主义哲学导论》的

---

[1] 高清海:《马克思主义哲学基础》下册,人民出版社1987年版,第260页。
[2] 高清海:《马克思主义哲学基础》上册,人民出版社1985年版,第101页。

副书名就是"实践的唯物主义"。

从马克思主义哲学的历史看,李达 1937 年出版的《社会学大纲》提出了"当作实践的唯物论看的唯物辩证法"这一命题,已经初步具有了马克思主义哲学是实践唯物主义的思想。《社会学大纲》指出:"辩证法的唯物论,以劳动的概念为媒介,由自然认识的领域扩张于历史认识的领域,使唯物论发生了本质的变化,变成了实践的唯物论。"①这是新中国成立前中国学者在马克思主义哲学教科书中首次提出马克思主义哲学是实践唯物主义的思想。

李秀林、王于、李淮春 1982 年出版的《辩证唯物主义和历史唯物主义原理》(第 1 版)提出了"马克思主义哲学的奠基人把自己的学说称为实践的唯物主义"这一命题,包含着马克思主义哲学是实践唯物主义的思想。《辩证唯物主义和历史唯物主义原理》(第 1 版)指出:马克思主义哲学"第一次把科学的实践观点引入哲学,全面地、科学地论证了实践及其在认识中的决定作用和哲学中的基础地位";同时,"强调自己的全部理论都要付诸实践,指导实践,变为群众的行动,化作改造世界的物质力量";"'实践的唯物主义'还表明,'全部问题都在于使现存世界革命化,实际地反对和改变事物的现状'"。② 这是新中国成立后中国学者在马克思主义哲学教科书中首次提出马克思主义哲学是实践唯物主义的思想。

亚历山大诺夫 1954 年出版的《辩证唯物主义》提出了"辩证唯物主义是实践的唯物主义"这一命题,蕴含着马克思主义哲学是实践唯物主义的思想。《辩证唯物主义》指出:"马克思和恩格斯把辩证唯物主义推广去理解社会生活,从而使哲学和革命实践、和政治、和反对资本主义的斗争联系起来。正因为这样,他们认为辩证唯物主义——唯物主义理论的最高发展——是实践的唯物主义。"③这是苏联学者在马克思主义哲学教科书中首次提出马克思主义哲学是实践唯物主义的思想。

但是,无论是《社会学大纲》《辩证唯物主义和历史唯物主义原理》(第 1 版),还是《辩证唯物主义》,当它们提出马克思主义哲学是实践唯物主义思想时,所表明的主要是一种要把理论付诸行动的哲学态度,而不是把实践观点作

---

① 《李达文集》第 2 卷,人民出版社 1981 年版,第 60 页。
② 李秀林、王于、李淮春:《辩证唯物主义和历史唯物主义原理》(第 1 版),中国人民大学出版社 1982 年版,第 25 页。
③ [苏]亚历山大诺夫:《辩证唯物主义》,马哲译,人民出版社 1954 年版,第 80 页。

为马克思主义哲学体系的建构原则;所阐述的主要是实践观点是马克思主义认识论首要的和基本的观点,而不是把实践观点作为整个马克思主义哲学首要的和基本的观点。

与此不同,《马克思主义哲学导论》不是把"实践唯物主义"仅仅理解为把理论付诸行动的哲学态度,理解为马克思主义认识论首要的和基本的观点,而是把实践的观点作为整个马克思主义哲学首要的和基本的观点,作为马克思主义哲学体系的建构原则,并对实践唯物主义的内涵作了深入而全面的阐述,认为实践唯物主义不是把世界当作与人的活动无关的纯客观的存在,不是对世界本原的终极性思考,而是把世界作为人的实践活动的对象来把握,以理论思维的形式从总体上把握人与世界的关系,从而成为科学体系和价值体系的统一,唯物主义自然观和唯物主义历史观的统一,唯物主义辩证法和唯物主义历史观的统一,辩证法、认识论和逻辑学的统一。

在这一新的马克思主义哲学体系中,实践观点的地位与作用是基础性和全方位的。

在主体与客体的关系中,强调实践是主体与客体分化和统一的基础。"实践活动的本质内涵,就在于具体的和历史的主体,在活动进程中按照自己的目的,用关于现实的观念模式和关于客体属性的知识来实现对客体的物质规定,并通过对象化的活动而改造自己、创造自己和进一步完善自己。"①

在自然观中,强调"以实践为中介的自然过程",以及以实践为基础和中介的"历史的自然和自然的历史",认为"物质是标志客观实在的哲学范畴,是作为实践对象的一切事物的共同特性的抽象或概括,这一特性(即客观实在性)指的是事物在实践过程中唯一可能保持不变的属性,也是历史地发展着的实践活动的能动改造作用的最后界限"②。

在历史观中,强调"以实践为本质的社会历史过程",认为社会是在人的实践基础上生成的、不断自我更新的有机体,历史是人的实践活动在时间中的展开,物质生产、人本身生产和精神生产的统一构成了社会的有机系统和历史运动的机制,意识形态和科学是人们在实践基础上掌握世界的精神样式。

在认识论和辩证法中,强调"以实践为基础的意识和认识过程",认为意识

---

① 辛敬良:《马克思主义哲学导论——实践的唯物主义》,复旦大学出版社 1991 年版,第 54 页。
② 辛敬良:《马克思主义哲学导论——实践的唯物主义》,复旦大学出版社 1991 年版,第 132 页。

与自我意识的内容和形式都取决于人的实践活动及其发展水平。"实践活动是主客体相互作用的过程,主体与客体的相互规定及双向运动的结构亦即对立统一的关系,就内化为辩证思维的规律也就是矛盾思维律。"①作为辩证思维的内容,事物或对象的"辩证本性"是"由实践活动赋予的性质,而不是与人无关的所谓'自然界的辩证法'"②。但是,《马克思主义哲学导论》却没有说明实践活动是如何"赋予"事物以"辩证本性"的;更重要的是,没有说明实践辩证法、客观辩证法、主观辩证法三者的关系。问题的关键就在于,这一问题不解决,实践唯物主义与"合理形态"辩证法的统一问题就无法解决,以实践的观点为理论基础和建构原则的马克思主义哲学体系也最终难以确立。

《马克思主义哲学原理》是由中国人民大学、北京大学、南开大学、吉林大学、武汉大学、复旦大学、北京师范大学、中山大学八个著名高校马克思主义哲学博士点编写的,其权威性不言而喻。在一定意义上说,《马克思主义哲学原理》是20世纪中国学者反思与重构马克思主义哲学体系的总结、概括和集中体现。

《马克思主义哲学原理》明确指出:马克思主义哲学是实践的唯物主义,"实践范畴是马克思主义哲学最为核心、最为基础的范畴。只是在实践范畴的基础上,马克思主义哲学才超越了以往的全部哲学,构成了唯物论与辩证法相统一、自然观与历史观相统一、本体论与认识论相统一的完整严密的理论体系"③。正是在这一思想的指导下,《马克思主义哲学原理》力图建构唯物论与辩证法相统一、自然观与历史观相统一、认识论与本体论相统一、世界观与方法论相统一、主体性原则与客观性原则相统一的马克思主义哲学体系。

第一,"以实践概念为基础,唯物论和辩证法这两种哲学传统获得了统一"④。按照《马克思主义哲学原理》的观点,实践既是人们在一定的物质条件下表现自己的活动,又是人们在自然物中实现自己目的的能动的活动,是人与自然之间的一种物质性的否定性关系,因而构成了人的存在方式。当马克思主义哲学以实践活动来规定人的本质和存在方式时,黑格尔辩证法的主体,即

---

① 辛敬良:《马克思主义哲学导论——实践的唯物主义》,复旦大学出版社1991年版,第588页。
② 辛敬良:《马克思主义哲学导论——实践的唯物主义》,复旦大学出版社1991年版,第588页。
③ 肖前:《马克思主义哲学原理》上册,中国人民大学出版社1994年版,第56页。
④ 肖前:《马克思主义哲学原理》上册,中国人民大学出版社1994年版,第53页。

绝对精神便被转换为"现实的人和现实的自然界",绝对精神的矛盾运动便被转化为"现实的人和现实的自然界"的矛盾运动。"这样,辩证法就被置于唯物主义的基础之上,成为唯物主义的辩证法或辩证的唯物主义。"①

第二,"马克思主义哲学运用实践的观点,揭示了自然史和人类史的相互制约关系,从而使自然观与历史观统一起来"②。按照《马克思主义哲学原理》的观点,社会历史本质上是物质生产方式的历史,因此,当马克思主义哲学把实践理解为社会生活的本质,以实践的观点为基础去理解社会历史时,历史过程的客观性质、物质动因就被揭示出来了,这就创立了历史的唯物主义。

更重要的是,"马克思主义哲学对于社会历史的唯物主义理解,并不是脱离开对于自然的唯物主义理解的",这不仅在于马克思主义哲学肯定了自然界对人的先在性,而且在于马克思主义哲学把人与自然之间的物质变换作为社会历史的现实基础。同时,"马克思主义哲学对于自然的唯物主义理解也不是脱离开对社会历史的唯物主义理解的",相反,它"把历史的观念带进了自然领域"③,认为现存世界是社会历史的产物,是人的实践活动的产物。因此,"实践概念不仅是唯物主义历史观的基础,也应是唯物主义自然观的基础"④。换言之,在马克思主义哲学中,唯物主义历史观与唯物主义自然观在实践范畴的基础上统一起来了。

第三,"在马克思主义哲学中,认识论与本体论也在实践概念的基础上达成了统一"⑤。按照《马克思主义哲学原理》的观点,实践不仅是现存世界的基础,也是人类以观念的形式把握现存世界的基础。从本质上看,认识是实践活动在人脑中的"内化"和"升华"。因此,实践的观点既是马克思主义本体论的首要的和基本的观点,又是马克思主义认识论的首要的和基本的观点。"马克思主义哲学既在实践概念的基础上建立了作为存在论或本体论的自然观和历史观,也在同一实践概念的基础上建立了它的认识论。"⑥换言之,在马克思主义哲学中,本体论与认识论在实践范畴的基础上统一起来了。

第四,"马克思主义哲学把内含否定性、革命性规定的实践概念作为自身

---

① 肖前:《马克思主义哲学原理》上册,中国人民大学出版社1994年版,第53页。
② 肖前:《马克思主义哲学原理》上册,中国人民大学出版社1994年版,第55页。
③ 肖前:《马克思主义哲学原理》上册,中国人民大学出版社1994年版,第55页。
④ 肖前:《马克思主义哲学原理》上册,中国人民大学出版社1994年版,第55页。
⑤ 肖前:《马克思主义哲学原理》上册,中国人民大学出版社1994年版,第55页。
⑥ 肖前:《马克思主义哲学原理》上册,中国人民大学出版社1994年版,第56页。

的基础,便从根本上决定了它的革命的批判的本质"①。按照《马克思主义哲学原理》的观点,马克思主义哲学本身内在地包含着批判性、革命性的规定,这种批判性、革命性的规定又是内含于作为马克思主义哲学基石的实践范畴之中的。作为一种客观的、物质的否定性活动,实践构成了人的存在方式,因而成为人类一切否定性活动的原始形态,是人类一切革命性活动的源泉。因此,当马克思主义哲学把实践的观点作为自己首要的和基本的观点时,它就必然内在地具有批判性、革命性的规定。

马克思主义哲学的批判性、革命性体现在方法论上就是辩证法。从实践出发,不仅从客体的形式,而且从主体的方面去理解现存事物,从而把握现存事物的历史性,就是辩证法。所以,"合理形态"的辩证法在对现存事物的肯定的理解中同时包含对现存事物的否定的理解。这同时表明,辩证法本质上"是批判的和革命的"。从实践出发,从主体方面去理解现存事物,"不仅是一个世界观或存在论的原则,而且也是一个根本的方法论原则"②。马克思主义的世界观与方法论因此在实践范畴的基础上统一起来了。

第五,马克思主义哲学的主体性原则与客观性原则及其统一同样是由实践范畴所规定的。按照《马克思主义哲学原理》的观点,人们以其目的为范型而进行实践活动,把目的实现于外部世界,不断地使观念的东西转化为实在的东西,就是对现存事物的否定。这充分体现了人的主体性。所以,以内含否定性、批判性、革命性规定的实践范畴为基础的马克思主义哲学,必然高度尊重并弘扬人的主体性。"现实的而非抽象的主体性原则,是马克思主义哲学的一个基本原则。"③

同时,客观性原则是马克思主义哲学的又一基本原则,"这一客观性原则也同样是由作为马克思主义哲学的基础的实践概念所规定的"④。按照《马克思主义哲学原理》的观点,人的实践活动是有目的的活动,但实践活动的对象,即自然界和社会具有自身的运动规律,客观的自然规律预先限制了实践活动可能达到的广度和深度,既定的社会条件直接制约着实践目的的实现,在特定的时空条件下,这是一种确定的限制。因此,实践概念又内含着客观性的规

---

① 肖前:《马克思主义哲学原理》上册,中国人民大学出版社 1994 年版,第 58 页。
② 肖前:《马克思主义哲学原理》上册,中国人民大学出版社 1994 年版,第 58、59 页。
③ 肖前:《马克思主义哲学原理》上册,中国人民大学出版社 1994 年版,第 60 页。
④ 肖前:《马克思主义哲学原理》上册,中国人民大学出版社 1994 年版,第 60 页。

定。正是实践范畴内含的这种客观性规定,决定了建立了实践范畴基础上的马克思主义哲学又具有客观性原则。

《马克思主义哲学原理》的这些观点正确而深刻,体现了马克思主义哲学的本真精神、本质特征和基本原则,为重构马克思主义哲学体系开辟了新的天地。然而,就在《马克思主义哲学原理》为重构马克思主义哲学体系展示一个新的地平线时,它却又后退了一大步,提出"马克思主义哲学区别于其他一切哲学的根本之处,在于它解决哲学基本问题的独特方式"①,而《马克思主义哲学原理》所理解的哲学基本问题就是思维与存在的关系问题。这实际上是说,马克思主义哲学同西方近代哲学乃至整个传统哲学一样,关注的仍然是思维与存在的关系问题,仍然是宇宙的本体、世界的本原问题。

正是以上述思想为依据,《马克思主义哲学原理》建构了这样一种马克思主义哲学体系:世界的物质统一性;物质世界的联系和发展;世界联系和发展的基本环节;世界联系和发展的基本规律;人类社会生活的实践本质;物质生产;物质生产基础上的社会有机系统;阶级斗争的历史地位;人民群众和个人在历史中的作用;科学及其社会功能;认识的本质和特征;认识的辩证过程;思维方法;真理和价值;文化、文明和社会进步;人的全面发展和人类的解放。

可以看出,《马克思主义哲学原理》所建构的马克思主义哲学体系的确有显著的、重要的创新之处,在理论格局上对辩证唯物主义与历史唯物主义"二分结构"体系的确有突破之处。但是,《马克思主义哲学原理》所建构的这种马克思主义哲学体系,忽视了无产阶级和人类解放是马克思主义哲学的理论主题,并没有把实践的观点是马克思主义哲学首要的和基本的观点这一精神真正贯彻下去,尤其是没有把实践的观点贯彻到本体论或存在论之中。具体地说,马克思主义哲学的"存在"是在人的实践活动中生成、具有社会关系的内涵这一根本特征没有得到彰显,"对象、现实、感性"何以成为这样的存在没有得到具体说明,"社会的物"何以成为"可感觉而又超感觉的物"也没有得到有效解答,"存在"或"物质"仍然游离于实践的观点之外。同时,《马克思主义哲学原理》也没有把实践的观点贯彻到辩证法之中,生成于人的实践活动中的辩证法的批判性和革命性这一根本特征没有得到彰显,实践辩证法、客观辩证法、主观辩证法三者的关系没有得到具体说明,辩证法、认识论、逻辑学三者如何

---

① 肖前:《马克思主义哲学原理》上册,中国人民大学出版社1994年版,第50页。

一致也没有得到有效解答,辩证法仍然游离于实践的观点之外。

问题的关键就在于,如果不能以实践的观点为理论基础和出发点,有效解答本体论与辩证法及其关系问题,那么,建构新的马克思主义哲学体系就缺乏坚实的基础。可以说,在重构马克思主义哲学体系中,如何理解和把握马克思的辩证法与黑格尔的辩证法的关系,自然辩证法、历史辩证法与实践辩证法的关系,主观辩证法、客观辩证法与实践辩证法的关系,实践论与本体论的关系,以及"合理形态"辩证法的"合理性"问题,的确是一个难以解答,又必须解答的难题。

我们应当明白,马克思主义哲学不是"价值中立"的纯粹科学,而是科学性与革命性高度统一的学说,其理论主题就是无产阶级和人类解放。马克思与他所批评的"哲学家们"的根本区别就在于,"哲学家们"以探讨"世界何以可能"为宗旨,用不同的方式解释世界,马克思则以探索"人类解放何以可能"为宗旨,力求改变世界。而对"人类解放何以可能"的探索,必然促使马克思去探究人的存在方式和生存本体、社会生活的本质和现实世界的本体。这个本体就是人的实践活动。马克思主义哲学就是以人的实践活动为出发点,去探索人与世界的对立统一关系,探索人类解放的本体论依据。实践活动的展开就是一个否定性过程,而从实践活动否定性的过程去理解人类解放的依据,就是马克思主义哲学本体论极其重要的思想内涵,即本体论批判辩证法的思想内涵。正是通过对实践活动深入而全面的分析,马克思主义哲学发现了实践、辩证法、本体论三者真实的关系,以实践的思维方式扬弃了黑格尔的唯心主义概念辩证法,形成了"合理形态"的辩证法,并在实践的唯物主义的基础上科学地解答了自然的本原性与人的超越性、自在之物与为我之物、自然存在与社会存在、思维规律与存在规律、合目的性与合规律性、肯定与否定、可能与现实、必然与自由等矛盾关系问题。因此,在马克思主义哲学中,实践观点的本体论批判也就是"合理形态"的辩证法。当然,这是一个需要深入而全面研究的重大的理论问题。

显然,《马克思主义哲学原理》所建构的马克思主义哲学体系是一个"新""旧"交织的哲学体系。但是,对于哲学家某一阶段的思想发展来说,重要的不是是否仍有旧思想、旧观点的痕迹,而是是否提出预示着新的发展方向、新的发展道路,并具有发展能力、发展空间的新思想、新观点。《马克思主义哲学原理》所提出的上述五个观点,就是具有发展能力、发展空间的新思想、新观点,并以其特殊的方式预示着重构马克思主义哲学体系的新方向、新思路,这就是,马克思主义哲学是实践唯物主义、辩证唯物主义、历史唯物主义高度统一、融为一体的新唯物主义。循着这条新思路我们就有可能有效解答实践唯物主义与"合理形态"辩证法的关系问题,从而建构实践唯物主义、辩证唯物主义、历史唯物主义"一体化"的马克思主义哲学体系。

实践唯物主义、辩证唯物主义、历史唯物主义不是三个"主义",不是马克思主义哲学的三个组成部分,而是同一个"主义",即马克思"新唯物主义"的三个理论特征,或者说,是马克思主义哲学的三个称谓:用"实践唯物主义"称谓马克思主义哲学,是为了凸显新唯物主义所内含的实践性维度及其基础性和首要性,正如马克思所说,"对实践的唯物主义者即共产主义者来说,全部问题都在于使现存世界革命化,实际地反对并改变现存的事物"①;用"辩证唯物主义"来称谓马克思主义哲学,是为了凸显新唯物主义所内含的辩证法维度及其批判性和革命性,正如马克思所说,"辩证法在对现存事物的肯定的理解中同时包含对现存事物否定的理解……按其本质来说,它是批判的和革命的"②;用"历史唯物主义"称谓马克思主义哲学,是为了凸显新唯物主义的历史性维度及其彻底性和完备性,正如恩格斯所说,"自从历史也得到唯物主义的解释以后,一条新的发展道路也在这里开辟出来了"③。

实践唯物主义、辩证唯物主义、历史唯物主义是马克思主义哲学的三个理论特征,在马克思主义哲学体系中,"实践""辩证""历史"具有内在的关联性。人的实践活动的展开必然呈现出"否定性"的辩证法;"否定性"的辩证法的展开过程必然呈现出"历史性",正如马克思所说,"联系不断采取新的形式,因而就表现为'历史'"④。"实践""辩证""历史"的唯物主义,这正是马克思新唯物主义的"新"之所在。我们不能因为马克思一生只提过一次"实践的唯物主义",而认为实践唯物主义这一概念不成熟;我们不能因为西方马克思主义、东欧新马克思主义在倡导实践唯物主义的同时偏离了马克思主义哲学,而忌讳实践唯物主义这一概念;我们也不能因为苏联辩证唯物主义和历史唯物主义体系的局限性,而"废"辩证唯物主义、历史唯物主义之"名"。

---

① 《马克思恩格斯选集》第1卷,人民出版社1995年版,第75页。
② 《马克思恩格斯全集》第23卷,人民出版社1972年版,第24页。
③ 《马克思恩格斯选集》第4卷,人民出版社1995年版,第229页。
④ 《马克思恩格斯选集》第1卷,人民出版社1995年版,第81页。

四、重构马克思主义哲学体系的三个问题

从总体上看,改革开放以来,中国学者对马克思主义哲学体系的反思和建构,是沿着深化马克思主义的实践观点,以实践观点为首要观点、核心范畴和建构原则,沿实践唯物主义、辩证唯物主义、历史唯物主义"一体化"这一研究路径展开的。无论是从广度上看,还是就深度而言,中国学者对实践唯物主义及其与辩证唯物主义、历史唯物主义关系的研究,对马克思主义哲学体系的反思,都是西方马克思主义、东欧新马克思主义、苏联马克思主义无与伦比的,并在马克思主义哲学的历史上留下了浓墨重彩的一章。但是,在重建马克思主义哲学体系的过程中,仍有四个问题需要我们深入而全面地研究。

一是建构马克思主义哲学体系是以思维与存在的关系问题作为基本线索,还是以无产阶级和人类解放作为理论主题?几乎所有的马克思主义哲学教科书在建构马克思主义哲学体系时,都是以思维与存在的关系问题作为基本线索,以物质为逻辑起点和建构原则的。马克思主义哲学当然要解答思维与存在的关系问题,但它解答这一问题是为无产阶级和人类解放这一理论主题服务的,如前所述,马克思主义哲学就是"为历史服务的哲学"。与西方近代哲学以至整个传统哲学不同,马克思主义哲学关注的不是所谓的整个世界的"终极存在",而是如何消除人的生存的异化状态,实现人类解放和每个人的全面而自由发展。如果说西方传统哲学的理论主题是"世界何以可能",那么,马克思主义哲学的理论主题就是"人类解放何以可能";如果说西方传统哲学重在解释世界,那么,马克思主义哲学则重在改变世界。因此,建构马克思主义哲学体系必须以无产阶级和人类解放为理论主题,以实践为逻辑起点和建构原则。

二是建构马克思主义哲学体系是以辩证唯物主义与历史唯物主义"二分结构"为基本框架,还是以实践唯物主义、辩证唯物主义、历史唯物主义"一体化"为基本框架?改革开放之前,中国学者建构马克思主义哲学体系是以辩证唯物主义与历史唯物主义"二分结构"为基本框架的;改革开放之后,中国学者建构马克思主义哲学体系是以实践观点为核心范畴和建构原则而展开的。如前所述,实践唯物主义、辩证唯物主义、历史唯物主义不是三个主义,而是同一个主义,是马克思新唯物主义的三个理论特征。在哲学史上,马克思第一次把

实践提升为哲学的根本原则,转化为哲学的思维方式,从而创立一种实践、辩证、历史的唯物主义。因此,应以实践唯物主义、辩证唯物主义、历史唯物主义的"一体化"作为马克思主义哲学体系的基本框架。

三是建构马克思主义哲学体系是把"纯粹"的哲学批判作为本质规定,还是把哲学批判、意识形态批判和资本批判的统一作为本质规定?几乎所有的马克思主义哲学教科书在建构马克思主义哲学体系时,都注意到了马克思主义哲学的批判性,但基本上都是在"纯粹"哲学的层面上阐述这种批判性。实际上,马克思主义哲学的批判性是哲学批判、意识形态批判和资本批判的高度统一。我们应当明白,资本不仅改变了与人相关的自然界的存在属性,而且改变了人类社会的存在形态;不仅改变了人与自然的关系,而且改变了人与人的关系,并使人与人的关系转化为物与物的关系,表现为物对人的支配关系。在资本主义社会,资本具有支配一切的权利,是资本主义社会的根本规定、存在形式和建构原则,并构成了资本主义社会的基本建制。一言以蔽之,资本本身就是一种独特的社会存在,是资本主义社会最基本和最高的社会存在物。

正是在资本批判的过程中,马克思扬弃了抽象的存在,发现了现实的社会存在,发现了人与人的关系以物化方式而存在的秘密,并透视出人的自我异化的秘密所在,从而把存在论(本体论)同人间的苦难与幸福结合起来了,使无产阶级和人类解放得到了本体论证明。这就是说,马克思的资本批判本质上是一种存在论或本体论意义上的批判。在我看来,马克思哲学批判的力度只有在同马克思资本批判的高度关联中才能显示出来;马克思资本批判的深度只有在马克思哲学批判的概念背景下才能得到深刻理解;而无论是哲学批判,还是资本批判,都只有在无产阶级和人类解放这一更大的意识形态背景下才能得到真正的理解和把握。哲学批判、意识形态批判和资本批判的高度关联、融为一体,这是马克思独特的思维方式,是马克思主义哲学的独特的存在方式。因此,应把哲学批判、意识形态批判、资本批判的统一作为马克思主义哲学体系的本质规定,以彰显马克思主义哲学的批判性和革命性,彰显马克思主义哲学的理论主题——无产阶级和人类解放。

四是如何建构中国化的马克思主义哲学体系。中国学者在反思、重构实践唯物主义、辩证唯物主义、历史唯物主义"一体化"的马克思主义哲学体系的同时,就在探索、建构中国化的马克思主义哲学体系。实际上,这是同一个过程的两个方面。马克思主义哲学中国化不应是"马克思主义哲学原理+中国例子",这实际上是简单类比;马克思主义哲学中国化也不是范畴的简单转换,把物质换成"气",矛盾换成"阴阳",规律换成"道",共产主义换成"大同社会"……这实际上是文字游戏;马克思主义哲学中国化更不是使马克思主义哲学去迎合中国传统文化,用中国传统文化去"化"马克思主义哲学,这种"化"的结果只能使马克思主义哲学"空心化",形成所谓的"儒学马克思主义"。我们应当明白,不是儒家学说、传统文化挽救了中国,而是中国革命的胜利使儒家学说、传统文化避免了同近代中国的衰败一道走向没落;不是儒家学说、传统文化把一个贫穷落后、满目疮痍的中国推向世界,而是当代中国改革开放和现代化建设的巨大成就把中国传统文化推向世界,使孔夫子名扬四海、中国传统文化重振雄风成为可能。

我们应该明白,在经济、政治、社会现代化的进程中,我们不可能仍然恪守以儒家学说为核心的传统文化,以中国传统文化为"体",以马克思主义为"用"。马克思主义中国化既是马克思主义的内在要求,又是中国革命、建设、改革的实际需要,而不是一个简单的"体"与"用"的问题。在我看来,无论是以中国传统文化为"体",马克思主义为"用",还是以马克思主义为"体",中国传统文化为"用",都是形而上学的思维方式,都没有真正理解马克思主义及其哲学中国化的实质。从根本上说,马克思主义哲学中国化就是用马克思主义哲学分析中国的现实问题,并使现实问题升华为理论问题、哲学思想,以此丰富和发展马克思主义哲学。同时,在这个过程中,用马克思主义哲学分析中国传统文化,并对其中和马克思主义哲学具有"共同之点""高度契合性"、且具有当代价值的哲学思想进行创造性转换、创新性发展,使其融入马克思主义哲学体系之中。

观念系统具有可解析性和可重构性,观念要素之间具有可离性和可容性,一种哲学系统所包含的观念要素,有些是不能脱离原系统而存在的,有些是可以经过转换、发展而融入其他哲学系统中的。问题在于,对传统文化批判与继承什么、转换与发展什么,不是取决于传统文化本身,而是取决于马克思主义哲学与中国实际的关系,取决于当代中国实践的需要。任何一种"重读""重思""重建"或"重构",归根到底,都是由现实的实践所激发的,并受制于实践的广度和深度。当代中国实践的最重要特征和最重要意义就在于,它把现代化、市场化和社会主义改革这三重重大的社会变革浓缩在同一个时空中进行了,可谓史无前例而又波澜壮阔、极其特殊而又空前复杂,它必然向我们提出一系列的哲学问题,必然为我们建构中国化的马克思主义哲学体系提供一个广阔的社会空间和思维空间。只有面向 21 世纪、中国化的马克思主义哲学才能代表中国哲学的未来。建构中国化马克思主义哲学体系是一个更为重要的历史课题,需要我们进行持久、深入而全面的研究。

第十二章

《马克思主义哲学基础》与马克思主义哲学体系*

马克思主义哲学唯物主义是建立在自然科学和社会学统一基础上的科学理论。在这个基础上,它把唯物主义与辩证法统一起来,并且彻底贯彻了唯物主义观点,克服了旧唯物主义的直观性、片面性,使它成为包括社会生活在内的完备彻底的理论。马克思主义唯物主义是唯物主义发展的最高形态,即科学形态的唯物主义。关于这种更高形态的唯物主义,在马克思和恩格斯著作中,通常按照历史发展的顺序称为"现代唯物主义"或"新唯物主义"以区别于旧唯物主义。

一、马克思主义哲学:辩证唯物主义

关于新唯物主义的内容,由于旧唯物主义只能唯物主义地说明自然,不能唯物主义地解释社会历史,而马克思主义哲学是把唯物主义彻底贯彻到了历史领域的,所以恩格斯说:"现代唯物主义把历史看作人类的发展过程,而它的任务就在于发现这个过程的运动规律。"[1]对于这一全新的历史观,马

---

* 本章第一至第四节的内容选自高清海《马克思主义哲学基础》上册(人民出版社 1985 年出版)绪论第三节,并略作删改。文中标题由我所加。
[1]《马克思恩格斯选集》第 3 卷,人民出版社 1995 年版,第 738 页。

克思和恩格斯使用了一些特殊术语,称之为"唯物主义历史理论""唯物主义历史观"(中译简称"唯物史观")和"历史唯物主义"。哲学不仅包括历史观,同时还包括自然观、认识论。在所有这些领域,现代唯物主义所不同于旧唯物主义的,正如恩格斯所说,就在于"现代唯物主义本质上都是辩证的"①。"辩证的"唯物主义,标示出了马克思主义唯物主义整个理论内容与旧唯物主义不同的性质。马克思和恩格斯在他们的著作中没有直接使用过"辩证唯物主义"这一名称,但他们使用过"唯物主义辩证法"的名称,二者的基本含义是一致的。

"辩证唯物主义"一词是马克思和恩格斯思想的追随者、德国工人哲学家狄慈根(1828—1888)最先使用的。狄慈根在1886年发表的《一个社会主义者在认识论领域中的漫游》一文中,按照恩格斯在《反杜林论》一书中所阐发的思想,明确地指出,现代唯物主义不同于18世纪形而上学的唯物主义,它是吸收了德国古典哲学成果的"辩证唯物主义"②。五年之后,俄国马克思主义哲学家普列汉诺夫(1856—1918)在1891年发表的《黑格尔逝世六十周年》纪念文章中,也使用了"辩证唯物主义"一词。在《论"经济因素"》一文中,他更确切地指出:"据恩格斯的意见,现代唯物主义正是辩证的唯物主义。"③普列汉诺夫的这些文章恩格斯都读过,并且给予了很高的评价。

列宁在其著作中,明确地把马克思主义哲学称作辩证唯物主义。列宁说,"马克思主义哲学是辩证唯物主义"④;而且根据马克思和恩格斯自己所阐明的思想,"马克思一再把自己的世界观叫作辩证唯物主义"。关于历史唯物主义,列宁则称之为"科学的社会学",认为"唯物主义历史观始终是社会科学的同义词"⑤。按照列宁的观点,辩证唯物主义已经内在地包括了历史唯物主义的基本原则。他明确说过,"马克思和恩格斯的辩证唯物主义比百科全书派和费尔巴哈更进一步,它把唯物主义哲学应用到历史领域,应用到社会科学领域"⑥。

近代资产阶级一方面创立了形而上学的机械唯物主义,另一方面创立了

---

① 《马克思恩格斯选集》第3卷,人民出版社1995年版,第364页。
② 参见《狄慈根哲学著作选集》,杨东莼译,生活·读书·新知三联书店1978年版,第239—256页。
③ 《普列汉诺夫哲学著作选集》第2卷,刘亦宇等译,生活·读书·新知三联书店1961年版,第310页。
④ 《列宁选集》第2卷,人民出版社1995年版,第10页。
⑤ 《列宁选集》第1卷,人民出版社1995年版,第10页。
⑥ 《列宁选集》第2卷,人民出版社1995年版,第250页。

唯心主义的概念辩证法,在它们的理论中唯物主义和辩证法是相互分割地存在着的。机械唯物主义理论完全忽视意识的能动性,自然界的统一性只能建立在僵死的和片面的抽象物质的基础之上。概念辩证法不懂得意识必须以物质为基础,又只能在神秘的形式中片面地发挥意识的能动性。一方面是僵死的物质,另一方面是能动的意识,用僵死的物质无法说明意识能动性的根源。资产阶级哲学虽然提出了意识与物质必须统一的原则,却无法找到使二者统一起来的基础,因而它们所讲的统一原则不能不限于空论。

费尔巴哈提出了一个命题。在他看来,意识与物质、思维与存在只能在人的身上才能统一起来,人就是思维与存在统一的主体和基础。他称自己的哲学为"人本学"或"人类学",就是意在用人去解决二者统一的课题。费尔巴哈的这一命题是正确的,他提出这一命题也反映了哲学发展的必然趋势。思维和存在的矛盾是作为主体的人与客体的矛盾关系的一个侧面,不了解人及其活动的本质,是不可能正确解决思维与存在的统一的问题的。资产阶级哲学所以不能克服能动的意识与僵死的物质的矛盾,关键就在于它不懂得人改造客体的活动既是能动的物质活动,又是意识的能动活动,在这里意识与物质二者就统一了。费尔巴哈虽然提出了这一正确命题,他却既不完全懂得这一命题所包含的含义,又未能正确地阐明这一命题的基本内容。费尔巴哈的贡献主要在于提出问题,指明了哲学前进的方向,而不在于解决问题,他也不能解决这一问题。

揭示人及其活动的本质和规律的问题,属于历史观的基本内容。到19世纪中叶,哲学已经发展到了这样的阶段,必须解决从历史观中清除唯心主义,把历史理论建立在唯物主义基础上的问题。这一问题不解决,意识与物质的统一问题就得不到根本的解决,辩证法与唯物主义就不能从内容上统一起来,唯物主义观点也不能成为完备彻底的理论。马克思和恩格斯在批判黑格尔唯心主义哲学和费尔巴哈直观唯物主义的活动中,明确地意识到了这一点。所以他们在19世纪40年代中期,就把自己理论活动的重点转向研究历史观问题。在这一期间,他们重新审查并深入研究了人类历史的全部发展过程,由此创立了历史唯物主义理论,并在这一基础上实现了哲学向科学理论的革命性转变。

以往的历史理论所以一直为唯心主义观点统治着,从理论自身来说,主要是因为它们从抽象的观点去看人及其活动,因而往往停止于支配人们活动的思想动机上面,不懂得人所从事的物质生产活动的重大意义。费尔巴哈所了解的人就是如此。他只看到人是一个感性存在物,没有看到人的感性活动。作为感性存在的人,不过是生物学上的人,从这样的抽象的人出发,必然要把历史运动的根源归结为抽象的人性意识。马克思和恩格斯根本改变了资产阶级哲学的观察方法,他们不是从抽象的人出发去了解人的活动及其历史过程,而是从人的历史活动去了解人。这样,他们就发现了一个很明显而以前完全被人忽略的简单事实,即"人们首先必须吃、喝、住、穿,就是说首先必须劳动,然后才能争取统治,从事政治、宗教和哲学等等"①。从这一事实出发,他们不仅找到了把人理解为现实的人、用社会存在去说明人们的意识的道路,而且找到了把历史的发展归结为"自然历史过程"、揭示出历史运动客观规律的道路。在他们看来,物质生活资料的生产活动是人及其组成的社会的最基本的历史活动。人是什么,是同他们的现实活动相一致的。人们生产他们所必需的生活资料,就间接地生产着他们的物质生活本身。人们按照自己的物质生产的发展建立相应的社会关系,又按照自己的社会关系创造了相应的原理、观念和范畴。总之,马克思和恩格斯在劳动发展史中,找到了理解全部社会史的钥匙。

1859年马克思在为《政治经济学批判》一书写的序言中,对于历史唯物主义的基本观点作了系统的和扼要的说明。他说:"人们在自己生活的社会生产中发生一定的、必然的、不以他们的意志为转移的关系,即同他们的物质生产力的一定发展阶段相适合的生产关系。这些生产关系的总和构成社会的经济结构,即有法律的和政治的上层建筑竖立其上并有一定的社会意识形式与之相适应的现实基础。物质生活的生产方式制约着整个社会生活、政治生活和精神生活的过程。不是人们的意识决定人们的存在,相反,是人们的社会存在决定人们的意识。社会的物质生产力发展到一定阶段,便同它们一直在其中活动的现存生产关系或财产关系(这只是生产关系的法律用语)发生矛盾。于是这些关系便由生产力的发展形式变成生产力的桎梏。那时社会革命的时代就到来了。随着经济基础的变更,全部庞大的上层建筑也或慢或快地发生变革。"②

---

① 《马克思恩格斯选集》第3卷,人民出版社1995年版,第335—336页。
② 《马克思恩格斯选集》第2卷,人民出版社1995年版,第32—33页。

历史唯物主义理论,是人类认识史的最伟大的发现之一。由于这一发现,唯心主义从它的最后避难所——历史观中被驱逐出来了,社会历史理论被建立在唯物主义基础之上,从此才有了社会科学理论;由于这一发现,把唯物主义彻底贯彻到了社会历史领域,为理解意识与存在的统一提供了现实的理论基础,由此唯物主义才能成为完备的理论,哲学才能变成科学;由于这一发现,为政治经济学和社会主义学说奠立了科学的历史理论基础,才有可能揭破资本主义生产的秘密,从而创立剩余价值学说,同时使社会主义由空想的理论变成科学的学说。

二、辩证唯物主义和历史唯物主义的关系

从一个方面说,没有历史唯物主义,不可能有完备的辩证唯物主义理论。在另一个方面,历史唯物主义也就是体现在社会历史观上的辩证唯物主义,同样可以说,没有辩证唯物主义,也不会产生历史唯物主义理论。辩证唯物主义和历史唯物主义就是这样地紧密联系在一起的。列宁曾经用"一整块钢铁"来形容它们在内容和观点上的密切关系。列宁说:"一般唯物主义认为客观真实的存在(物质)不依赖于人类的意识、感觉、经验等等。历史唯物主义认为社会存在不依赖于人类的社会意识。在这两种场合下,意识都不过是存在的反映,至多也只是存在的近似正确的(恰当的、十分确切的)反映。在这个由一整块钢铁铸成的马克思主义哲学中,决不可去掉任何一个基本前提、任何一个重要部分。"[1]很明显,正如列宁所说的,任何企图割裂它们的联系的观点,都是不正确的。我们不能设想,否认了社会存在决定社会意识的原理,还能够成为彻底的唯物主义者;同样,否认了意识来源于存在的原理,也不能够成为历史唯物主义者。

辩证唯物主义与历史唯物主义的关系,就它们的理论的性质来说,一般世界观与历史观的关系,它们在内容和观点上是相互内在地包含着的,而不是外在地结合在一起的。辩证唯物主义作为研究自然、社会和思维运动与发展的普遍规律的一般世界观、认识论及方法论的理论,在它的内容中必然包含着历史唯物主义的基本原则。如果从辩证唯物主义理论内容中摘除历史唯物主义

---

[1]《列宁选集》第2卷,人民出版社1995年版,第221页。

的基本原则,那它就不可能成为辩证唯物主义,而变成和旧唯物主义一样,仅仅限于自然观上的抽象的唯物主义原则。所以,也不能把辩证唯物主义和历史唯物主义二者拆开并列起来,变成外在结合的联系。这样做也不符合辩证唯物主义与历史唯物主义固有的统一关系。

一般世界观也不是由自然观、历史观等不同部分拼合而成的。世界观与自然观、历史观属于理论的不同层次。世界观是哲学中的基础理论,这就是辩证唯物主义。自然观(自然辩证法)和历史观(历史唯物主义)是把世界观一般原理运用于自然领域和社会历史领域的中介性理论。正如一般不能完全概括个别一样,辩证唯物主义也不能完全包容自然辩证法和历史唯物主义。同样地,亦如个别不能完全归于一般,自然辩证法和历史唯物主义的理论内容中也必然同时包含着两部分内容:一部分是体现在各自领域的一般世界观内容,一部分是同相关学科(自然科学、社会科学)联系着的科学内容。因此,把辩证唯物主义和历史唯物主义看作并列关系,或者看成可以以其中一方去取代另一方,也是不符合它们固有的关系的。

历史唯物主义对于马克思主义哲学的形成有着特殊的意义。在马克思主义以前,旧哲学对自然观已经达到唯物主义的理解,而在历史观上无例外地都限于唯心主义见解。所以在马克思和恩格斯的著作中,特别是在他们的思想形成时期的著作中,阐述历史唯物主义原理的内容比论述哲学其他部分的内容要多。这种情况是很自然的。但不能由此就认为,马克思主义哲学主要就是历史唯物主义。马克思和恩格斯创立的历史唯物主义是改造全部旧哲学的出发点。他们由此不仅解决了旧哲学所不能解决的那一系列矛盾,而且能够在这一新的基础上克服旧哲学的片面性,把它们的观点以新的形式包括在自己的哲学体系之中。从这一意义说,马克思主义哲学不仅是历史上最富有科学性的理论,也是历史上内容最丰富的理论。

在一个相当长的时期,学术界形成了一种观念,认为马克思主义哲学就是辩证唯物主义和历史唯物主义。这种把辩证唯物主义和历史唯物主义拆开来加以平列的做法,既不符合它们具有的内在统一的关系,也限制了哲学内容的进一步丰富和发展。这一提法来源于斯大林的著作。1938年斯大林为《联共(布)党史》写的第四章第二节,曾以《论辩证唯物主义和历史唯物主义》为标题。此后,"辩证唯物主义和历史唯物主义"就成为马克思主义哲学体系的结构模式,被哲学教科书广泛采用。在斯大林的原著中,辩证唯物主义和历史唯物主义也并未被看作世界观的两个并列部分。他是把它们作为马列主义党的理论基础(哲学理论基础和历史理论基础)加以并列的。关于这两种理论的性质,斯大林讲得很清楚,"辩证唯物主义是马克思列宁主义党的世界观",而"历史唯物主义就是把辩证唯物主义的原理推广去研究社会生活,把辩证唯物主义的原理应用于社会生活现象,应用于研究社会,应用于研究社会历史"[1]。但斯大林只注意到历史唯物主义是辩证唯物主义在社会领域的应用,忽略了历史唯物主义同时是辩证唯物主义理论得以形成的基础。因而在具体论述二者的内容时,未能全面地贯彻辩证唯物主义和历史唯物主义的内在统一关系。他所论述的辩证唯物主义原理,不包括历史唯物主义的基本原则,历史唯物主义的一些观点仅仅作为推广和应用的结论被包括在内。后来在哲学教科书中,在采用斯大林论文所列标题的提法时,不仅保留了斯大林在具体论述中的缺点,而且还进一步发展了这些缺点。所以,对于目前通行的"马克思主义哲学是辩证唯物主义和历史唯物主义"这一提法,应当以分析的态度来对待;对于马克思主义哲学教科书根据这一提法而定型的体系结构,也值得进一步加以研究。

三、马克思主义哲学是科学性和革命性高度统一的理论

马克思主义哲学的产生,使哲学及其斗争的社会性质也发生了重大变化。

以前的哲学,主要是剥削阶级的思想体系。以往的哲学斗争,也主要是在剥削阶级意识形态之间进行的。劳动人民也有他们对世界的看法,这些看法构成了反映劳动人民利益和要求的哲学观念。但由于在阶级社会,剥削阶级掌握着物质生产资料,同时垄断了精神生产的手段,因而制造抽象的哲学理论成了它们所有的特权。劳动人民承担着繁重的体力劳动,丧失了精神生产手段,由于历史条件的限制很难把他们对世界的看法上升为系统的理论。所以,在历史上只有极少数表达劳动人民观点的哲学体系,大部分只限于零散的思想。

马克思主义哲学属于无产阶级的世界观体系。它是历史上代表劳动人民利益的第一个具有完备理论形式、并能够同剥削阶级哲学相抗衡的哲学体系。

---

[1]《斯大林选集》下卷,人民出版社1979年版,第424页。

它的出现,标志无产阶级和广大劳动群众不仅是物质生产活动的主体,也开始成为精神生产活动的主力军。由于它的产生,就在认识史上开辟了主要在劳动群众同剥削阶级之间进行斗争的哲学发展的新时期。

劳动人民的世界观向来与剥削阶级哲学具有不同特点。剥削阶级的哲学是为剥削阶级利益服务的。剥削阶级的狭隘利益限制着它们的哲学,使它一般地也都具有某种狭隘性、不彻底性、保守性甚至反动性。即使处在上升发展阶段的剥削阶级,由于它同劳动群众具有深刻的矛盾,它的哲学所具有的革命性也要受到很大的限制。剥削阶级哲学在认识史上一般都具有这样的两重作用:它们一面要破除已经落后的、不适于自己利益的思想传统(即使在这一点上也是有限度的);另一面又要为传统思想添加上为自己利益所需要的新的精神枷锁。一旦它取得巩固的统治地位以后,就要转而维护腐朽的思想传统。近代英国和法国的资产阶级哲学都表现了这一特点。

与剥削阶级哲学不同,历史上那些代表劳动人民利益的哲学理论或思想,大都具有反抗压迫、要求解放的炽烈的革命精神,具有尊重事实、重视生产活动、相信群众力量、同实践斗争紧密结合的种种特点。在18世纪法国传教士梅叶(1664—1729)的著作中,那些猛烈抨击剥削制度、无情揭露宗教神学荒谬本质及其反动社会作用的言辞,连资产阶级激进派代表人物伏尔泰看后都要"吓得发抖",更不必说其他的人了。当然也须看到,由于种种条件的限制,如狭小的生产条件、被奴役的经济地位等,历史上劳动人民的哲学观念中,也有许多保守的思想,迷信的思想,以及剥削阶级思想的影响。

马克思主义哲学继承和发扬了劳动人民的优秀传统,是具有最彻底的革命精神的理论。马克思主义哲学是无产阶级和劳动群众的批判的、革命的理论武器。这一理论坚决否定一切落后的和保守的思想,否定一切阻碍历史前进的陈腐的传统。它敢于同宗教迷信、唯心主义哲学以及一切错误理论进行不妥协的斗争。它立足于现实,着眼于未来,以改造世界为宗旨,以革命的批判的态度对待现实的和理论的问题,以推动历史不断向前发展为目的。这些特点,使马克思主义哲学具有任何其他哲学都不可比拟的理论上的坚定性、彻底性和一贯性。

阶级性与科学性是对立的统一关系。不论哪个阶级的哲学,它的阶级性都和科学性既有对立的一面,又有统一的一面。区别只在于,二者对立和统一的性质、形式和程度各不相同。剥削阶级由于它的阶级利益与历史发展规律的要求只能在一定条件下达到有限度的一致,这点决定了它们在哲学上的阶级性与科学性在本质上是相互对立的,只在特定条件下才能达到统一。所以剥削阶级不可能创立具有完全科学性质的哲学理论。

马克思主义哲学则不同。因为无产阶级是历史上最后一个被压迫、被剥削的阶级,从它的立场看来,不解放全人类,它自己也不会获得彻底解放。这种要求与人类历史发展规律的客观要求是完全一致的。这一阶级特点决定了,在马克思主义哲学中,科学性乃是它的阶级性的内在要求,二者在本质上是统一的。所以恩格斯说:"科学越是毫无顾忌和大公无私,它就越符合于工人的利益和愿望。"[1]

马克思主义哲学是历史上最富于革命性,同时又是最讲究实际,最尊重事实,也是最为通情达理的理论。"实事求是"是马克思主义全部理论的精髓。辩证唯物主义是实事求是的理论观点和思维方法。它的基本要求只有一点,就是彻底地按照事物的本来面貌去认识客观事物,而不附加以任何外来的成分。马克思主义哲学对待现实如此,对待各种理论也如此。对于以往剥削阶级所创造的哲学,马克思主义的观点要求必须采取科学分析的态度,只要是合于科学的内容,哪怕只是一些思想因素,也要给予肯定,并把它们继承下来加以发扬光大。所谓批判,不是为了别的,只是为了发展真理。应当看到,在历史上还从未有过哪一种哲学能够像马克思主义哲学一样具有如此的博大胸怀。

人们的认识要受到主观和客观各种条件的限制,不可能在特定发展阶段完全认识客观规律。无产阶级的阶级性要求按照事物的本来面貌去认识客观事物,但要达到这一认识,必须经历一个发展过程,常常是要经过一个漫长的发展过程。所以阶级性要求必须具有科学性,而在实际认识过程中二者又总是有差别,不可能达到完全一致的。无产阶级的利益也有根本利益和局部利益、长远利益和暂时利益、这一方面利益和那一方面利益之别,利益本身就是很复杂的,反映在与科学性的关系上也不可能只有统一没有差别。再者,阶级利益的要求要通过人们的意志、愿望才能表现出来,不同的人表现利益的意志、愿望往往有很大差别,这些意志、愿望与它们所表现的利益之间也不可能是完全统一的。这些情况表明,在马克思主义哲学中,阶级性与科学性并非不

---

[1] 《马克思恩格斯选集》第4卷,人民出版社1995年版,第258页。

存在对立,只是这种对立是非根本性的,它可以通过自觉的调整和认识去加以克服。但无论在何种情况下,也不可能达到绝对的一致。认识这一点具有重要的意义。只有承认阶级性与科学性是对立的统一关系,才能避免把阶级要求当作衡量科学性的准绳,用政治需要去冲击或取代科学研究,才能在维护无产阶级和劳动群众利益的斗争活动中坚持发挥马克思主义哲学的指导作用。

四、马克思主义哲学是理论和实践内在统一的理论

马克思主义哲学的产生,使哲学理论的性质、内容和任务都发生了深刻的变化。

马克思主义以前的旧哲学一般都具有以下两个特点:一是脱离实践,二是脱离群众。在剥削阶级占统治地位的时代,脑体分工处于尖锐的对立之中。剥削阶级不直接参加体力劳动。剥削阶级的思想家也都脱离生产实践、脱离劳动群众。由此决定了旧哲学理论脱离实际的倾向。以往的哲学家们,都否认理论对实践的依赖关系,他们或者认为哲学来自神灵的启示、头脑的杜撰、顿悟,或者认为哲学来自概念的推演、思维的自由创造。旧哲学从宗教的信条、权威的结论、概念的体系出发,不可避免地带有很大的片面性、虚幻性和主观随意性。它们大都是书斋里的思辨理论,在主观活动的圈子里解释世界。

马克思主义哲学与旧哲学不同,它是在实践基础上产生的科学理论。实践是这一哲学的理论核心,也是它的一切理论活动的最终目的。理论与实践相统一,既是马克思主义哲学的根本原则,又是马克思主义哲学的根本特点。

马克思主义哲学直接来自无产阶级和广大劳动群众的革命实践。马克思主义的创始人马克思和恩格斯正是从接触实际生活中,意识到资本主义社会剥削阶级与劳动者阶级的尖锐矛盾,意识到无产阶级所蕴藏的变革世界的巨大物质力量,从而打破了剥削阶级的传统偏见,转换阶级立场,投身到无产阶级和人类解放的伟大事业中来。他们也是从参加实践斗争中才领悟到,以往一切哲学从抽象的人及其概念出发所建立起来的理论都具有致命的弱点,只有从劳动实践和以劳动实践为基础的人类社会以及决定人类社会状况的物质生活条件出发,才能把哲学理论从神秘的和虚幻的形式中解放出来,使它从思辨的天国下凡到现实的人间,成为人类争取自由和解放的斗争武器。马克思和恩格斯在历史上第一次把哲学放在实践的基础上去加以理解,从此,哲学理

论才既摆脱了停止于外部偶然联系的直观性,又摆脱了追求抽象本体的超验性,成为以揭示客观规律为主要内容、具有可检验性的科学理论。

在理论上,马克思主义哲学第一次正确地阐明了理论与实践的统一关系,把实践的观点提到首要和基本观点的地位。马克思主义哲学并且把这一原则彻底贯彻到哲学全部内容之中,建立了以实践为基础、与实践内在统一的哲学体系,由此解决了旧哲学不可克服的内在矛盾。以前的哲学由于不懂得从实践观点出发去对待人与自然的关系问题,在它们的理论中一直存在着客观实在性与主观能动性相互对立的矛盾,始终不能科学地解决哲学的基本问题。旧唯物主义对事物只是从客体的或直观的形式去理解,不是从主观的方面去理解,它只看到客体的客观实在性,看不到主体的主观能动性。唯心主义对事物只是从主观的或抽象的形式去理解,不是从客观的方面去理解;它又只看到主体的主观能动性,看不到客体的客观实在性。唯物主义者的基础是实际的,结论却是消极的;唯心主义者的基础是虚幻的,结论却是积极的。这一矛盾,只有把它放到主体改造客体的活动中,才能得到解决。实践是马克思主义哲学全部理论内容的核心。马克思主义哲学从实践活动中去理解主体和客体的性质及其相互关系,由此不仅克服了旧哲学无法解决的理论认识与生活实际的矛盾、思维活动与感性存在的矛盾、意志自由与历史必然性的矛盾,而且为人们实现主观与客观的统一、理论与实践的统一和主体与客体的统一,指出了正确的道路和方法。马克思主义哲学第一次使哲学内容具有了科学性质。

由于把哲学奠立在实践基础之上,马克思主义哲学也改变了哲学一向为现存事物进行辩护的狭隘功能。马克思主义以前的哲学家大多耻于谈论哲学的实际功用。他们的典型的说法是:哲学就是不实际,讲实际就不会有哲学了。在他们的眼里,哲学的任务只在于提供说明世界的原则,提供对理论认识进行批判、估价的方法。归根到底,他们的哲学只是为了解释现存世界,为一己阶级利益进行辩护。马克思主义哲学一反这种传统,提出了"哲学家们只是用不同的方式解释世界,问题在于改变世界"[1]的战斗纲领。马克思主义哲学是行动的指南,它所提出的一切观点和信念,都是为了指导人们从事改造世界的实际活动。马克思主义哲学变革世界的任务,是无产阶级推翻旧世界、创造新世界的革命要求的反映,也是这一理论与实践统一原则内在要求的必然表

---

[1]《马克思恩格斯选集》第1卷,人民出版社1995年版,第57页。

现。以往的哲学家也曾对旧社会制度的某些不合理性进行过道义上和逻辑上的批判，并且也提出过改革社会现状的某种方案。但由于他们不了解人类历史活动的本质，不懂得社会发展的客观规律，从而他们的理论既不能彻底批判旧世界，使现存世界革命化，更找不到创造新世界的实际力量和现实道路。只有以改变世界为宗旨的理论，才能提出从客观对象出发、把握现实规律的要求。马克思主义哲学从变革世界出发，揭示出了主体改造客体活动的规律，只有这样的理论才能指导人们正确地发挥主观能动性，按照客观规律去改造世界，实现主体与客体的统一。

在哲学中贯彻理论与实践的统一，是哲学的重大变革。马克思主义哲学的科学性和革命性都统一于实践性。只有能够在实践中指导人们去变革世界的理论，才能具有革命性。只有来自实践，能够实事求是地反映客观事物，并经得起实践检验的理论才是具有科学性的理论。实践性是马克思主义哲学革命性的基础，也是马克思主义哲学科学性的基础。

马克思主义哲学来自实践又能指导实践，随着实践的发展，理论也在不断发展。这是马克思主义哲学具有的理论与实践统一性质的必然表现和结果。

不以理论与实践的统一为原则的哲学也在发展，但它所采取的完全是另一种形式。剥削阶级哲学家把他们的理论说成是由思维自由创造出来的真理。在他们看来，这种真理一经创造出来，就成为万古不变的教条，它不可能随实践的发展而发展。实际上，没有一种理论能够超越实践，违抗实践的强大力量。不能自觉地改变由于实践发展而变成陈旧的理论，那就要被不断发展的实践强制地加以改变。在哲学史上，一个哲学体系出来，推翻另一个自称为绝对真理的体系，而后这个宣布为永恒真理的体系又为更新的哲学体系所推翻，从来没有一个体系能够如其所愿的那样永世长存下去，就是这种发展形式的表现。

马克思主义哲学并不把自己看作已经穷尽了的真理。恰恰相反，马克思主义哲学认为自己只是开辟了真理认识的道路，哲学必须倾听实践的呼声，回答实践提出的新的课题，不断从实践中汲取新的养料以丰富自己、发展自己。因此马克思主义哲学才具有了强大的生命力，在与实践相互转化、相互促进的统一联系中永葆创造的活力。

马克思主义哲学自产生以来，在一百多年的历史中经历了重大变化，科学得到了飞速发展，马克思主义哲学的内容也随之愈来愈丰富、愈来愈深入。马克思和恩格斯在创立了他们的新的世界观之后，并没有像以往哲学家惯常所做的那样把精力耗费在构造完备的体系上面,而是立即把这一新世界观用于研究历史和科学,运用于改造政治经济学,运用于分析工人阶级斗争的战略和策略问题,运用于批判资产阶级的和机会主义的各种错误思潮等现实斗争中去。马克思和恩格斯一再申明,他们的理论不是教条,而是"行动指南",不是"套语",而是科学的"认识工具"。他们一生的理论活动,也始终信守这一原则,始终保持着与革命实践斗争的紧密联系。他们的哲学著作就是这种斗争的产物。正是由于这一特点,他们才能使他们所创立的理论常在常新,不断为新的内容所丰富。

列宁的哲学活动主要在20世纪初的20年间,这是历史的一个重要转折时期。资本主义已发展到帝国主义阶段,无产阶级的社会主义革命已成为历史的直接现实。列宁在新的条件下,并未停留在马克思和恩格斯已经获得的认识上面,而是力求总结实践斗争的新的经验,汲取科学发展所取得的最新成果,以新的思想、内容去加深、扩展和推进这些认识。为了解决现实斗争中所提出的那些新的课题,列宁着重研究了辩证法和认识论理论。列宁在其所写的哲学著作和笔记中,关于这一理论提出了许多著名的论断和思想。例如,关于辩证法也就是认识论的论断,关于逻辑、辩证法与唯物主义认识论三者统一的思想,关于对立统一规律是辩证法的实质与核心的思想,关于认识过程运动规律的论断,关于真理的客观性、绝对性与相对性的思想,以及其他方面的许多重要思想。这些思想都是马克思和恩格斯在他们的著作中未加阐明或未作具体发挥的,属于列宁从实践和科学的最新发展中总结出来,添加到马克思主义哲学宝库中的新的内容。列宁对历史唯物主义理论的发展也作出了重要贡献。

马克思主义是普遍的真理,在把它运用于不同历史条件和不同国家时,要求必须与具体条件结合起来。如何把马克思主义理论与具体实践结合的问题,是无产阶级革命必然要碰到的现实问题,也是马克思主义发展中必须加以解决的具有方法论性质的重大理论问题。列宁曾经从方法论原则上指出过,具体地分析具体的情况,就是马克思主义的活的灵魂。斯大林在总结苏联共产党运用马克思主义理论指导实践活动的经验中,也提出过类如一切以条件、地点和时间为转移的著名思想。这一问题在中国的革命斗争中表现得更为突出,具有更加重大的意义。革命前的中国是一个生产十分落后的半殖民地半封建的社会。在这样的历史环境中要取得民主主义革命和社会主义革命的胜利,如何把马克思主义的普遍真理与中国的革命实践结合起来,是一个具有极其重要意义的关键性问题。毛泽东作为伟大的马克思主义者,他的最重大的贡献就表现在,能够把马克思主义理论创造性地运用于中国的具体条件,由此找到了在中国进行民主主义革命和社会主义革命的具体道路和方法;他进一步又从总结在中国运用马克思主义理论指导革命取得胜利的经验中,丰富和发展了马克思主义理论。《实践论》和《矛盾论》是毛泽东结合中国革命的丰富经验写成的两部马克思主义哲学的伟大著作。在这两部著作以及其他许多著作中,毛泽东在认识论上抓住了实践这一中心环节,在辩证法理论上抓住了矛盾这一核心思想,以此为基础全面分析和具体论证了理论必须与实践相统一、具体矛盾必须具体分析和具体解决的理论及方法。毛泽东提出的关于矛盾问题的"精髓"学说,把应用理论解决实践问题的方法上升到理论形态,为辩证法的方法论理论增添了新的内容,为马克思主义哲学的发展作出了重要贡献。毛泽东在哲学理论的其他许多方面,也有许多重要的发挥和发展。

列宁和毛泽东的哲学思想,已构成马克思主义哲学有机组成的重要内容。我们今天学习马克思主义哲学,决不能局限于马克思、恩格斯著作中已阐明的内容,必须包括他们逝世以后新增加到马克思主义哲学中的那些内容。

马克思主义哲学的实践性质,决定这一理论只能在不断发展中存在。它存在一天,就要发展一天,永无止境。发展马克思主义哲学不是几个人或少数人的事业。每一个能够运用马克思主义哲学去解决实践提出的问题,并能总结实践经验使之上升到理论的人,都会对马克思主义哲学的发展作出自己的贡献。专门从事哲学理论研究和宣传的人,通过总结实践斗争经验、人类认识史的成就和最新科学成果,同样会丰富和发展马克思主义哲学。而这一方面的工作越来越显示出了它的重要性。不能把发展马克思主义哲学这件事神秘化。马克思主义是科学,在对待马克思主义哲学的发展问题上,也必须采取科学的态度。

五、《马克思主义哲学基础》建构的马克思主义哲学体系

绪　论　马克思主义哲学是科学的世界观认识论方法论的统一
　　第一节　哲学的性质和对象
　　　　一、哲学作为社会意识形式的特点
哲学具有双重性质　哲学是"时代精神的精华"　哲学是具有党性和阶级

性的理论

二、哲学对象的历史演变

哲学对象是历史地变化着的　古代哲学　以知识总汇形式表现的"智慧"　近代哲学　"科学之科学"的理论　哲学对象变化的规律性

三、科学的哲学是世界观认识论方法论的统一

哲学对象的深刻变革　哲学是关于外部世界和人类思维的运动的一般规律的科学　哲学是世界观认识论方法论统一的科学

第二节　哲学基本问题与哲学派别划分

一、哲学的基本问题

哲学基本问题的性质和含义　哲学基本问题在历史上的不同提法　哲学基本问题的内容　哲学基本问题与哲学其他问题的关系

二、哲学中基本派别的划分

划分哲学派别的科学依据　哲学中的基本派别　唯物主义与唯心主义的区分　唯物主义与唯心主义的关系　两种发展观的对立　辩证法与形而上学　辩证法与形而上学的关系　哲学中的其他非基本派别

三、历史上的基本哲学形态

哲学中形成不同派别的根源　自发的唯物主义　原始的唯心主义　经院哲学　机械唯物主义　近代主观唯心主义　唯心主义的概念辩证法

第三节　马克思主义哲学的产生是哲学中的伟大革命

一、马克思主义哲学是人类认识发展最高成果的结晶

历史和阶级条件　理论认识条件　哲学自身的继承联系　哲学的革命性变革

二、马克思主义哲学是完备彻底的唯物主义理论

马克思主义哲学就是辩证唯物主义　创立历史唯物主义的伟大意义　辩证唯物主义与历史唯物主义的关系

三、马克思主义哲学是科学性与革命性高度统一的理论

无产阶级的革命的思想体系　革命性和科学性的高度统一

四、马克思主义哲学是与实践内在统一的理论

理论与实践的内在统一　在实践中不断发展的理论

第四节　学习马克思主义哲学掌握认识世界和改造世界的科学武器

树立辩证唯物主义世界观掌握理论思维的科学方法　认识客观规律树立为共产主义奋斗的世界观和人生观　提高行动自觉为实现"四化""振兴中华"

作出积极贡献

第一篇　意识与存在的关系——认识的基本矛盾

第一章　人类认识的基本矛盾及其历史发展

　第一节　认识的基本矛盾

　　一、哲学的开端

哲学是从把握认识自身矛盾开始的　历史上不同哲学形态的开端

　　二、认识的本质

认识在人类活动中的地位和作用　认识是主体对客体的能动的反映

　　三、认识的基本矛盾

认识是主观和客观的对立的统一　主观和客观的矛盾是认识的基本矛盾

　第二节　人类认识发展史的基本线索

　　一、人类认识史的本质内容及其发展阶段

人类认识史的本质　人类认识发展的基本阶段

　　二、直观认识阶段中原始认识的特点

未分化的认知意识　幻想形式的理解意识

　　三、直观认识的高级阶段

从原始认识到古代直观认识　意识和存在从本能的统一走向分裂　精神和物质分裂为两个对峙的世界

　　四、反省的认识

意识从外界对象走向对自身的反省　物质实体和灵魂实体的统一　在认识论基础上世界的重新分裂

　　五、自觉的认识

对认识基本矛盾的自觉　在唯心主义基础上思维和存在的统一　从唯心主义的统一向唯物主义的转变

　　六、中国哲学解决思维与存在关系问题的历史特点

中国哲学揭示思维与存在关系问题的历史特点　中国哲学认识史的线索和阶段

第二章　马克思主义哲学对存在与意识关系的科学解决

　第一节　马克思主义哲学解决思维与存在关系问题的出发点

　　一、旧哲学的终点和马克思主义哲学的起点

先前哲学的基本成就　近代哲学的主要局限　马克思主义哲学的起点

　　二、实践的观点是马克思主义哲学解决思维与存在关系问题的出发点

发现了思维与存在统一的真实基础　实践是思维与存在统一的基础

　第二节　马克思主义哲学关于思维与存在关系问题的基本观点

　　一、马克思主义哲学和唯心主义观点的对立

对主观唯心主义的否定　对不可知论的否定　对客观唯心主义的否定

　　二、马克思主义哲学对旧唯物主义局限性的克服

从唯物主义哲学向马克思主义哲学的转变　马克思主义哲学关于社会存在决定社会意识的理论

　第三章　客体的规定性

　　第一节　事物的规定性

　　　一、存在和事物

客体及对客体的认识　客体与对象　存在和事物

　　　二、质和量

质和量范畴的提出　质和量范畴的含义　质和量的关系

　　　三、一和多

一和多范畴的提出　一和多范畴的含义　一和多的关系　一和多范畴在认识中的意义

　　　四、本质和现象

本质和现象范畴的提出　本质和现象范畴的含义及其辩证关系　本质和现象的客观性

　　　五、内容和形式

内容和形式范畴的历史演变　内容和形式范畴的含义　内容和形式的关系　内容和形式范畴的意义

　　　六、实体和属性

实体和属性范畴的提出　实体和属性范畴的含义　实体和属性的关系

　　第二节　过程的规定性

　　　一、过程

事物和过程　存在和非存在的统一　评过程哲学

　　　二、运动和静止

运动和静止概念的提出及历史发展　运动、变化和发展的含义　运动和

静止的关系

　　三、原因和结果

　　原因和结果范畴的提出　原因和结果范畴的含义　原因和结果的关系　因果联系的客观性

　　四、根据和条件

　　根据和条件范畴的提出　根据和条件范畴的含义　根据和条件的关系

　　五、必然和偶然

　　必然和偶然范畴的提出　必然和偶然范畴的含义　必然和偶然的关系　必然和偶然的客观性

　　六、可能和现实

　　可能和现实范畴的提出　可能和现实范畴的含义　可能性和现实性的关系

　　七、有限和无限

　　有限和无限范畴的提出　有限和无限范畴的含义　有限和无限的关系　关于无限的认识和论证

　　八、绝对和相对

　　绝对和相对范畴的提出　绝对和相对范畴的含义　绝对和相对的关系　过程是绝对和相对的统一

　第三节　关系的规定性

　　一、关系

　　关系和普遍联系　关系的中介性和相互性　关系的种类　对象、过程与关系

　　二、系统和要素

　　系统和要素、整体和部分　系统和要素的特征及其相互关系　对象、过程都是系统

　　三、结构、层次、功能

　　结构和层次　简单和复杂　结构与实体　结构和功能

　　四、相互作用

　　作用和反作用是关系的基本内容　作用的主动性和反作用的被动性　控制和反馈　信息　世界是事物相互作用的总体

　　五、个别、特殊和一般

　　个别、特殊、一般的含义　个别、特殊、一般的关系　个性与共性

第四章　客体的规律性
　第一节　规律
　　一、规律的一般特点
认识从客体规定性向客体规律性的深入　规律的含义　规律的客观性
　　二、规律的分类
一般规律和特殊规律　自然规律、社会规律、思维规律　统计学规律的本质　具体科学规律与辩证法规律
　第二节　质量互变规律
　　一、发展是质变和量变的统一
对运动、变化、发展实质的探索　只有从量变和质变的统一上才能理解发展
　　二、质变和量变的区别
度是质和量的统一　量变的含义　质变的含义
　　三、从量到质和从质到量的变化
从量到质的变化　从质到量的变化　发展是连续性和间断性的统一
　　四、飞跃的形式
飞跃形式的多样性　社会飞跃的特点
　第三节　对立统一规律
　　一、发展是对立面的统一
矛盾观念是认识发展合乎逻辑的必然结论
认识史上矛盾概念的提出和形成
　　二、对立面以及对立和统一的关系
对立面是构成矛盾的基本要素　对立关系与统一关系
　　三、矛盾的同一性和斗争性
对立双方的同一性　对立双方的斗争性　矛盾的斗争性和矛盾的同一性之间的关系
　　四、矛盾的产生、发展和解决
矛盾是普遍存在的、永恒存在的　矛盾的解决和矛盾的产生
　　五、矛盾的特殊性及其类型
矛盾的特殊性　矛盾的类型
　第四节　否定之否定规律

一、发展是一个否定之否定的运动过程

认识史上对发展过程的理解　发展是前进性和曲折性的统一

二、肯定、否定

肯定和否定范畴的含义　肯定和否定的关系　辩证的否定观及其意义

三、否定之否定

否定之否定的实质及其形式　否定之否定是客观事物、人类思维的普遍规律

第五章　世界统一于运动着的物质

第一节　辩证唯物主义的物质观

一、两种物质观

物质问题的提出　马克思主义哲学的物质观　机械论的物质观

二、物质和场

对物质和场的关系的不同理解　"场是物质的一种形态"说法的疑难　解决分歧的方向

三、社会的物质性

社会存在是物质存在　社会发展是自然—历史过程　自然的物质性与社会的物质性

第二节　运动是物质的根本属性

一、物质是运动着的

物质与运动不可分离性问题的提出和论证　运动是物质本身所固有的根本属性

二、物质运动的基本形式

运动基本形式的区分　思维运动也是运动的一种基本形式　运动形式之间的相互关系　物质层次与运动形式的对称性和不对称性　相对运动和绝对运动的区分

第三节　空间和时间是物质的存在形式

一、空间、时间和物质的关系

物质的运动是空间和时间的本质　物质和空间、时间的不可分离性　空间和时间对物质的依赖性

二、空间和时间的特性

空间和时间的相对性和绝对性　空间和时间的统一　空间和时间的有限

性和无限性

  三、关于空间概念和时间概念的历史

古代的时空观 近代的时空观

 第四节 世界是多样性的物质统一体

  一、自然界、人类社会是物质进化的结果

自然是人类的活动对象 自然界是一个物质进化系列 社会与自然的统一

  二、意识是物质高度发展的产物

意识产生的物质基础 意识,思维是物质的特殊属性

  三、世界的统一性

世界的统一性问题的含义 世界的统一性在于世界的物质性

第二篇 主体——人作为主体的规定性及其主体能力的根据和发展

第六章 人作为主体的基本规定性

 第一节 自主性

  一、最高存在

主体客体问题的实质 主体是人 人是一切存在物中的最高存在者 在人的身上实现了物质固有的能动本质

  二、自我创造性

自动性的存在系统 创造与创造性活动 人的自我创造

  三、对象化的本质

存在的对象性 对象化概念 对象世界的创造

 第二节 主观性

  一、具有意识的存在物

具有意识是主体的本质规定之一 主观性与主体 客观的存在与意识到的存在

  二、自我意识

自我与非我 自我意识 自我肯定

  三、自由自觉的能动性

自觉性 理想存在和现实存在 自觉能动性

 第三节 自为性

  一、价值主体

价值概念　价值原　价值评价

  二、人的价值

最高价值　自我评价　人生价值

  三、自为的存在

自在与自为　主体的自为性

 第四节　人对自身主体性认识的发展

  一、从对主体的幻想意识到人的自我发现

主体客体分化在意识上的最初反映　欧洲中世纪在对象性存在中贯注的主体意识　近代对人的自我发现　近代关于自然主体与意识主体的争论

  二、中国哲学史主体意识的发展

人学的历史传统及其特殊形式　天人、心物关系的争论及其意义

  三、马克思主义关于人的科学学说

马克思主义哲学人的学说的创立　人的本质的发现

 第七章　主体能力的自然基础

  第一节　主体是自然演进到社会的最高产物

   一、主体能力的性质及其形成

主体能力概念　身体与心灵的统一体　自然性与社会性统一的结果

   二、种系演进与劳动的作用

种系发生与进化　劳动创造了人本身

   三、个体能力的发生

个体发生与种系进化　个体发生与社会遗传

  第二节　主体能力的生理基础

   一、主体实践能力与生理机制

人体与动物体的共同点和区别点　人体自动性特征及其生理机制

   二、主体意识能力与生理基础

神经活动与心理活动的关系　当代脑科学的成果　评现代西方学者研究意识活动的成就和局限

   三、生理能力的改造与提高

生理能力的可变性　自然变异与自我提高　天赋与天才

  第三节　主体能力系统与智能模拟

   一、主体能力与工具的运动

以身心统一体为基础的主体能力系统　工具的演进与主体能力的提高

　　二、现代科技发展与智能模拟

智能模拟的可能性和现实性　智能机的出现对主体的意义　评"人工主体""人机主体"说

第八章　主体的社会规定性

　第一节　主体的存在形态

　　一、主体是在社会中存在的人

主体的社会化　社会是主体的存在形式　主体的社会规定性

　　二、主体的不同存在形态

主体形态概念　主体的个体形态　主体的集团形态　主体的社会总体形态　人类主体形态　四种主体形态的区别和联系

　第二节　社会条件对主体活动的制约性

　　一、社会发展的基本规律

社会规律的特殊性　社会历史规律的基本内容

　　二、社会条件对主体能力的制约性

社会条件对主体实践能力的制约　社会条件对主体意识能力的制约

　　三、主体能动性的发挥与社会的发展

主体能力的受动性与超越性　个人奋斗的意义

　第三节　主体的历史发展及其规律

　　一、主体的发展是有规律的

马克思揭示出了主体发展的规律　研究主体发展规律的意义

　　二、主体在不同历史阶段上的特征

原始社会的主体　奴隶社会、封建社会的主体　资本主义社会的主体　未来共产主义社会的主体　主体发展的规律性

第三篇　主体与客体的统一——在实践基础上真善美的统一与自由的实现

第九章　主客体统一的规定性

　第一节　主客体对立统一关系的本质

　　一、主体与客体对立的本质

主客体对立的基础　需要和主体需要　主客体对立的本质

二、主客体的统一

主客体统一的含义　主客体统一的本质

　第二节　主客体对立统一的内容

　　一、真与假——观念状态的对立统一

映象与本象　真实与虚幻　真理和谬误

　　二、善与恶——实在形态的对立统一

利与害　善与恶　义与不义

　　三、美与丑——主体与其对象化的自身本质的对立统一

占有与欣赏　美与丑　真、善、美是主客体的全面统一

　第十章　实践

　第一节　实践的本质

　　一、实践本质的发现

人类对实践本质的寻求与探索　马克思对实践本质的发现

　　二、实践的本质及其基本特性

实践概念的含义　实践的特性　实践的本质

　　三、实践类型的划分

实践的基本类型　实践活动的多样性

　第二节　实践的系统结构

　　一、实践的基本要素

目的　手段　结果

　　二、实践系统中的理性结构

理性在实践系统中的地位和作用　理论理性　实践理性　评价理性

　　三、实践的社会结构

社会关系范畴的实质　分工与社会实践结构　社会主义社会机构改革的必要和可能

　　四、实践的系统发展机能

实践的系统发展特征　实践的继承性机能　实践的选择性机能　实践的自我革新机能

　第三节　实践的作用

　　一、实践是主客体分化与统一基础

实践是主体对客体关系的本质内容　实践是主客体分化与统一的基础

二、实践使主观存在转化为直接现实性的存在

现实性观念存在的源泉　主体自我实现的基本手段

三、实践使自在之物转化为为我之物

存在具有客体意义和价值的依据　自在之物向为我之物的转化　事物从必然性向应然性的转化

四、实践是人类社会发展的基础和动力

实践是人的主体力量和能力发展的动力　实践是推动社会发展、改造社会结构的决定力量

五、实践是认识的真理性的检验标准

真理标准与检验真理的标准　实践标准与逻辑标准　实践标准的绝对性与相对性

第十一章　认识

第一节　认识活动的本质

一、立足于实践了解认识的本质

关于认识不同观点的根源　作为认识的反映是摹写、选择、创造的统一　认识与信息

二、认识在主客体统一中的作用

认识是主客体矛盾的集中表现　认识对实践的作用　认识与实践的对立统一

第二节　认识活动的要素及其内在机制

一、认识的基本形式和要素

感性与理性　符号、语言与逻辑　联想与想象、直觉与统觉

二、认识活动的内在机制

从生动直观到抽象思维　直接经验与间接经验，先验与后验　情感,意志,幻想在认识中的作用

第三节　辩证思维与知性思维

一、辩证法与形而上学对立的认识论本质

思维把握存在运动的两种理论　客观辩证法与主观辩证法　自发的辩证法与自觉的辩证法

二、辩证思维与知性思维的区别和联系

知性与理性、形式逻辑与辩证逻辑　概念的双重本性　概念运动的特

点　对概念灵活性的两种运用　辩证思维的目的在于形成具体概念

　　三、辩证思维模式与知性思维模式

辩证思维模式与知性思维模式　传统思维模式与现代思维模式

　第四节　认识的发展及其规律

　　一、认识发展过程的规律性

认识规律范畴　感性　理性　实践的圆圈　实践　认识　实践的圆圈　相对真理　绝对真理的圆圈

　　二、认识成果的发展

知识的发展　理论的发展

第十二章　自由

　第一节　自由的本质

　　一、自由的规定性

自由的一般规定　自由概念的历史演变　现代西方哲学的自由观

　　二、自由的本质

自由与实践　自由和历史规律　自由与真善美

　第二节　自由的实现

　　一、实现自由的条件与道路

实现自由的条件　占有和异化　异化的克服和占有的实现

　　二、人的解放和人的全面发展

自由的实现和人的解放　人的全面发展和共产主义

第十三章

《马克思主义哲学导论》与马克思主义哲学体系*

马克思主义哲学关心的中心问题是人和物(外部世界)的关系。在实践基础上去把握人和物的关系,去理解人和物的统一,是马克思主义哲学区别以往哲学的显著特征。尽管旧唯物主义也强调人和物的统一,但只是归结于没有分化的纯自然的统一,这是最低层次的统一。只有在人类实践基础上分化为自然和社会以后,才产生意义深刻的统一。正因为如此,马克思才强调自己的哲学是实践的唯物主义。

一、马克思主义哲学:实践唯物主义

马克思批评以往的哲学家们"只是用不同的方式解释世界",而"问题在于改变世界"。① 古代哲学解释自然,中世纪哲学解释上帝,近代哲学解释理性和人性。谁是谁非?马克思认为,人的思维是否具有客观的真理性,这并不是一个理论问题,而是一个实践的问题,有关离开实践的思维是否具有现实性的争论,是一个纯粹经院哲学的问题。实际上,人的理性

---

* 本章第一至第三节的内容选自辛敬良《马克思主义哲学导论》(复旦大学出版社1991年出版)引论,并略作删改。文中标题由我所加。
① 《马克思恩格斯选集》第1卷,人民出版社1995年版,第57页。

并不具有解释一切的绝对权威,理性要想超越现实必须依赖实践。从前的一切唯物主义,包括费尔巴哈的唯物主义在内,其主要缺点是"对对象、现实、感性,只是从客体的或者直观的形式去理解,而不是把它们当作感性的人的活动,当作实践去理解,不是从主体方面去理解"[①]。马克思强调指出,对实践的唯物主义者,即共产主义者说来,全部问题都在于使现存世界革命化,实际地改变事物的现状。虽然,自然界先于人类而存在,人是自然界长期发展的产物,归根到底是属于自然的,这是一切唯物主义共同的基本前提,马克思主义当然不否认自然界的优先地位和一般唯物主义的共同前提。然而,时间上的先在,并不就是逻辑的起点。作为理论形态的哲学,其逻辑起点,不单独是自然界本身,而是由人的活动所引起的自然界的变化,即人的现实的、感性的活动——实践。人的感觉和思维及其形式,都是人的实践的产物。只有在实践的基础上,才产生出主体和客体的关系,思维和存在的关系,才会有以研究这种关系为主题的哲学。物质无疑是物理学和机械唯物主义哲学的最基本范畴,但是离开实践就不能确证物质的客观实在性,也不能阐明人的物质性——实践的存在物。马克思之所以强调要从主体方面去理解,其意正在于此。

事实上,早在马克思以前,哲学研究的主题就已经从自然本体论转到了认识论,提出主体和客体的关系问题。经验论与唯理论之争正是围绕着主客体关系问题展开的。前者只承认感性知识的实在性,实际上只承认客体的实在性;后者只承认理性知识的实在性,实际上只承认主体思维的实在性;彼此各执一端,否认对方的实在性而互相对立着,以至于在大量科学知识已经实际存在的情况下,仍然提出"科学知识何以可能"的问题,实质上就是主客体如何统一的问题。

从康德开始到黑格尔的德国古典哲学,正是在这一理论背景下兴起的。康德认为,科学知识既来源于客体,又来源于主体,两者都是实在的。但是,他强调"物自体"所提供的只是个别性的杂乱无章的感性经验,不能构成科学知识,必须由主体提供具有普遍性和必然性的知性范畴,将它们综合起来,才能构成科学知识。所以,主体不是白板一块,认识不是简单的直观,离开主体的能动性,知识就不可能发生和形成,主客体就不可能达到统一。这是非常重要的思想,可惜他不懂得实践的真正意义,结果并没有使两者统一起来。费希特

[①]《马克思恩格斯选集》第 1 卷,人民出版社 1995 年版,第 54 页。

进一步发展了主体能动性的思想,直截了当地提出"自我"创造"非"我。值得注意的是他将实践的概念引进认识论,强调主体在活动中创造出客体,然后又通过重新占有自己的创造物而回到自身。他把主客体看作是在实践中不断生成和互相转化的,从而深化了主体能动性的原理。谢林用客观唯心主义取代费希特的主观唯心主义,认为主体和客体都只是相对的,两者都来源于绝对精神,都是绝对精神的相对形态。在绝对精神那里,两者是"无差别地同一",即绝对地同一。这样一来,他就取消了主客体的差别,从而也否定了主客体的辩证关系。这一缺陷,后来被黑格尔所克服。黑格尔集德国古典哲学之大成,继承和发展了自康德以来关于主体能动性的思想。他辩证地解释实践以及实践和理论的关系,制定了辩证唯心主义的主客体统一的理论。这一理论首先确立统摄自然和精神于自身的独立的精神实体——绝对精神。它既是主体,又是客体(实体)。然后,主体能动地实践其自身为自然界,这是主体的外在化或异在形式。进而又扬弃自然界,绝对主体又重新回归自身,从而实现了主客体的统一。这种统一不是主观的、直接的统一,而是表现为间接的、能动的、相互转化的过程。他正确地提出:人为了自己的需要,通过实践和外部自然界发生关系,他借助自然界来满足自己的需要,征服自然界,同时起着中间人的作用。这实际上已把唯心主义推进到新唯物主义的"前夜"。马克思的《关于费尔巴哈的提纲》正是对德国古典哲学的扬弃,贯彻于《关于费尔巴哈的提纲》始终的是主体能动性,即实践性的原则。长时期来,这个重要原则却被人们忽视了。这样强调"实践",是否会导致以实践代替物质?这种担心是不必要的。事实上从物质出发并不能使唯物主义贯彻到底,旧唯物主义在社会历史领域中陷入唯心主义,早就证明了这一点。"实践的唯物主义"含义十分明确,即以实践为特征的唯物主义。它既继承了唯物主义的传统,又超越了以往的唯物主义,克服了旧唯物主义的直观性,把唯物主义哲学提高到新的阶段。列宁指出:"必须把人的全部实践——作为真理的标准,也作为事物同人所需要它的那一点的联系的实际确定者——包括到事物的完整的'定义'中去。"①毛泽东写的《实践论》连"唯物"两字都不提,谁人说它背离了唯物主义?

马克思主义哲学是统一的整体,这似乎没有人反对。但是,现行的辩证唯物主义与历史唯物主义两大块模式,无论从形式还是内容上来看,都很难说得

---

① 《列宁选集》第4卷,人民出版社1995年版,第419页。

上是统一的。人们通常都根据《反杜林论》和《唯物主义与经验批判主义》来阐述辩证唯物主义的原理,依据《〈政治经济学批判〉序言》来阐述历史唯物主义的原理。自从斯大林的《论辩证唯物主义和历史唯物主义》发表以后,这一哲学模式很快就影响到马克思主义哲学界。按他的说法,将辩证唯物主义的原理推广去研究社会生活,应用于研究社会历史,就是历史唯物主义。这样似乎把两大块统一起来了。其实不然,根据"推广应用说",势必要承认马克思先创立好辩证唯物主义,然后再去推广应用于社会生活,才产生历史唯物主义的。众所周知,这不符合马克思主义哲学产生和形成的历史,事实上辩证唯物主义和历史唯物主义是同时产生和形成的。不仅如此,马克思在实现哲学革命的过程中,主要精力恰恰是放在创立唯物史观上,这可以从恩格斯强调唯物史观是马克思一生两大发现之一的说法中得到证明。

事实上,在马克思以前,无论唯物主义或辩证法,都早已存在。为什么不能把两者结合起来,创立辩证唯物主义,然后推广应用于历史而产生历史唯物主义?难道是哲学家们的偶然疏忽吗?当然不是。这恰恰说明,辩证唯物主义不就是费尔巴哈的"基本内核"和黑格尔的"合理内核"机械相加,历史唯物主义也不就是辩证唯物主义的"推广应用",事情没有这样简单。"推广应用"说不仅不符合马克思主义哲学产生和形成的历史事实,而且不能说明马克思主义哲学是统一的整体,甚至在形式上也没有统一起来。辩证唯物主义和历史唯物主义统一的真正基础是科学的实践观。离开实践,两者是无法统一起来的。只有实践的唯物主义,才能既是辩证的又是历史的唯物主义。

虽然马克思以前的哲学家早已论述过"实践"范畴。如康德把实践理解为伦理道德范畴;费尔巴哈将实践看作人的利己主义活动;黑格尔把实践作为绝对主体活动过程中的不可缺少的环节;等等。他们都没有科学地理解实践。马克思把实践规定为人的现实的、感性的活动,主客体互相交融的活动,是主体见之于客体的东西。实践是联结主客体的中介和基础,它体现出人类认识世界和改造世界的统一。只有这样的"实践",才是整个马克思主义哲学的基石。马克思主义哲学的各个组成部分,只有在这一实践观的基础上,才能构成有机的统一整体。因此,与其称马克思主义哲学为辩证唯物主义与历史唯物主义,还不如恢复它自己的称谓——"实践的唯物主义"好。

实践的唯物主义强调哲学的任务在于改变世界,同时又指出人必须对实践的结果进行自觉的控制,环境的改变和人的活动的一致,只能被看作是并合理地理解为革命的实践,实践绝不是不顾一切地蛮干。马克思在自己的著作中分析了实践本身具有积极和消极二重性。从积极的方面看,实践是人自我肯定的本质力量,它表现为人对外部世界的改造和超越,表现人的自我创造和自我超越——自觉的能动性。从消极方面看,实践导致人的自我异化。尤其在私有制和旧式分工的条件下(私有制和旧式分工也是实践发展到一定阶段的产物),实践成为否定人的异己力量,它使创造变为破坏,使超越变为沦落。这种情况的出现,在社会发展的一定阶段上是不可避免的。人类必须通过不断的历史的实践,最终才能使自己"成为自然界的自觉的和真正的主人",同时"成为自己社会关系的主人",实现从必然王国向自由王国的飞跃,即人对自己的实践结果进行自觉的控制。实践的唯物主义所表达的正是主客体相互作用中主体自我控制的精神,它是当今时代精神的精华。

恩格斯指出:"每一个时代的理论思维,从而我们时代的理论思维,都是一种历史的产物,它在不同的时代具有完全不同的形式,同时具有完全不同的内容。因此,关于思维的科学,也和其他各门科学一样,是一种历史的科学,是关于人的思维的历史发展的科学。"[①]根据这一思想,哲学也是历史的科学,它的内容和形式都是特殊历史时代的产物。马克思主义哲学也不能例外,它并不是已经完成了的终极真理,只是为认识真理开辟道路。事实上,迄今为止,人类所发现的一切规律,都是在各个特定历史阶段上认识到的规律,都只是在有限的范围内得到证明的规律。换言之,都是历史的规律。如果说,以往的哲学家都力求建立一个绝对真理的体系,譬如黑格尔就是这样,他把自己的哲学看作是全部真理的终结;那么,与之相反,对于实践的唯物主义来说,思维和存在的统一只能是在实践基础上具体历史的统一,不可能是一劳永逸的统一。因此,一切真理都是具体的、相对的,不可能是终极的、绝对的。我们说,马克思主义哲学的基本原理没有过时,丝毫也没有企求垄断真理和封闭认识真理道路的意思。马克思主义哲学永远是开放的,它和一切"宗派主义"及"独断论"都是不相容的。

哲学不是直接研究自然和社会本身的规律的,而是研究作为主体的人和作为客体的自然与社会的关系,即思维和存在的关系及其矛盾运动的规律的。自然和社会只有作为与思维相对应的存在范畴时,才成为哲学范畴。直接揭

[①]《马克思恩格斯选集》第4卷,人民出版社1995年版,第284页。

示自然、社会发展的规律是各种实证科学的任务,非哲学所能承担得了的。事实上,随着近代工业的发展和科学技术的进步,揭示、说明自然和社会规律的功能,早已由精确得多的具体科学所承担了,哲学已经从自己力所不能及的领域里退出。当然,马克思主义哲学必须不断吸取和概括实证科学的新成果,首先是自然科学的新成果。但是,这种吸取和概括决不应是将实证科学的知识、概念、范畴直接移入哲学。马克思和恩格斯生活的年代,已经发现原子、细胞等等,他们并没有将这些知识概念、范畴直接移入哲学。列宁也没有将电子、能量等概念直接移入哲学,相反地,他批判用这些概念来篡改哲学的"物质"概念。企图使哲学自然科学化或实证科学化的要求和做法,并不能使哲学现代化;相反,这样做只是在新形式下恢复哲学是"科学之王"。

二、马克思主义哲学的核心:唯物主义历史观

马克思在《关于费尔巴哈的提纲》中明确表达了这样一个思想:旧唯物主义的立脚点是"市民"社会,新唯物主义的立脚点是人类社会或社会化了的人类。他批评费尔巴哈把实践只是理解为"卑污的犹太人活动",不了解"革命的""实践批判"活动的意义。这种直观的唯物主义,即不是把感性理解为实践活动的唯物主义,至多只能做到对"市民社会"单个人的直观,不理解人的本质并非是单个人所固有的抽象物,在其现实性上它是一切社会关系的总和。他强调社会生活在本质上是实践的,等等。所有这些观点,都是从唯物主义历史观的高度上提出的。

自然科学的发展对哲学的发展有重大的影响,恩格斯说:"甚至随着自然科学领域中每一个划时代的发现,唯物主义也必然要改变自己的形式。"但是,不能由此就认为哲学的发展纯粹取决于自然科学。恩格斯紧接着上述这段话写道:"自从历史也得到唯物主义的解释以后,一条新的发展道路也在这里开辟出来了。"①正是唯物史观的创立,导致旧哲学体系的根本变革,它揭示出哲学生长和发展的真正根源,是各个时代人们的社会实践,这同马克思的观点是完全一致的。

在马克思看来,人和外部世界的关系是双重的。一是实践的关系,即人对

---

① 《马克思恩格斯选集》第 4 卷,人民出版社 1995 年版,第 228 页。

世界的改造,从物质上占有世界;二是理论关系,即认识世界,从思想上占有世界。前者是基本的和首要的关系。在实践活动中,一方面,人不能违反对象的尺度,必须以它为前提,另一方面,人又不是全部和无条件地接受对象的尺度,而是通过自身内在的尺度去把握和接受对象的尺度,达到改造对象之目的。实践是人作为自然的存在物和自觉的社会存在物统一的确证,它体现了自然尺度和社会历史尺度的统一。它首先是人类改造世界、创造历史的活动,是社会历史的范畴,然后才是认识论的范畴。因此,就不能将实践唯物主义的含义局限于马克思主义认识论上,它是包括历史观和自然观在内的整个马克思主义哲学体系,其立足点则是唯物史观。恩格斯不仅指出唯物史观是马克思两个伟大发现之一,而且一再称唯物史观是新的世界观,把它看作是马克思主义哲学区别于以往旧哲学的主要标志,正是说明了这一点。

先从认识论来看,马克思主义哲学始终不是脱离人的历史的实践活动去考察认识问题的。虽然承认外部世界的"客观实在性"是进行正确认识的前提,但是,如果仅仅停留在这一前提上,那就不会有认识的发生和发展。拿人类对物质的认识来说,从古代朴素的物质观到近代机械唯物主义的物质观,再到马克思主义的物质观的发展,始终是以人类历史的实践为基础的。离开这种历史的实践,就没有人对物质认识的历史。离开唯物史观的物质观,必然是抽象、空洞和贫乏的。诚然,反映论无疑是一般唯物主义认识论的前提,但是,如果把马克思主义的认识论仅仅归结为反映论,那就把认识过程看成只是客体决定主体的单向过程,而不是主客体相互作用的过程,这仍然没有阐明它和一般唯物主义认识论的区别。马克思主义哲学既不否定反映论,又不停留在反映论上,它的认识论是实践论,把实践看作是认识的出发点和归宿。实践论并没有背离反映论,而是发展了反映论。事实表明,人类创造历史活动和认识活动是同时开始、平行发展的,实践则贯彻于历史和认识的始终,它是打开历史大门和认识大门的同一把钥匙,历史观和认识论同样古老。

认识活动中的主体和客体,实际上也就是历史活动中的主体和客体,两者都是在人类历史实践的基础上产生的,并随着历史的实践的发展而变化的。历史发展到什么水平,人的认识也就发展到什么水平。人类思维的至上性和非至上性的矛盾,只能在历史发展的无限系列中不断求得解决。人对世界的认识不是单纯取决于感觉器官,更重要的是决定于"以社会的形式形成社会的器官"①。基本粒子不是由德谟克利特、亚里士多德、狄德罗、牛顿等人发现,并非因为他们的感觉器官不完善或大脑结构不如现代人。爱因斯坦、玻尔等人之所以能作出划时代的发现,也并非由于他们的感觉器官和大脑结构特别完善,根本原因是现代人比古人和近代人有着更完备发达的社会器官。毛泽东的《实践论》开首第一句话是:"马克思以前的唯物论,离开人的社会性,离开人的历史发展,去观察认识问题,因此不能了解认识对社会实践的依赖关系。"②正是指出了马克思主义的认识论和历史观之间的不可分割的联系。

离开唯物史观的自然观,只是空洞的抽象。虽然自然界的客观实在性是不容怀疑的,即使经过人类活动改变过的自然界,也是客观实在的,人服从于自身固有的规律,它以人的主观意志为转移,但是,承认自然界的客观实在性和它的固有规律性,并没有阐明人和自然界的现实关系。事实上,从人类产生以后,自然界便成为人的生活环境,人的劳动对象、认识对象和审美对象,它作为对象化的存在物,进入了社会历史过程,从而具有社会历史性。这也是一种客观实在性。实践体现出人既依赖于自然,又超越自然支配自然。它将潜藏于自然中的对人的各种有用性不断开发出来,使自然界不断人化。所有这些,离开唯物史观是无法阐明的。马克思指出:"只要有人存在,自然史和人类史就彼此相互制约。"③他批评费尔巴哈看不到周围的物质世界是随着人的实践活动而不断改变的,自然界绝不是开天辟地以来就已存在的、始终如一的东西。它是工业和社会状况的产物,历史的产物,是世世代代人活动的结果。在工业中向来就有"人和自然的统一性",而且这种统一性在每一个时代都随着工业或快或慢的发展而不断改变,就像人与自然的"斗争"促进生产力在相应基础上的发展一样。不难看出,马克思不是简单地承认自然界的物质性就了事,而是从人的实践和社会历史发展的高度认识和把握自然的。

对于思维运动的考察,同样不能脱离唯物史观。恩格斯指出:"人的思维的最本质的和最切近的基础,正是人所引起的自然界的变化,而不仅仅是自然界本身;人在怎样的程度上学会改变自然界,人的智力就在怎样的程度上发展起来。"④这正是强调人的思维离不开人创造历史的社会实践。皮亚杰的发生认识论对

---

① 《马克思恩格斯全集》第 42 卷,人民出版社 1979 年版,第 125 页。
② 《毛泽东选集》第一卷,人民出版社 1991 年版,第 282 页。
③ 《马克思恩格斯选集》第 1 卷,人民出版社 1995 年版,第 66 页。
④ 《马克思恩格斯选集》第 4 卷,人民出版社 1995 年版,第 329 页。

人的思维工具、图式、认识结构作了具体的考察和描述,既区别于经验论又区别于先验论,深化了关于主体能动性的思想,对研究主体性原则很有启示。但是,仅仅局限于心理机制上的考察是不够的,应当从更宽广的社会基础上进行探索和研究。实际上,人的思维工具有相对的稳固性,它渗透于一个社会一个民族人们的心理中,形成一种社会性和习惯性的思维规范、规则、程序,即形成一定的思维模式,成为人们思维活动的框架。不仅是思维的内容,它的形式也是人类历史实践的结果。拿感觉来说,它是思维的门户,感官本身就是历史地形成的,是历史的产物。社会人的感觉不同于非社会人的感觉,对于不辨音律的耳朵,再美好的音乐也是不存在的。在私有制条件下,人的一切感觉都被"拥有"的感觉所代替,只有当我"拥有"它,它才是我的感觉对象。我有多少钱和财产,我的眼睛就看到多远,我的耳朵就听到多大范围内的声音。穷苦人连最美丽的景色都没有感觉。这是立足于唯物史观基础上的全新的感觉论。概念、范畴等思维形式,更是在长期历史实践中产生和形成的。列宁指出,只有通过人们亿万次的实践活动,人的意识重复各种不同的"逻辑的格",才获得公理的意"义"。不仅如此,任何一种思维方式实际上也都是历史的产物,并随着历史的发展而变化。各个时代人们思维方式的变革总是同社会生产力水平的提高,科学技术的发展和社会进步密切相联系着的。

总而言之,只有立足于唯物史观,才能达到自然、社会、人三位一体,使马克思主义哲学各个组成部分有机地统一起来,构成完整的世界观。在这个哲学体系中,作为主体的人居于中心的地位,它不是消极地听命于自然界和社会的支配,而是把自然和社会作为自身活动的条件和对象,能动地改造自然和社会,同时改造自身。在这个意义上说,马克思主义哲学就是以人的活动为中心的主客体统一的哲学。

三、实践唯物主义的本性和功能

实践的唯物主义是对旧唯物主义的扬弃。马克思在《关于费尔巴哈的提纲》中揭露旧唯物主义的出发点或前提是唯客观主义或纯客观主义,它对事物"只是从客体的或者直观的形式去理解",完全撇开人的主观能动性,站在人自身活动之外,纯客观地去解释世界。与此相反,唯心主义则从人的主观出发,纯主观地解释描绘以致虚构世界,抽象地肯定和发展人的主观能动性。两者虽然各有一定的真理性,却都人为地割裂了主观与客观、主体与客体的联系,各持一端,因而都是片面的。马克思提出实践范畴来统一主观性和客观性,以克服上述的片面性。他把实践理解为人的感性活动,进而明确地说,是革命的实践、批判的活动,这就肯定了人的主观能动性。与此同时,他又确认实践是人的现实的"客观活动",以区别于唯心主义的抽象的能动性。可见实践既是主观的又是客观的,是主观性和客观性的统一。这样,实践的唯物主义就扬弃了旧唯物主义与唯心主义的僵硬对立。马克思指出,主观主义和客观主义、唯物主义和唯心主义、能动和受动,只有在社会实践中才能失去它们彼此间的对立,从而不再作为这样的对立而存在。"理论的对立本身的解决,只有通过实践方式,只有借助于人的实践力量,才是可能的;因此,这种对立的解决不只是认识的任务,而是一个现实生活的任务。"[1]旧唯物主义及唯心主义显然不能解决这个任务,因为它只是这样或那样地解释思维和存在的统一,即仅仅当作理论的任务。只有立足于实践的基础上,才能全面地揭示出思维与存在的关系,并指导人们现实地达到思维和存在的具体历史的统一。

马克思以前的哲学家都以探索万事万物的本原为目标,并为此而进行追根究底的思考,力求对世界本原(包括宇宙、社会和人自身存在的本质)作出终极性的解释。尽管每个哲学家都认为自己的哲学已经完成了追根究底,达到了终极真理。然而,后人的哲学却总是否定前人的哲学,由此表现为哲学理论的不断更新。实践的唯物主义跳出这种无休止地追根究底思考的困境,从人的实践出发并以实践为归宿来规定哲学研究的对象,这就是人和外部世界的关系。即在人类实践基础上产生和发展的主体和客体、主观与客观、思维和存在等关系。实践的唯物主义的任务,就是以理论思维的形式全面地把握这些关系的矛盾运动及其规律,指导人们在实践中达到具体历史的统一。这样就打破了旧哲学的封闭体系,将它变成开放的。

实践的唯物主义不企求自己成为包罗万象的知识体系。在生产极不发达的古代,人们凭着直观经验去认识世界,不可能形成系统精确的理论,"在后古典时期才有了精确的和有系统的研究(亚历山大里亚学派、阿基米德等)"[2]。这种情况下,哲学思考是人们解释世界的主要方式,它就成为包罗万象的知识

---

[1]《马克思恩格斯全集》第42卷,人民出版社1979年版,第127页。
[2]《马克思恩格斯选集》第4卷,人民出版社1995年版,第280页。

体系。随着近代工业的兴起,产生出各种严密精确的可供实用的科学知识,这些实证科学远比哲学切实可靠地说明了许多自然现象。如果说,在科学不够发达的情况下,哲学尚能凌驾于各门科学之上,以"科学的科学"自居,用幻想虚构的联系解释科学还未探明的真实联系;那么,随着科学的进一步发展,自然界各种现象之间的真实联系逐一被揭示出来以后,哲学就再也不能以"科学的科学"自居了。黑格尔哲学体系的"巨大的流产",就是证明。哲学原先那种解释世界的功能,已被各门实证科学所取代,它不断地从自己力所不及的领域中退出,只剩下了作为思维方式、方法和规范的功能。

与以往的哲学不同,实践的唯物主义不是把世界当作与人的活动无关的纯客观的实在,而是把它作为人的实践活动的对象来把握。这个世界是属于人的,即人生活着的世界,它是按照人的实践活动水平而存在和变化发展的。从而,实践的唯物主义提供的是人们实践能力所达到的现实世界的一般图景,不是无限宇宙的终极的图景,所以是历史的、相对的。事实上,任何一种哲学企图完成只有全人类在其前进的发展中才能完成的任务,都是不可能的,这种要求本身就是一种形而上学的思维方式。一切哲学都是一定历史时代的产物,都是历史的哲学。马克思主义哲学也不例外,同样是特定历史时代的产物,是人类哲学发展史上的一种哲学,从而也具有历史的局限性。只有承认这种历史局限性,才是实事求是的科学态度。如果把马克思主义哲学看作是穷尽了一切的终极真理,那就谈不上发展了。正因为实践的唯物主义扬弃了作为终极真理的奢求,所以才富有生命力。

实践的唯物主义不是把实践理解为康德式的道德活动,也不是费尔巴哈式的谋取私利的活动。实践的真实内容是无产阶级改造世界的现实活动,是体现无产阶级实际利益的活动。实践的唯物主义不是从抽象的实践概念出发去构造理论体系,相反地,是从无产阶级改造世界的具体实践出发去把握自己生活的现实世界及其运动规律,去争取自身的解放。无产阶级的实践活动是马克思主义哲学所依托的实体,马克思说:"哲学不消灭无产阶级,就不能成为现实;无产阶级不把哲学变成现实,就不可能消灭自己。"[1]在这个意义上说,实践的唯物主义既是马克思主义哲学的理论体系,又是无产阶级的价值体系。它不是纯客观地"公允"地解释世界,而是体现认识和价值的统一、合规律性和

---

[1]《马克思恩格斯全集》第 1 卷,人民出版社 1956 年版,第 467 页。

合目的性的统一、科学性和革命性的统一。

马克思说:"哲学家们只是用不同的方式解释世界,问题在于改变世界。"①这并不是说,以往的哲学不具有改造世界的功能。事实上一切反映时代精神精华的哲学,都在时代变革中发挥着先导的作用。众所周知,欧洲文艺复兴时期的人文主义曾积极推动着人的觉醒,反抗神对人的统治,为新时代的到来鸣锣开道。18世纪法国唯物主义高举理性的大旗,把理性当作一切现存事物的唯一裁判者,一切事物都要站到理性的审判台前接受审判,凡是同理性相矛盾的东西都要被解除。这一哲学在变革中世纪封建制度的过程中起着非常革命的作用。总之,改变世界的功能并不是马克思主义哲学所独有的。问题在于怎样改变世界,按照谁的利益和要求去改变世界。无产阶级为了成功地改造世界,就必须科学地解释世界。问题是怎样才能达到科学地解释世界?旧唯物主义依靠单纯的直观,唯心主义只要主观猜想和虚构,显然都不可能科学地解释世界。马克思主义哲学认为,只有在改变世界的实践活动中,即在主客体相互作用中,才能达到正确地解释世界,这一哲学以实践为出发点并以实践为归宿来建构自己的理论体系,把实践作为哲学最基本的范畴,从而扬弃了抽象的物质和精神的两极对立,实现了对旧哲学的超越。

作为理论思维形式的哲学,对客观世界的作用不是直接的,而是间接的。它只是给人们以理论武器,改变人们的观念和思维方式,指导人们改变世界的活动。正如马克思所说,"批判的武器当然不能代替武器的批判,物质力量只能用物质力量来摧毁;但是理论一经掌握群众,也会变成物质力量"②。企图用实证科学的尺度来要求马克思主义哲学,这是对马克思主义哲学本性和功能无知的表现。当前,我国正处于探索社会主义现代化建设的征途上,在某种程度上不得不依靠具体经验。但是如果因此而轻视理论思维,那就不能不令人担忧了。恩格斯说,没有理论思维,就会连两件自然的事实也联系不起来,或者连二者之间所存在的联系都无法了解。他强调指出:"一个民族要想登上科学的高峰,究竟是不能离开理论思维的。"③事实证明,那种急功近利,只讲眼前实利,轻视理论和哲学的态度,对我国的社会主义现代化建设事业不可能有

---

① 《马克思恩格斯选集》第1卷,人民出版社1995年版,第57页。
② 《马克思恩格斯全集》第1卷,人民出版社1956年版,第460页。
③ 《马克思恩格斯选集》第4卷,人民出版社1995年版,第285页。

益,只能有害,实际支配着他们头脑的是一种最坏的哲学——庸俗的功利主义。

为了发挥改变世界的功能,马克思主义哲学必须使自己民族化。在哲学史上,黑格尔是一位自觉追求"世界精神",力图创造世界哲学的哲学家,同时他又是一位自觉意识到哲学必须民族化的哲学家。如同路德要使《圣经》说德语一样,黑格尔力求使哲学说德语,他获得了巨大的成功。今天的我国,在社会主义现代化建设的进程中,一方面必须高扬理性和主体能动性,批判蒙昧主义和专制主义思想的影响,确立理性、科学和民主的权威地位。另一方面,也要提防在西方曾经出现的唯理性主义和人本主义的狂热。中国人必须认真研究中国社会主义现代化建设中出现的实际问题,并采取适合中国的方式去解决。西方文化中对我们有用和有益的东西必须学习,但"全盘西化",走西方的老路,是没有前途的。我国传统哲学中关于天道和人道、自然和人相通、天人合一的思想,知行统一的思想,应当继承和发扬。为了使马克思主义哲学民族化,即具有中国的特色,还必须让它说中国话。毛泽东是努力使马克思主义哲学具有中国风格和中国气派的自觉的代表,在他的哲学著作中表现出来的中国民族特色,至今仍然是我们的典范。他写的《实践论》以论知行的关系为副标题,对中国传统的知行学说进行马克思主义的改造,给人以巨大的民族感和历史感,同那些语言晦涩费解的著作相比,形成鲜明的对照。为了使马克思主义哲学中国化,表达出中国的历史、文化和心理,哲学工作者除了要深刻地理解马克思主义哲学的基本原理之外,还必须熟识我国的历史、文化和当代现实状况。只有这样,才能使马克思主义哲学在社会主义现代化建设中发挥思想指导的作用。

四、《马克思主义哲学导论》建构的马克思主义哲学体系

第一编　马克思主义的实践观

第一章　马克思主义实践观的创立及其意义
　　第一节　马克思主义实践观产生的历史背景与理论渊源
　　第二节　马克思主义实践观的基本特征
　　第三节　实践唯物主义对传统哲学的超越
第二章　实践与主客体关系

第一节　主客体的分化与统一
第二节　客体的属性与形态
第三节　主体的属性与形态
第四节　主客体之间的双向关系

第三章　实践是马克思主义哲学大厦的基石
第一节　实践与哲学基本问题
第二节　马克思主义哲学体系的现实基础
第三节　实践是马克思主义的生长点

第二编　以实践为中介的自然过程

第四章　自然界的客观性及对人的优先地位
第一节　马克思主义自然观的根本特征
第二节　自然界的客观性
第三节　自然界对人的优先地位

第五章　自然界的对象性及向人的呈现
第一节　从自在的自然到为他的自然
第二节　自然向人的呈现

第六章　自然界的历史性及与人在社会中的统一
第一节　自然界的历史性：从自然的进化到自然的人化
第二节　人与自然在社会中的统一

第三编　以实践为本质的社会历史过程

第七章　社会有机体
第一节　社会有机体的本质特征
第二节　社会有机体的生成和发展
第三节　社会有机体的结构和功能

第八章　历史的主客体和历史过程
第一节　社会历史是主客体交互作用的过程
第二节　需要、利益、价值取向和历史过程中的作用
第三节　历史过程中的必然性和偶然性
第四节　历史必然性和人的自由

第九章　社会物质生产

　　第一节　物质生产活动是人类最基本的实践活动

　　第二节　生产力的要素、结构和本质

　　第三节　生产关系的本质和结构

　　第四节　生产力和生产关系的统一

第十章　人自身生产和人群共同体

　　第一节　人自身生产及其在历史中的作用

　　第二节　人群共同体及其历史演变

第十一章　社会精神生产

　　第一节　精神生产的本质

　　第二节　精神生产的主客体

　　第三节　精神生产与历史动因

第十二章　精神产品的两大类型——意识形态和科学

　　第一节　意识形态

　　第二节　科学

第十三章　社会形态及其演进序列

　　第一节　五种社会经济形态演进序列的理论

　　第二节　三大社会形态演进序列理论

　　第三节　社会形态演进过程是多样性的统一

第十四章　人、人性和人的全面发展

　　第一节　马克思以前的人的学说概念

　　第二节　马克思的人的学说的形成

　　第三节　人性、人的阶级性、人的价值

　　第四节　人的发展和社会发展的统一

第四编　以实践为基础的意识和认识过程

第十五章　意识的发生和结构

　　第一节　意识和自我意识

　　第二节　意识发生的生理机制和社会文化机制

　　第三节　意识的结构和认识活动

第十六章　认识过程

第一节　认识过程的实质及主客体关系的特点

　　第二节　认识的辩证途径、具体形式及理性、非理性因素的作用

第十七章　实践与真理

　　第一节　真理是主客观的统一

　　第二节　真理是过程

　　第三节　实践是检验真理的唯一标准

第十八章　思维的规律和方法

　　第一节　逻辑思维的产生和发展

　　第二节　辩证思维的基本规律

　　第三节　辩证思维的基本方法

第十四章

《马克思主义哲学原理》与马克思主义哲学体系[*]

一、实践的观点是马克思主义哲学的首要的基本的观点

实践概念的完备规定和实践观点的确立,是实现哲学上的伟大变革的关键。实践的观点规定了马克思主义哲学解决哲学基本问题的独特方式,它是唯物论与辩证法的统一、自然观与历史观的统一、认识论与本体论的统一的基础。马克思主义哲学以体现能动性与受动性的统一的实践范畴作为自己理论体系的核心,它也就必然具备革命性与科学性高度统一的理论特征。

马克思主义哲学区别于其他一切哲学的根本之处,在于它解决哲学基本问题的独特方式。马克思主义哲学首先是一种唯物主义哲学。从对于哲学基本问题的解决方式上看,一切唯物主义哲学都是肯定物质第一性、意识第二性的。一般说来,唯物主义是以不以人的意识为转移的、具有空间特征或可感特征的外部客观存在作为第一性的存在去说明世界的。但是,如何规定这种客观存在,则进而凸显出了唯物主义不同

---

[*] 本章第一至第三节的内容选自肖前《马克思主义哲学原理》(中国人民大学出版社1993年版)总论,并略作删改。文中标题由我所加。

形态之间的区别。古代唯物主义是独断论的,它只是提出了解释世界的原则,却不能证明这种原则的合理性。近代哲学已经清楚地意识到了思维与存在的对立,在这种背景下的近代唯物主义试图以感觉经验为基础去说明世界,去解决思维与存在的关系问题,因而多是经验论的。但经验论原则由于其固执于受动性的一面,而必然导致认识论上的怀疑论以及历史观中人与环境关系上的二律背反等严重的理论困难。德国古典哲学以唯心主义的方式改造了经验概念,康德把经验理解为一种思维范畴对所予感性材料的能动的构成作用,黑格尔进一步把经验理解为一种"意识对它自身——既对它的知识又对它的对象——所实行的这种辩证运动",从而抽象地发展了人的能动性。马克思主义哲学扬弃了对于经验概念的这两种抽象规定,把它改造为能动性与受动性相统一的实践概念,并以它作为基础去解决思维与存在的关系问题,使唯物主义获得了现代的形态。马克思主义哲学解决哲学基本问题的物质实践活动原则,就是一种唯物主义的现实的能动性原则。实践活动作为人类"在一定的物质的、不受他们任意支配的界限、前提和条件下能动地表现自己"的活动,是一种人与自然相互作用的客观的活动,本身即构成了一种客观的存在。同时,它又是一种能动的活动,通过这种活动,人"不仅使自然物发生形式变化,同时他还在自然物中实现自己的目的"[①]。因此,实践是人与外部自然之间的一种客观的关系,一种物质性的否定性关系。自然界作为先于人类的存在,其直接的存在形态是不完全合乎人的生存需要或目的的。人类要以人的方式生存,就必须以自己的物质性活动在一定程度上否定外部自然的直接存在形态,使之成为合乎人的目的的存在,成为人类存在的一种要素。这种表现人对于外部自然的物质性的否定性关系的实践,也就成了人类存在的本质,构成了人类的基本的存在方式。

马克思主义哲学把实践理解为一种客观的活动,一种能动的现实存在,与此同时就克服了旧唯物主义与唯心主义的经验概念的缺陷。旧唯物主义的感觉经验概念单纯地是一种受动性原则,唯心主义的精神经验概念单纯地是一种抽象的能动性原则,二者是正相对立的,但它们都不理解人与外部自然的否定性关系是一种真正的客观的活动,而把这种关系视为主体的内部状态,在这一点上可以说是殊途同归的。唯心主义所说的经验作为精神主体的产物,固

[①]《马克思恩格斯全集》第 23 卷,人民出版社 1972 年版,第 202 页。

然是限于主体内部的;旧唯物主义所说的经验虽然被视为外部刺激的产物,但其本身也仍只是一种主体的内部状态,而且在不能证明其客观性的情况下更不可能超越这种内部状态。这样,无论是旧唯物主义还是唯心主义,都由于缺乏一种沟通内部世界与外部世界的中介而不可能真正合理地解决思维与存在的关系问题。实践作为一种能动的客观的活动,却提供了这样一种连接、沟通思维与存在的中介。在实践概念的基础上,思维与存在的关系就不仅仅被理解为一种存在于主体内部的状态,而首先直接地就是一种客观存在。在这种理解中,思维与存在的统一既非旧唯物主义所坚持的那样是人被动地统一于外部自然,亦非唯心主义所主张的那样是自然统一于精神,而是思维与存在辩证地、现实地统一于物质实践,而且,"这种统一性在每一个时代都随着工业或快或慢的发展而不断改变"①。理解了这种现实的统一性,困扰着旧唯物主义的那些难题就迎刃而解了。首先,旧唯物主义把思维与存在的关系理解为仅仅是存在于主体内部的状态这一理论困难得到了克服。实践是主观见之于客观的东西,实践本身就是思维的客观性的直接证明,只有实践才是对于怀疑论的最令人信服的驳斥。其次,旧唯物主义遇到的所谓"人是环境的产物"与"意见支配世界"的二律背反,也将为"人创造环境,同样环境也创造人"的辩证命题所代替。所谓环境就是人生活于其中的社会,社会也就是人的社会实践活动。所谓环境决定人,就是人的活动决定人。人通过自己的社会实践活动,一方面改变环境,一方面又改变人自身,这就是人和环境在实践基础上的具体的历史的统一。

以实践概念为基础,唯物论和辩证法这两种哲学传统获得了统一。在以往的哲学特别是近代哲学中,这两种传统基本上是彼此分离的。古代唯物论之中尚包含着某种朴素的辩证法思想,近代的唯物论则把自身抽象化了。"唯物主义在它的第一个创始人培根那里,还在朴素的形式下包含着全面发展的萌芽","唯物主义在以后的发展中变得片面了","唯物主义变得敌视人了",②以致成了17、18世纪特有的形而上学思维方式的俘获物。它把人的本质归结为肉体感受性,完全否认了人的能动性,否认了人与自然之间的相互作用,否认了思维与存在之间的矛盾运动。与此相反,德国古典哲学特别是黑格尔哲

---

① 《马克思恩格斯全集》第3卷,人民出版社1960年版,第49页。
② 《马克思恩格斯全集》第2卷,人民出版社1957年版,第163、164页。

学则以一种抽象的形式发展了辩证法,把辩证法理解为思维与存在之间的矛盾对立或相互否定,并最终走向扬弃对立即否定之否定的历史性的运动过程,当然这一过程是局限于观念或精神的领域之内的。显然,这两种哲学传统在以往不仅是分离的,而且是对立的。但它们都包含着各自的合理性,只是在现有的形式上无法把它们结合起来。马克思主义哲学从物质实践活动来规定人的本质,这就为唯物论与辩证法的统一提供了现实的基础。以实践概念为基础,在黑格尔那里是抽象的精神运动的主体便被转换成了"现实的人和现实的自然界";在黑格尔那里是绝对精神的自我异化、自我对立的矛盾运动便被转换为或现实化为人与自然之间的矛盾运动,思维与存在的关系问题的解决也就被理解为人与自然之间的现实的相互作用过程。这样,辩证法就被置于唯物主义的基础之上,成为唯物主义的辩证法或辩证的唯物主义。

以实践概念为基础去解决哲学的基本问题,把思维与存在的统一理解为人与自然相互作用的现实的历史过程,揭示了人的实践的本质和人类社会生活的实践的本质,也就逻辑必然地要将唯物主义的原则贯彻于社会历史的领域,使哲学唯物主义彻底化,成为完备的唯物主义。

旧唯物主义仅仅在自然观的领域里才是唯物主义的,而在社会历史观的领域则与唯心主义殊途同归,完全背叛了自己。它之所以在历史观上陷入唯心主义,主要的就是由于它缺乏实践的观点,对事物、现实、感性只是从客体的或直观的形式去理解,而不是把它们当作人的感性活动、当作实践去理解,因而也就不能把人的活动本身理解为客观的活动。这样,一方面,人类生活于其中的自然被视为纯粹客观的自在的东西;而另一方面,人类的活动本身却被视为纯粹主观的东西,从而由人类活动构成的社会历史也就被视为一种主观的过程了。马克思主义哲学以体现受动性和能动性之统一的实践概念为基础,把实践理解为人类存在的基本形式,历史过程的客观性质就被清楚地揭示了出来。社会历史就是人的社会实践活动,而基础性的实践活动则是解决人与自然的矛盾的物质生产实践活动,因此,人类历史在本质上也就是物质生活资料的生产方式的历史。由物质资料生产方式的发展去说明人类历史,也就是用物质的原因去说明人类历史,这才有了历史的唯物主义,才把唯心主义从历史观这一最后的避难所驱逐了出去。

显然,马克思主义哲学对于社会历史的唯物主义理解,并不是脱离开对于自然的唯物主义理解的。这不仅在于它肯定了自然界对于人的先在性,即肯定了人周围的自然界构成了人类历史的前提,而且更在于它把人与自然之间的物质交换关系即物质生产实践作为全部人类历史的现实基础。以往历史观的根本错误恰恰在于它忽视了这一历史的现实基础,把人对自然界的关系排除于历史之外,因而造成了自然界和历史之间的对立,并由此而陷入了历史的唯心主义。同样地,马克思主义哲学对于自然的唯物主义理解也不是脱离开对于社会历史的唯物主义理解的。它把实践视为人类存在的基本形式,把物质生产实践视为人类历史的现实基础,也就把历史的观念带进了自然领域。从历史唯物主义的观点看来,人们"周围的感性世界决不是某种开天辟地以来就已存在的、始终如一的东西,而是工业和社会状况的产物,是历史的产物,是世世代代活动的结果"[1]。人类在其中生活的自然界,是处处打下了人类实践活动的印记的自然界,是人化了或人化着的自然界。旧唯物主义由于没有对于人类历史的以实践概念为基础的唯物主义理解,因而对自然的理解也只能是直观的。恩格斯在批评旧的自然观时指出,"自然科学和哲学一样,直到今天还完全忽视了人的活动对他的思维的影响;它们一个只知道自然界,另一个又只知道思想。但是,人的思维的最本质和最切近的基础,正是人所引起的自然界的变化,而不单独是自然界本身"[2]。这就是说,旧唯物主义即使在自然观上也并没有真正合理地解决思维与存在的关系问题,它在自然观上的唯物主义也是不彻底的。

可见,实践概念不仅是唯物主义历史观的基础,也应是唯物主义自然观的基础。自然过程和历史过程是密切相连的。"只要有人存在,自然史和人类史就彼此相互制约。"[3]马克思主义哲学运用实践的观点,揭示了自然史和人类史的相互制约关系,从而使自然观与历史观统一起来。

在马克思主义哲学中,认识论与本体论也在实践概念的基础上达成了统一。实践是整个现存感性世界的非常深刻的基础,从而也是人类把握现存感性世界的认识活动的非常深刻的基础。因此,马克思主义哲学既在实践概念的基础上建立了作为存在论或本体论的自然观和历史观,也在同一实践概念的基础上建立了它的认识论。在马克思主义哲学看来,人的认识不是对于外部世界的静观,不是一种同实践无关的纯粹理性的活动,它本身就是实践过程

---

[1]《马克思恩格斯全集》第3卷,人民出版社1960年版,第48页。
[2]《马克思恩格斯全集》第20卷,人民出版社1971年版,第573—574页。
[3]《马克思恩格斯全集》第3卷,人民出版社1960年版,第20页。

的一个方面或一个环节,是实践过程的内化。实践是以物质工具为中介而对于对象世界的实际的把握,认识则是以语言符号为中介而对于对象世界的观念的把握或象征性把握。这两种把握活动应当是彼此一致且互为前提的。由于语言符号可以超越物质工具的时空限制,因而认识活动作为对于对象的观念的把握可以极大地超越对于对象的实际的把握。但认识归根到底是以实践为基础的,实践不仅是认识的源泉,而且是认识的真理性、客观性的标准;认识来源于实践,又必须回到实践。所以,实践的观点不仅是马克思主义哲学的本体论即自然观和历史观的首要的基本的观点,也是马克思主义哲学认识论的首要的基本的观点,这两个方面在实践概念的基础上获得了统一。

总之,实践范畴是马克思主义哲学最为核心、最为基础的范畴。只是在实践范畴的基础上,马克思主义哲学才超越了以往的全部哲学,构成了一个唯物论与辩证法相统一、自然观与历史观相统一、本体论与认识论相统一的完整严密的理论体系。

实践范畴对于马克思主义哲学来说是如此重要,它也就不免会受到来自各个方面的非难或曲解。由于实践既是一种客观的活动又是一种自觉的能动的活动,是能动性与受动性的统一、主体性与客观性的统一,因而对它的误解或曲解也就主要在于两个方面。一个方面的曲解是抹杀实践的客观性、受动性一面,而只是把它看作一种人的能动的活动。这在理论上的最突出的表现是忽视或否认自然对于人类实践活动的先在性、独立性以及它对人的能动性的限制作用,而将自然消融于人类活动的社会历史形式之中。如卢卡奇写道:"自然是一个社会的范畴。这就是说,在社会发展的一定阶段上什么被看作是自然,这种自然同人的关系是怎样的,而且人对自然的阐明又是以何种形式进行的,因此自然按照形式和内容、范围和对象性应意味着什么,这一切始终都是受社会制约的。"[1]葛兰西也写道:"是不是可以说,在某种意义上,而且直到某时,自然所提供的机会,并不是对于预先存在的力量——对物质的预先存在的性质——的发现和发明,而是同社会兴趣、同生产力的发展和进一步发展的必然性紧密相连的'创造'?"[2]显然,卢卡奇和葛兰西是过分地夸大了实践活动的能动性、主动性一面,并由此而走向了唯心主义。另一个方面的曲解是抹

---

[1] [匈]卢卡奇:《历史与阶级意识》,杜章智等译,商务印书馆1999年版,第330页。
[2] [意]葛兰西:《实践哲学》,徐崇温译,重庆出版社1990年版,第162页。

杀实践活动的能动性的一面,把人类活动归结为纯粹客观的、受动的物质运动。这在理论上一般表现为把人类历史自然化,把历史过程等同于自然过程。这实际上是竭力把马克思所创立的新唯物主义混同于费尔巴哈和18世纪法国的唯物主义。其代表人物当首推考茨基等第二国际的"正统派"和普列汉诺夫。这种理解由于抹杀了实践的能动性,也就不懂得观念的东西转化为实在的东西的辩证法,并由此而滑向了列宁反复斥责的庸俗唯物主义。这两种曲解从结论上看似乎相反,但在方法论上却是相同的。二者都是割裂了实践的能动性和受动性的统一,各自抓住了其中的一个方面而把实践概念抽象化了。要把握马克思主义哲学的基本内容和基本精神,就首先要正确地把握实践范畴,而要正确地把握实践范畴,就必须清除对于实践范畴的上述种种曲解。

二、马克思主义哲学是革命的批判的哲学

马克思主义哲学在本质上是革命的、批判的。马克思主义哲学的革命性、批判性特征,不仅在于它公开申明自己服务于无产阶级批判旧世界、创造新世界的人类解放事业,而且更在于这种哲学本身就内在地包含着革命性、批判性的规定。这种革命性、批判性的规定在逻辑上内含于作为马克思主义哲学之基石的实践概念之中。实践作为人类的基本存在方式,是人对于外部自然的一种否定性关系。人不是像动物那样肯定自然的直接存在状态,使自己消极地适应自然,而是以自身的活动否定自然的直接存在状态,赋予它以合乎人类目的或需要的形式,使"自在之物"成为合乎人的目的的"为我之物"。这种客观的、实在的否定性活动,是人类一切革命性、否定性活动的原初形态,也就是说,物质生产作为人对自然的否定性关系,是人类一切否定性即革命性活动之源。物质生产活动是最基本的实践活动,它构成了全部人类活动的基础。因此,物质生产领域的革命性变化必然导致人类活动的所有其他领域的革命性变化,即人对外部自然的关系的革命性变化必然导致人与人之间的经济的、政治的以及精神的交往关系的革命性变化。这也就说明,只有当人与外部自然的否定性关系的进展能够提供人的解放的现实条件时,解放才是可能的。"只有在现实的世界中并使用现实的手段才能实现真正的解放;没有蒸汽机和珍妮走锭精纺机就不能消灭奴隶制;没

有改良的农业就不能消灭农奴制。"①马克思主义哲学把人类的自由解放作为自己的宗旨,它也就必然要把革命地改造现实的实践提到首位。可见,马克思主义哲学把内含否定性、革命性规定的实践概念作为自身的基础,便从根本上决定了它的革命的批判的本质。

革命性、批判性作为马克思主义哲学的本质特征,也必然要体现在它的方法论之中。马克思通过对旧唯物主义的批判,指出对于现存事物不能只是从客体的或直观的形式去理解,而要同时把它们当作人的感性活动、当作实践去理解,要从主观方面去理解。这里提出的不仅是一个世界观或存在论的原则,而且也是一个根本的方法论原则。对现存事物从主观方面去理解,也就是要从人与对象的否定性关系上去理解。现存感性世界是人类世世代代实践活动的结果,又是人类实践活动的前提和对象,它在人类实践活动中不断地、永远地经历着革命性的改造和变革。因此,从人与对象的否定性关系去理解,也就是把现存事物作为人类实践活动的历史进程中的一个暂时性环节去理解。马克思说:"辩证法在现存事物的肯定的理解中同时包含对现存事物的否定的理解,即对现存事物的必然灭亡的理解;辩证法对每一种既成的形式都是从不断的运动中,因而也是从它的暂时性方面去理解。"②这正是马克思主义哲学的革命的批判的本质在方法论上的体现。

实践作为人对外部世界的否定性活动,固然是一种客观的物质性的活动,却不是一种盲目的活动,而是一种有意识、有目的的活动,一种赋予外部世界以合目的性形式的创造性活动。一切属人的活动都是有意识、有目的的,这是它与动物的活动的根本不同之处。这也就是说,人的活动是一种主体性的活动,而动物的活动则是无主体性的受动的活动。人远远超越于动物之处,在于他不仅拥有一个客观的世界,而且拥有一个主观的世界。人有思想,就可以超出现存事物的思想范围,即在对现存事物的直接存在状态实行实在的否定之前,可以实行观念的否定。而且,观念的否定是实在的否定的先导,或者说,观念上的否定性活动是构成实践这种实在的否定性活动的一个内在环节。人们活动的目的就是对于现存事物的观念上的否定。人们以其所选择的目的为范型而进行实践活动,将目的实现于外部世界,就是对于现存事物的实在的否

---

① 《马克思恩格斯全集》第42卷,人民出版社1979年版,第368页。
② 《马克思恩格斯选集》第2卷,人民出版社1995年版,第112页。

定。人类的实践活动不断地使观念的东西转化为实在的东西,它充分表现了人的主体性。因此,以内含否定性、革命性规定的实践概念为基础的马克思主义哲学,必然高度尊重和弘扬人的主体性。现实的而非抽象的主体性原则,是马克思主义哲学的一个基本原则。

马克思和恩格斯在标志着他们的新世界观创立过程的成熟阶段的《德意志意识形态》中曾经宣布:"实际上和对实践的唯物主义者,即共产主义者说来,全部问题都在于使现存世界革命化,实际地反对和改变事物的现状。"[①]这里表达的正是马克思主义哲学的基本精神。马克思主义哲学就是一种实践的唯物主义哲学,因而也就是一种革命的批判的哲学。

三、马克思主义哲学是完整严密的科学的理论体系

马克思主义哲学以实践范畴作为解决思维与存在关系问题的基石,不仅决定了它在本质上是革命的和批判的,而且决定了它在本质上是科学的和客观的,是革命性与科学性的高度统一。

理论的科学性是理论内容的客观真理性和逻辑形式的严密性、完整性。马克思主义哲学的客观真理性不仅在于它是在实践中产生并经过一个多世纪的实践检验过的真理体系,而且在于它本身就内在地包含着客观性原则,这一客观性原则也同样是由作为马克思主义哲学的基础的实践概念所规定的,因为实践概念就内含着客观性、受动性的规定。人类的物质实践活动是有目的的能动的活动,但实践活动的目的的实现却是受着既定的物质条件制约的。作为实践对象的外部自然界是不受人们任意支配的、具有自身规律的存在,自然规律预先限制了人类活动的可能范围。同时,实践活动目的的实现也受着既定的实践手段的限制。虽然这后一种限制是历史地变化的,但在特定的时空条件下却又是一种十分确定的限制。由于外部条件的种种限制,人类的每一种特定实践可能进行的范围都是确定的、客观的。正是实践概念内含的这种客观性的规定,决定了建立在这一概念基础上的马克思主义哲学整个理论体系的客观真理性。

马克思主义哲学的科学性还体现在它逻辑上的严密性、完整性。马克思主义哲学运用实践的观点彻底唯物地解决了思维与存在的关系问题,从而为

[①]《马克思恩格斯全集》第3卷,人民出版社1960年版,第48页。

彻底唯物主义的自然观、历史观、认识论和价值论的建立确定了自觉的理论前提。马克思主义哲学的自然观、历史观、认识论和价值论都是建立在同一实践概念的基础之上的,因而这几个方面是相互贯通的,是具有内在的一致性的,它们共同构成了马克思主义哲学的完整的理论体系。

马克思主义哲学的客观真理性是理论的内容方面,逻辑的严密性、完整性则是其形式方面。内容和形式不是相互外在的。内容上的客观真理性必须以严密完整的逻辑形式才能表达出来,而又只有当其内容具有客观的真理性时,逻辑上的完整性、严密性才是可能的。理论内容上的客观真理性和逻辑形式上的严密性、完整性的统一,构成了马克思主义哲学科学性的完整表现。

科学性作为马克思主义哲学的基本特征,体现于方法论上,便是要求以客观的态度对待事物,对待人的实践活动。客观性原则同样是马克思主义哲学的一个基本原则,它不仅是一个构建科学的世界观的原则,也是一个科学的方法论的原则。毛泽东把马克思主义哲学的客观性原则精辟地表述为"实事求是"的原则。坚持客观性原则或"实事求是"的原则,就是要如实地反映客观事物,尊重客观规律,承认包括现实的实践手段体系在内的各种客观条件对于人的活动的制约。唯心主义否认人的活动的客观制约性,旧唯物主义则把外部条件看成不变的、僵硬的,否认人的活动改变外部条件的能动作用,它们都违背了或偏离了客观性原则。

马克思主义哲学的科学性与革命性都是它的内在的本质规定,二者不是相互分离的,而是在实践基础上的辩证的统一。正因为马克思主义哲学是在实践中产生并经过实践检验的具有客观真理性的科学理论,它才能够成为无产阶级指导实践、变革现实的武器,才能在实践中充分展示它的革命的、批判的本质;也正因为这个哲学的实践的本性要求它超出思想理论的主观范畴,化为群众批判现实、变革现实的革命实践,它才谈得上在实践中检验和发展自己,才能获得并保持自己的客观真理性、科学性。

四、《马克思主义哲学原理》建构的马克思主义哲学体系

总 体 框 架

第一章　哲学是时代精神的精华
　　第一节　哲学及其社会功能

一、什么是哲学

　　二、哲学的特点

　　三、哲学的功能

　第二节　哲学的基本问题

　　一、哲学基本问题的形成和提出

　　二、哲学基本问题的两个方面

　　三、唯物主义和唯心主义两个基本哲学派别

　第三节　哲学的历史发展

　　一、哲学的历程

　　二、科学的分化与哲学的发展

　　三、哲学的发展与文明的创造和演进

第二章　马克思主义哲学是无产阶级的科学的世界观

　第一节　马克思主义哲学是人类历史发展和哲学发展的必然产物

　　一、马克思主义哲学创立的社会历史前提

　　二、马克思主义哲学创立的理论前提

　　三、马克思主义哲学创立的进程

　第二节　马克思主义哲学是以实践范畴为核心的完整的理论体系

　　一、实践的观点是马克思主义哲学的首要的基本的观点

　　二、马克思主义哲学是革命的批判的哲学

　　三、马克思主义哲学是完整严密的科学的理论体系

　第三节　马克思主义哲学与当代世界

　　一、马克思主义哲学的历史发展

　　二、马克思主义哲学与现代自然科学

　　三、马克思主义哲学与现代西方哲学

　　四、马克思主义哲学与中国的社会主义事业

第三章　世界的物质统一性

　第一节　世界的物质性

　　一、对世界统一性的不同认识

　　二、辩证唯物主义的物质概念

　　三、现实世界的客观实在性

　第二节　物质世界的存在方式

一、运动是物质的存在方式
　　二、时间和空间是物质运动的基本形式
　　三、物质世界的无限性
　第三节　意识对物质的依赖性和相对独立性
　　一、意识是物质的最高产物
　　二、意识是客观世界的主观映象
　　三、意识的能动作用
　第四节　世界物质统一性的证明
　　一、自然界的物质统一性的证明
　　二、人和自然的物质统一性的证明
　　三、世界物质统一性原理的哲学意义
第四章　物质世界的联系和发展
　第一节　世界的普遍联系
　　一、事物之间的普遍联系
　　二、普遍联系中的系统
　　三、辩证唯物主义的条件论
　第二节　世界的运动发展
　　一、运动、变化、发展
　　二、世界发展的方向性及其表现
　　三、辩证唯物主义的过程论
　第三节　世界联系和发展的规律性
　　一、世界联系和发展的规律体系
　　二、辩证唯物主义的决定论
第五章　世界联系和发展的基本环节
　第一节　整体与部分
　　一、整体与部分的含义
　　二、整体与部分的辩证关系
　　三、作为思维形式的整体与部分
　第二节　个别与一般、特殊与普遍
　　一、个别与一般、特殊与普遍的含义
　　二、个别与一般、特殊与普遍的辩证关系

三、作为思维形式的个别与一般、特殊与普遍

第三节 相对与绝对

一、相对与绝对的含义

二、相对与绝对的辩证关系

三、作为思维形式的相对与绝对

第四节 原因与结果

一、原因与结果的含义

二、原因与结果的辩证关系

三、作为思维形式的原因与结果

第五节 偶然与必然

一、偶然与必然的含义

二、偶然与必然的辩证关系

三、作为思维形式的偶然与必然

第六节 形式与内容

一、形式与内容的含义

二、形式与内容的辩证关系

三、作为思维形式的形式与内容

第七节 现象与本质

一、现象与本质的含义

二、现象与本质的辩证关系

三、作为思维形式的现象与本质

第八节 可能与现实

一、现实与可能的含义

二、可能与现实的辩证关系

三、作为思维形式的可能与现实

第六章 世界联系和发展的基本规律

第一节 量变质变规律

一、质、量、度

二、量变和质变

三、量变和质变的相互转化

第二节 对立统一规律

一、辩证矛盾

　　二、矛盾是事物发展的动力

　　三、矛盾的发展和解决

　第三节　否定之否定规律

　　一、辩证否定

　　二、否定之否定

第七章　人类社会生活的实践本质

　第一节　实践和人类社会的产生

　　一、人类社会的产生

　　二、人类实践活动的本质

　　三、社会同自然的区别

　　四、社会与自然的相互作用

　第二节　人的本质

　　一、实践是人特有的存在方式

　　二、人是进行自我创造的主体性存在

　　三、人是社会历史的存在

　第三节　社会存在和社会意识

　　一、历史观的基本问题

　　二、两种历史观的根本对立

　　三、社会存在和社会意识的关系

　　四、社会历史的规律性与人的自觉能动性的关系

第八章　物质生产

　第一节　物质生产实践是全部社会生活的基础

　　一、生产实践的基本内容与形式

　　二、物质生产实践是根本的实践形式

　第二节　物质生产力

　　一、物质生产力的构成

　　二、物质生产力的内在矛盾及其历史演变

　第三节　现代生产实践的特点及其发展趋势

　　一、现代生产实践的特点

　　二、大力发展生产力是建设具有中国特色社会主义的根本任务

第九章　物质生产基础上的社会有机系统

　第一节　社会交往与社会有机系统

　　一、社会是人类个体之间的交往关系

　　二、社会交往的特征和分层

　　三、社会交往关系的规范化、制度化

　　四、社会有机系统及其基本结构

　第二节　社会的生产力和生产关系

　　一、社会的生产关系

　　二、生产关系和生产力的矛盾运动

　第三节　社会的经济基础和政治上层建筑

　　一、社会上层建筑赖以竖立的经济基础

　　二、社会的政治上层建筑

　　三、政治上层建筑与经济基础的矛盾运动

　第四节　社会的思想上层建筑

　　一、人类的精神生活

　　二、精神生活的意识形态化

　　三、社会思想上层建筑在社会有机系统中的地位

　第五节　社会有机系统的演化

　　一、社会的整体运动

　　二、社会形态的演进

　　三、社会有机系统的演进是一个自然历史过程

　　四、社会有机系统演进过程的统一性和多样性

第十章　阶级斗争的历史地位

　第一节　阶级和阶级斗争

　　一、阶级的起源和社会阶级结构的演变

　　二、阶级斗争及其历史作用

　　三、无产阶级的革命斗争

　第二节　国家和无产阶级专政

　　一、国家的本质

　　二、无产阶级专政的新型国家

　　三、无产阶级专政的历史任务

第三节　社会主义的政治民主和政治自由

一、从资本主义民主到社会主义民主

二、政治自由的历史形态

第十一章　人民群众和个人在历史中的作用

第一节　历史规律和人的自觉活动

一、历史是人的活动的总和

二、人的历史活动的客观制约性

第二节　人民群众在历史中的作用

一、贬低或否认人民群众的历史作用是唯心史观的重要特征

二、唯物史观确认人民群众是历史的创造者

三、人民群众历史作用的具体表现

第三节　个人在历史中的作用

一、个人及其历史作用的一般原理

二、普通个人的历史作用

三、历史人物的历史作用

第四节　无产阶级政党的群众观点和群众路线

第十二章　科学及其社会功能

第一节　科学的一般特征和社会作用

一、科学的形成和本质

二、科学的分类及其类别特征

三、科学活动是社会总劳动的特殊部分

四、科学是推动历史前进的巨大杠杆

第二节　科学发展的社会条件

一、社会生产决定科学的发展

二、社会制度和阶级关系制约科学的进步

三、政治、哲学、教育等社会因素影响科学的发展

第三节　现代科技革命和人类社会发展的前景

一、现代科技革命的性质和特征

二、科学技术是第一生产力

三、现代科技革命和社会发展

第十三章　认识的本质和特征

第一节　认识的本质

一、认识是在实践基础上的能动的反映

二、反映是人与世界关系的一个重要方面

三、反映概念的演进

第二节　实践及其在认识中的基础地位

一、科学的实践概念

二、实践在认识中的基础地位

第三节　认识的系统结构和基本属性

一、认识的系统结构

二、认识的基本属性

第四节　认识的历史演化和现代发展趋势

一、认识的历史演化

二、现代认识的特点和发展趋势

第十四章　认识的辩证过程

第一节　由感性认识到理性认识的能动的飞跃

一、感性认识和理性认识

二、感性认识和理性认识的辩证关系

三、由感性认识到理性认识

四、理性认识的深化

第二节　由理性认识到实践的能动的飞跃

一、理性认识向实践飞跃的必要性和重要性

二、实践理念

三、理性认识向实践飞跃的前提和途径

第三节　认识辩证运动的全过程

一、认识辩证运动过程的合规律性与合目的性

二、非理性因素在认识辩证运动过程中的作用

三、实践、认识、再实践、再认识

四、认识和实践的具体的历史的统一

第十五章　思维方法

第一节　方法和方法论

一、方法的发生和发展

二、形式逻辑和辩证逻辑

　　三、方法论

第二节　辩证思维方法

　　一、辩证思维的基本形式

　　二、辩证思维的基本方法

第三节　现代科学思维方法

　　一、现代思维方式的基本特点

　　二、现代科学思维的一般方法

　　三、辩证思维方法和现代科学思维方法的关系

第十六章　真理和价值

第一节　真理

　　一、客观真理

　　二、实践是鉴别真理和谬误的根本标准

　　三、绝对真理和相对真理

第二节　价值

　　一、什么是价值

　　二、价值的特征

　　三、价值与评价

第三节　真理和价值的统一

　　一、真理原则和价值原则

　　二、真理与价值的具体的历史的统一

　　三、真、善、美

第十七章　文化、文明和社会进步

第一节　文化的实质和人的发展

　　一、文化的内涵

　　二、人类发展和文化存在

　　三、两种不同的文化理论

第二节　文化的分类、结构和功能

　　一、文化的分类

　　二、文化的一般结构

　　三、文化的社会功能

四、文化的认识功能

　第三节　文化和文明的发展

　　一、传统文化与民族精神

　　二、传统文化与现代化

　　三、文明是文化进步程度的标志

第十八章　人的全面发展和人类的解放

　第一节　人的全面发展

　　一、人性的具体性

　　二、人在历史发展中达到自身的全面性

　第二节　人的价值

　　一、人的价值的内涵

　　二、人的价值的实现

　　三、人的价值的评价

　第三节　人的自由

　　一、必然和自由

　　二、必然王国和自由王国

　　三、人类从必然王国向自由王国的飞跃